◎山东大学研究生公共课智慧教学与研究系列丛书
◎新时代研究生思政课重点难点问题解析

《新时代中国特色社会主义理论与实践》重点难点问题解析

主　编　郑敬斌
副主编　郝书翠　曹　胜

山东大学出版社
SHANDONG UNIVERSITY PRESS
·济南·

图书在版编目(CIP)数据

《新时代中国特色社会主义理论与实践》重点难点问题解析 / 郑敬斌主编 .—济南:山东大学出版社,2022.6

ISBN 978-7-5607-7549-4

Ⅰ. ①新… Ⅱ. ①郑… Ⅲ. ①中国特色社会主义－研究生－教学参考资料 Ⅳ. ①D616

中国版本图书馆 CIP 数据核字(2022)第 107006 号

责任编辑 陈佳意
文案编辑 肖世伟
封面设计 牛 钧 王秋忆

出版发行 山东大学出版社
社 址 山东省济南市山大南路 20 号
邮政编码 250100
发行热线 (0531)88363008
经 销 新华书店
印 刷 济南乾丰云印刷科技有限公司
规 格 720 毫米×1000 毫米 1/16
16.75 印张 298 千字
版 次 2022 年 6 月第 1 版
印 次 2022 年 6 月第 1 次印刷
定 价 49.00 元

本书编委会

主　编　郑敬斌

副主编　郝书翠　曹　胜

参　编　李　磊　杨培祥　孙倩倩
　　　　　潘妍妍　肖成俊　秦宁波
　　　　　吴清清　杜恩义　陈　凤
　　　　　王付欣　房世刚

出版说明

山东大学自1901年办学兴校伊始就以“立德树人，育人强国”为根本宗旨，始终将大学的命运与国家民族的命运紧紧联系在一起，为天下储人才、为国家图富强，引导学生通过求学成才报效国家。山东大学是中国近代研究生教育理念与实践的起源性大学之一，是全国最早招收和培养研究生的高校之一，是中国研究生培养的重要基地。2020年，以“培养最具创造力的研究生”为目标，学校制定了首个研究生教育综合改革发展意见，研究生教育以“立德树人，服务需求”为鲜明旗帜，全面进入新时代，致力于铺就一流大学建设的“强校之路”。2021年，山东大学迎来120周年校庆，“百廿山大，强校兴国”，是10万多名山大师生不变的初心与使命。未来的研究生教育，将在山东大学“由大到强”的历史性转变中，在教育强国、人才强国、科技强国的理想奋斗中继续变强，为实现中华民族伟大复兴做出新的更大贡献！

课程体系优化和精品课程建设是人才培养质量的保障，深化研究生培养模式改革首要的就是要进一步优化学科课程设置。本丛书以公共课程智慧教学与研究为主题，聚焦研究生教育教学改革，创新研究生育人模式，从“教”与“研”两个视角对研究生公共课程教学进行深入思考，推进研究生公共课程多元化智慧教学创新改革，打造内容国际化、形式现代化、手段智慧化的优质研究生公共课程体系，促进研究生培养质量进一步提升。

本丛书的建设目标为：

一是打造国际化、世界一流的课程内容。公共课程创新计划旨在贯彻落实建设教育强国战略，探索新形势下研究生教育发展趋势，对标世界一流高校的先进经验和做法，引入最新的研究生课程教育教学理念，进一步提高研究生公共课课程教学质量。

二是打造现代化、多元化的全新课程形式。全面改革公共课程现有授课模式，对公共课教学的瓶颈问题进行针对性的梳理、总结，对多种在线教学模式进行比选融合，对课程知识点进行组合和重构，推进线上线下混合式教学，实现研究生公共课程体系现代化。

三是打造精品化、全面化的公共课教学体系。鼓励和倡导以公共课程设置创新为契机对智慧教学的规律、特点进行探索，对授课方式、授课内容、课程成绩评价体系进行全面更新，以跨学科公共课程体系为依托推进导师团队建设、学科交叉创新、科教产教融合。

本丛书将对深化研究生教育教学研究、推进研究生公共课程体系优化、提高研究生教材建设水平等有所裨益。

山东大学研究生院、党委研究生工作部

2022 年 6 月

序

为了深入贯彻习近平总书记关于教育的重要论述，特别是2019年3月在全国学校思政课教师座谈会上和2022年7月在中国人民大学考察调研时的重要讲话精神，不断增强研究生思政课的思想性、理论性、亲和力和针对性，在教育部全国高校思政课教指委研究生思政课分教指委的指导下，教育部全国高校思政课教学科研团队择优资助支持计划项目“研究生思想政治理论课重难点问题教学研究”课题组于2016年、2019年、2021年在全国范围内选择典型高校集中开展了三次研究生思政课重难点调研工作，旨在准确了解高校师生对研究生思政课基本内容的认知状况，了解教学中存在的重点难点问题，并在此基础上加强理论研究和实践创新，努力提升研究生思政课的教育教学效果。

三轮全国调研的问卷设计，均以当时最新版的研究生思政课马克思主义理论研究与建设工程重点教材为依据，调研高校均涉及各级各类学校，调研对象均涵盖理科、工科、农学、医科以及人文社科等各个学科的研究生。

第一轮全国调研，问卷设计以研究生思想政治理论课教学大纲《中国马克思主义与当代(2015年修订版)》《中国特色社会主义理论与实践研究(2015年修订版)》《自然辩证法概论(2013年修订版)》《马克思主义与社会科学方法论(2013年修订版)》为依据，调研涉及北京、上海、天津、重庆、山东、浙江、湖北、江苏、四川、安徽、辽宁11个省(自治区、直辖市)的27所高校，共回收问卷7991份，有效问卷7914份，有效问卷率为99.04%。

第二轮全国调研，问卷设计以研究生思想政治理论课教学教材《中国马克思主义与当代(2018年版)》《中国特色社会主义理论与实践研究(2018年版)》和教学大纲《自然辩证法概论(2018年版)》《马克思主义与社会科学方法论(2018年版)》为依据,充分考虑了习近平总书记在全国思想政治理论课教师座谈会上的重要讲话精神,注意了“研究生思政课专题化教学”“思政课大中小螺旋式上升、一体化设计”的要求,调研涉及北京、上海、重庆、宁夏、山东、江苏、浙江、安徽、湖南、湖北、辽宁、吉林、黑龙江、陕西、云南15个省(自治区、直辖市)的33所高校,共发放问卷6835份,回收问卷6629份(回收率为97%),回收有效问卷6582份(有效问卷率为99.3%)。

第三轮全国调研,问卷设计以研究生思想政治理论课教学教材《中国马克思主义与当代(2021年版)》《新时代中国特色社会主义理论与实践(2021年版)》和教学大纲《自然辩证法概论(2018年版)》《马克思主义与社会科学方法论(2018年版)》为依据,充分吸收了习近平总书记在庆祝中国共产党成立100周年纪念大会上的讲话精神和党的十九届六中全会通过的《中共中央关于党的百年奋斗重大成就和历史经验的决议》的相关内容,调研涉及北京、上海、江苏、辽宁、吉林、黑龙江、湖南、湖北、浙江、安徽、陕西、云南、四川、重庆、新疆、宁夏、山东17个省(自治区、直辖市)的39所高校,共发放问卷12409份,回收问卷12409份(回收率达100%),回收有效问卷12409份(有效问卷率达100%)。

三轮调研,均按章系统梳理各门课程教材或教学大纲包含的基本问题。第一轮调研只向研究生发放问卷开展调查;第二轮、第三轮调研分别设计教师(供给侧)、学生(需求侧)问卷,在对两类问卷分别统计分析的基础上,将教师和学生的判断结果进行对照分析,确定各章教学的重难点问题。

本书是对第三轮全国调研梳理出的重难点问题的解读。在第二轮全国调研结束后,课题组组织部分专家对各门课梳理出的重难点问题做了初步解析,为做好本次解析工作奠定了很好的基础。本书对各章重难点问题的解析统一按照“总—分—总”的逻辑架构展开,即先列出各章的重难点问题,再对重难点问题逐个解读,最后提供一些教育教学建议。

本书成稿离不开教育部全国高校思政课教指委研究生思政课分教指委各位专家的指导。2016年8月,教育部“研究生思想政治理论课”分教学指导委员会2016年工作会议暨“研究生思想政治理论课重点难点问题”研讨会在山东大学威海校区举行,与会的教指委专家围绕研究生思政课重难点问题开展专题研讨,为课题研究的顺利推进提供了宝贵的意见和建议;2019年1月,教育部高等学校“研究生思想政治理论课”分教学指导委员会年会再次在山东大学召开,教指委专家齐聚济南,对研究生思政课重难点问题做了进一步的研讨和指导。可以说,没有全国高校思政课教指委研究生思政课分教指委各位专家的指导和帮助,我们的课题研究不会推进得如此顺利。在此,对专家们的悉心指导,对50余所高校马克思主义学院的鼎力支持,一并表示衷心感谢!

提升全国高校研究生思政课教育教学效果,为国家创新型人才培养贡献力量,是我们不变的初心。我们将继续扎实做好研究生思政课重难点问题调研与解析工作,衷心期盼继续得到大家的鼎力支持。

王韶兴

2022年6月

目　录

导　论

人类社会的每一次进步，人类思想的每一次飞跃，都伴随着理论和实践的相互激荡、共进同行。当代中国正经历着我国历史上最为广泛而深刻的社会变革，也正进行着人类历史上最为宏大而独特的实践创新。伟大时代呼唤伟大理论，伟大时代孕育伟大理论。习近平新时代中国特色社会主义思想，是从新时代中国特色社会主义伟大实践中产生的理论结晶，是推动新时代党和国家事业不断向前发展的科学指南，是引领中国、影响世界的当代中国马克思主义、21世纪马克思主义。

一、学生和教师的认知状况

从学生部分的调查统计数据来看，在导论部分，被学生列为最感兴趣问题占比前三位的分别是“如何把握习近平新时代中国特色社会主义思想的核心要义和逻辑体系?”(50.22%)、“如何理解习近平新时代中国特色社会主义思想的核心内容?”(37.6%)、“如何把握习近平新时代中国特色社会主义思想的理论地位和指导意义?”(20.44%)；最困惑问题占比前三位的分别是“如何把握‘九个必须’的内在逻辑?”(29.03%)、“如何认识‘两个大局’相互激荡带来的新矛盾新挑战?”(23.15%)、“‘两个大局’之间是一种怎样的关系?”(22.15%)。

从不同学科学生最感兴趣问题、最感困惑问题比较来看调查统计结果。最感兴趣的问题，文科(包括哲学、经济学、法学、文学、历史学、教育学、管理学专业，下同)学生的选择中占比前三位的分别是“如何把握习近平新时代中国特色社会主义思想的核心要义和逻辑体系?”(46.66%)、“如何理解习近平新时代中国特色社会主义思想的核心内容?”(29%)、“如何认识‘两个大局’相互激荡带来的新矛盾新挑战?”(21.68%)；理科(包括工学、理学、农学、医学专业，下同)学生的选择中占比前三位的分别是“如何把握习近平新时代中国特色社会主义思想的核心要义和逻辑体系?”(52.25%)、“如何理解习近平新时代中国特色社会主义思想的核心内容?”(39.3%)、“如何把握习近平新时代中国特色社会主义思想的理论地位和指导意义?”(21.7%)。最困惑的问题,在文科学生的选择中占比前三位的分别为“如何把握‘九个必须’的内在逻辑?”(31.98%)、“如何认识‘两个大局’相互激荡带来的新矛盾新挑战?”(24.33%)、“‘两个大局’之间是一种怎样的关系?”(22.49%);在理科学生的选择中占比前三位的分别为“如何把握‘九个必须’的内在逻辑?”(27.34%)、“如何认识‘两个大局’相互激荡带来的新矛盾新挑战?”(22.47%)、“‘两个大局’之间是一种怎样的关系?”(21.95%)。以上情况表明,对本章涉及的问题,文科学生和理科学生最感兴趣的前两个问题相同,在占比上略有差异;最感困惑的问题,排在前三位的问题相同。

从对不同层次高校学生最感兴趣问题、最感困惑问题的比较来看,最感兴趣的问题,在重点高校(包括985、211院校,下同)学生的选择中占比前三位的分别是“如何把握习近平新时代中国特色社会主义思想的核心要义和逻辑体系?”(51.56%)、“如何理解习近平新时代中国特色社会主义思想的核心内容?”(38.46%)、“如何认识‘两个大局’相互激荡带来的新矛盾新挑战?”(20.79%);在其他高校学生的选择中占比前三位的分别是“如何把握习近平新时代中国特色社会主义思想的核心要义和逻辑体系?”(48.41%)、“如何理解习近平新时代中国特色社会主义思想的核心内容?”(36.45%)、“如何把握习近平新时代中国特色社会主义思想的理论地位和指导意义?”(21.12%)。最困惑的问题,在重点高校学生的选择中占比前三位的分别是“如何把握‘九个必须’的内在逻辑?”(31.18%)、“如何认识‘两个大局’相互激荡带来的新矛盾新挑战?”(23.86%)、“‘两个大局’之间是一种怎样的关系?”(22.74%);在其他高校学生的选择中占比前三位的分别为“如何把握‘九个必须’的内在逻辑?”(26.14%)、“如何认识‘两个大局’相互激荡带来的新矛盾新挑战?”(22.18%)、“‘两个大局’之间是一种怎样的关系?”(21.35%)。以上情况表明,对本章涉及的问题,重点高校学生和其他高校学生最感兴趣的前两个问题相同,在占比上略有差异;最感困惑的问题,排在前三位的问题相同。

从任课教师部分的调查统计数据来看,本章中被任课教师列为重点问题占比前三位的分别是“如何把握习近平新时代中国特色社会主义思想的核心要义和逻辑体系?”(67.83%)、“如何理解习近平新时代中国特色社会主义思想的核心内容?”(46.09%)、“如何把握习近平新时代中国特色社会主义思想的理论地位和指导意义?”(29.57%);难点问题占比前三位的分别是“如何认识‘两个大局’相互激荡带来的新矛盾新挑战?”(33.91%)、“‘两个大局’之间是一种怎样的关系?”(30.43%)、“如何把握‘九个必须’的内在逻辑?”(30.43%)。

通过分析以上调查统计数据可以发现,任课教师选择中占比第一、第二和第三的重点问题分别是“如何把握习近平新时代中国特色社会主义思想的核心要义和逻辑体系?”“如何理解习近平新时代中国特色社会主义思想的核心内容?”“如何把握习近平新时代中国特色社会主义思想的理论地位和指导意义”,同学生最感兴趣的问题相同、排序一致;任课教师选择中占比第一和并列第二的难点问题分别是“如何认识‘两个大局’相互激荡带来的新矛盾新挑战?”“‘两个大局’之间是一种怎样的关系?”“如何把握‘九个必须’的内在逻辑”,同学生最困惑的前三个问题一致,但排序略有不同。不同学科学生最感兴趣问题占比前两位的问题相同,与任课教师所选重点问题占比前两位也一致;不同学科学生最感困惑占比前三位的问题相同,与任课教师所选难点问题占比前三位的问题一致,但排序略有不同。不同层次高校学生最感兴趣问题占比前两位的问题相同,与任课教师所选重点问题占比前两位也一致;不同学科学生最感困惑占比前三位的问题相同,与任课教师所选难点问题占比前三位的问题一致,但排序略有不同。

综合以上情况,将“如何把握习近平新时代中国特色社会主义思想的核心要义和逻辑体系?”“如何理解习近平新时代中国特色社会主义思想的核心内容?”作为本章的教学重点问题;将“如何认识‘两个大局’相互激荡带来的新矛盾新挑战?”“如何把握‘九个必须’的内在逻辑”作为本章的教学难点问题。

二、重难点问题解析

(一)如何把握习近平新时代中国特色社会主义思想的核心要义和逻辑体系?

1.习近平新时代中国特色社会主义思想的核心要义

准确把握习近平新时代中国特色社会主义思想的核心要义,是正确认识这一思想的理论主题和精神实质的关键所在。坚持和发展中国特色社会主义是改革开放以来中国共产党全部理论和实践的主题,也是习近平新时代中国特色社会主义思想的核心要义。

中国特色社会主义是科学社会主义理论逻辑和中国社会发展历史逻辑的辩证统一,是植根于中国大地、反映中国人民意愿、适应中国和时代发展进步要求的科学社会主义。中国特色社会主义是党和人民历经千辛万苦、付出巨大代价取得的根本成就。改革开放以来,我们之所以能够取得举世瞩目的发展成就,根本原因在于开辟了中国特色社会主义道路,形成了中国特色社会主义理论体系，确立了中国特色社会主义制度，发展了中国特色社会主义文化。只有社会主义才能救中国，只有坚持和发展中国特色社会主义才能实现中华民族伟大复兴。历史和实践充分证明，中国特色社会主义是历史的结论、人民的选择，是当代中国大踏步赶上时代、引领时代的康庄大道，是当代中国发展进步的根本方向。

坚持和发展中国特色社会主义是一项长期的事业、系统的工程，具有连续性、完整性，需要一代代人的接续奋斗。正如习近平总书记指出："坚持和发展中国特色社会主义是一篇大文章，邓小平同志为它确定了基本思路和基本原则，以江泽民同志为核心的党的第三代中央领导集体、以胡锦涛同志为总书记的党中央在这篇大文章上都写下了精彩的篇章。现在，我们这一代共产党人的任务，就是继续把这篇大文章写下去。"①党的十八大以来，国内外形势的深刻变化和我国各项事业的快速发展对我们提出了一个重大时代课题，即必须从理论和实践结合上系统回答新时代坚持和发展什么样的中国特色社会主义、怎样坚持和发展中国特色社会主义。基于此，以习近平同志为核心的党中央准确把握中国特色社会主义的历史新方位、时代新变化、发展新要求，科学回答了新时代党和国家发展面临的一系列重大理论和现实问题，把中国共产党对中国特色社会主义的认识和实践推进到一个新的阶段，创立习近平新时代中国特色社会主义思想，推动党和国家事业取得历史性成就、发生历史性变革，让科学社会主义在21世纪的中国焕发出强大的生机活力，续写了坚持和发展中国特色社会主义的新篇章。

习近平新时代中国特色社会主义思想内涵十分丰富，涵盖新时代坚持和发展中国特色社会主义的总目标、总任务、总体布局、战略布局和发展方向、发展方式、发展动力、战略步骤、外部条件、政治保证等基本问题，并根据新的实践对经济、政治、法治、科技、文化、教育、民生、民族、宗教、社会、生态文明、国家安全、国防和军队、"一国两制"和祖国统一、统一战线、外交、党的建设等方面做出新的理论概括和战略指引。这一系列理论成果丰富拓展了中国特色社会主义的内涵和外延，为新时代坚持和发展中国特色社会主义提供了科学指南。

坚持和发展中国特色社会主义是习近平新时代中国特色社会主义思想的鲜明主题，贯穿于习近平新时代中国特色社会主义思想核心内容的各方面。要开展好新时代坚持和发展中国特色社会主义这场伟大社会革命，必须坚持以习近平新时代中国特色社会主义思想为指导，在理论和实践结合上奋勇开拓、深化发展，不断丰富中国特色社会主义的实践特色、理论特色、民族特色、时代特

① 中共中央文献研究室编：《十八大以来重要文献选编》（上），中央文献出版社2014年版，第114页。

色，在新的历史条件下把党和国家各项事业继续推向前进，不断交出新时代坚持和发展中国特色社会主义的合格答卷。

2.习近平新时代中国特色社会主义思想的逻辑体系

在深入学习习近平新时代中国特色社会主义思想过程中如何理解该思想的逻辑体系，是一个经常被提及的重要问题。弄清楚这个问题，对于我们深刻理解和全面把握习近平新时代中国特色社会主义思想具有重要的促进作用。习近平新时代中国特色社会主义思想是由其时代背景论、主题主线论、根本立场论、历史使命论、战略任务论、建设部署论、思想及工作方法论等构成的系统完备、逻辑严密、内在统一的理论体系。

在时代背景论方面，中国特色社会主义进入新时代，这是对习近平新时代中国特色社会主义思想形成和发展所处的历史方位的清晰认知与准确把握。党的十九大首次提出中国特色社会主义进入新时代，这是一个内涵丰富、意蕴深刻的重大政治论断。中国特色社会主义新时代之“新”，在于我们进入了一个新的发展阶段，在于我们面临新的社会主要矛盾，在于我们踏上了新的奋斗征程。习近平时代新中国特色社会主义思想正是在这样的新时代中应运而生、顺势而成的。时代背景论在习近平新时代中国特色社会主义思想这一理论体系中居于基础性的地位，回答的是为什么要创立习近平新时代中国特色社会主义思想的问题，也就是回答习近平新时代中国特色社会主义思想产生的必要性和必然性的问题。

在主题主线论方面，中国特色社会主义是接续发展、不断前进的，坚持和发展中国特色社会主义要一以贯之，这是习近平新时代中国特色社会主义思想立论的重要基石。习近平新时代中国特色社会主义思想主要论述和集中回答为什么中国特色社会主义是社会主义、为什么新时代要坚持和发展中国特色社会主义以及新时代如何坚持和发展中国特色社会主义等基本问题，从而明确了这一科学理论的主题主线。主题主线论以时代背景论为前提，就是说只有在对中国特色社会主义新时代的时代特征或者说对中国特色社会主义发展所处的历史方位有了准确的认知后，才能对新时代坚持什么样的中国特色社会主义和怎样坚持和发展中国特色社会主义拥有更为科学的认识。

在根本立场论方面，坚持以人民为中心，一切为了人民、一切依靠人民，这是贯穿于习近平新时代中国特色社会主义思想的鲜明立场。实际上，这个根本立场本身也是新时代坚持和发展中国特色社会主义这一主题主线的进一步展开。新时代坚持和发展中国特色社会主义的要求是具体多样的，其中最为根本的一条就是要牢固树立以人民为中心的发展思想。这个根本立场体现了马克思主义唯物史观“人民创造历史、人民是真正英雄”的基本原理。马克思主义自产生之日起就是以为广大劳动人民谋福利、谋幸福作为价值目标和政治立场的。习近平总书记强调:“学习马克思,就要学习和实践马克思主义关于坚守人民立场的思想。”①这个根本立场是中国共产党始终未变的初心,是马克思主义的核心价值追求,是习近平新时代中国特色社会主义思想的根本政治立场。

在历史使命论方面,新时代坚持和发展中国特色社会主义担负着神圣的使命,即实现社会主义现代化和中华民族伟大复兴。这一使命是习近平新时代中国特色社会主义思想的主题主线和根本立场的逻辑延伸、深化拓展。换言之,在回答完新时代坚持和发展中国特色社会主义采取的根本立场之后,解决在坚持和发展中国特色社会主义这个根本方向上要往哪里去的问题就成为首要任务。从远大理想来看,我们当然是要走向更高级阶段的社会主义,直至走向共产主义,但是就未来 30 年的奋斗而言,我们的目标就是要实现社会主义现代化和中华民族伟大复兴。历史、现实与未来是相互贯通的。实现这个目标本身就是通向未来更高目标的必由之路。“最终说服不相信社会主义的人要靠我们的发展。”②只有切实解决好现阶段的发展问题,把中国特色社会主义建设好了,才能有效增强社会主义的吸引力,才能为实现更高级阶段的社会主义打下坚实的基础。中华民族伟大复兴是近代以来中华民族最伟大的梦想,其核心要义就是为国家谋富强、为民族谋复兴、为人民谋幸福,其落脚点是为人民谋幸福,因此它与坚持以人民为中心具有高度的契合性、一致性,这体现的正是人民至上的政治立场。

在战略任务论方面,论述的是完成历史使命的战略任务问题,即为实现社会主义现代化和中华民族伟大复兴而制定的战略任务,包括战略安排和战略举措。战略安排就是“两个阶段”的战略安排:第一阶段,在 2020 年全面建成小康社会基础上,再奋斗 15 年,到 2035 年基本实现社会主义现代化;第二个阶段,从 2035 年开始再奋斗 15 年,到 21 世纪中叶,把我国建设成为社会主义现代化强国。战略举措就是加强党的全面领导、全面深化改革、全面依法治国。这三大战略举措大致对应于“四个全面”战略布局中的三大战略举措,即全面深化改革、全面依法治国和全面从严治党。

在建设部署论方面,阐释的是为完成历史使命,即为实现社会主义现代化和中华民族伟大复兴这一目标而对各重要领域工作做出的重大部署,包括对“五大建设”、国家安全、国防和军队建设、“一国两制”、外交、党的建设等领域所做出的重大部署。

在思想及工作方法论方面,分析的是贯穿于整个习近平新时代中国特色社

① 习近平:《在纪念马克思诞辰 200 周年大会上的讲话》,《人民日报》2018 年 5 月 5 日。

② 《邓小平文选》第 3 卷,人民出版社 1993 年版,第 204 页。

会主义思想的思想方法和工作方法。思想方法和工作方法问题没有进入“八个明确”和“十四个坚持”论述之中，但这个问题又是习近平总书记高度重视的问题，既是学深悟透习近平新时代中国特色社会主义思想的有效抓手，也是贯彻落实习近平新时代中国特色社会主义思想的必然要求。学习贯彻习近平新时代中国特色社会主义思想，关键就是要把握贯穿其中的思想及工作方法，也就是如何思考问题和解决问题的方法，从而为我们认识问题、分析问题、解决问题提供有效的方法“钥匙”

以上“七论”环环相扣、紧密衔接，共同构成新时代坚持和发展中国特色社会主义的严密逻辑体系。其中，时代背景论、主题主线论、根本立场论、历史使命论阐述的是习近平新时代中国特色社会主义思想最基本的问题，这些基本问题彼此之间又密切关联；而战略论任务和建设部署论是为完成历史使命做出的战略安排和工作部署，战略任务论实际上是“四个全面”战略布局的展开，建设部署论则是“五位一体”总体布局和各重要领域工作部署的展开；思想及工作方法论是贯穿整个思想的“灵魂”。

总而言之，习近平新时代中国特色社会主义思想的时代背景论、主题主线论、根本立场论、历史使命论、战略任务论、建设部署论、思想及工作方法论逻辑上紧密相连、相互贯通，它们共同形成一个完整的科学理论体系。

（二）如何理解习近平新时代中国特色社会主义思想的核心内容？

习近平新时代中国特色社会主义思想的核心内容是“八个明确”和“十四个坚持”。正确理解“八个明确”和“十四个坚持”的科学内涵及其相互关系，对于我们更好地学习领会习近平新时代中国特色社会主义思想的精神实质具有纲举目张的作用。其中，“八个明确”是这一思想最为核心关键的组成部分，是支撑习近平新时代中国特色社会主义思想的四梁八柱，清晰地阐述了新时代中国特色社会主义在基本内涵上的确定性。“八个明确”侧重于理论层面的高度概括和凝练，具有高度的思想性和理论性，系统回答了新时代坚持和发展什么样的中国特色社会主义的问题，即“是什么”的问题，集中反映了党对科学社会主义在当今时代发展的理论思考和理论贡献。“十四个坚持”是对党的治国理政重大方针、重大原则的最新概括，是实现“两个一百年”奋斗目标、实现中华民族伟大复兴的中国梦的“路线图”和“方法论”。“十四个坚持”侧重于实践层面、方略层面的展开，具有很强的原则性、实践性、针对性，系统回答了新时代怎样坚持和发展中国特色社会主义的问题，即“怎么做”的问题，鲜明体现了坚持和加强党的全面领导这一当代中国的最高政治原则，贯穿着以自我革命引领社会革命的内在逻辑。简言之，“八个明确”是源头，是旗帜，是方向；“十四个坚持”是承接，是展开，是具体实践。

"八个明确"就是明确坚持和发展中国特色社会主义，总任务是实现社会主义现代化和中华民族伟大复兴，在全面建成小康社会的基础上分两步走，在21世纪中叶建成富强民主文明和谐美丽的社会主义现代化强国；明确新时代我国社会主要矛盾是人民日益增长的美好生活需要和不平衡不充分的发展之间的矛盾，必须坚持以人民为中心的发展思想，不断促进人的全面发展、全体人民共同富裕；明确中国特色社会主义事业总体布局是"五位一体"、战略布局是"四个全面"，强调坚定道路自信、理论自信、制度自信、文化自信；明确全面深化改革总目标是完善和发展中国特色社会主义制度、推进国家治理体系和治理能力现代化；明确全面推进依法治国总目标是建设中国特色社会主义法治体系、建设社会主义法治国家；明确党在新时代的强军目标是建设一支听党指挥、能打胜仗、作风优良的人民军队，把人民军队建设成为世界一流军队；明确中国特色大国外交要推动构建新型国际关系，推动构建人类命运共同体；明确中国特色社会主义最本质的特征是中国共产党领导，中国特色社会主义制度的最大优势是中国共产党领导，党是最高政治领导力量，提出新时代党的建设总要求，突出政治建设在党的建设中的重要地位。"八个明确"涉及中国特色社会主义关于生产力与生产关系、经济基础与上层建筑的辩证关系，涵盖了经济建设、政治建设、文化建设、社会建设、生态文明建设以及国防、外交、党的建设等各个领域，揭示了新时代中国特色社会主义的本质规定、发展规律、宏伟蓝图，是最重要、最核心的内容。

"十四个坚持"就是坚持党对一切工作的领导，坚持以人民为中心，坚持全面深化改革，坚持新发展理念，坚持人民当家作主，坚持全面依法治国，坚持社会主义核心价值体系，坚持在发展中保障和改善民生，坚持人与自然和谐共生，坚持总体国家安全观，坚持党对人民军队的绝对领导，坚持"一国两制"和推进祖国统一，坚持推动构建人类命运共同体，坚持全面从严治党。"十四个坚持"构成了新时代坚持和发展中国特色社会主义的基本方略，揭示了实现新目标、新使命、新蓝图的具体方略。

质而言之，"八个明确""十四个坚持"相辅相成、辩证统一，将坚持和发展中国特色社会主义的理论和实践辩证地统一起来，既明确了新时代党的奋斗目标和使命，又明确了实现目标任务的方法和路径，凝结着党坚持和发展中国特色社会主义的宝贵经验，反映了以习近平同志为核心的党中央对中国特色社会主义规律性认识的深化、拓展、升华，体现了理论与实际相结合、认识论和方法论相统一的鲜明特色。

（三）如何认识“两个大局”相互激荡带来的新矛盾新挑战？

“中华民族伟大复兴战略全局”和“世界百年未有之大变局”是党的十九大后党中央治国理政实践创新中提出的重大战略命题，是以习近平同志为主要代表的中国共产党人基于新阶段国情世情的精准研判与科学把握做出的重大创新论断，为我们全面建设社会主义现代化国家和实现中华民族伟大复兴提供了基本依据和基本出发点。当前，国内外风险挑战明显增多的复杂局面，从根本上说，是“两个大局”相互激荡、交汇碰撞的必然结果。习近平总书记指出：“我们要辩证认识和把握国内外大势，统筹中华民族伟大复兴战略全局和世界百年未有之大变局，深刻认识我国社会主要矛盾发展变化带来的新特征新要求，深刻认识错综复杂的国际环境带来的新矛盾新挑战，增强机遇意识和风险意识。”[①]面对国内外形势的深刻复杂变化，面对新发展阶段的新机遇、新挑战，我们必须深刻理解、统筹把握中华民族伟大复兴战略全局和世界百年未有之大变局。可以说，“两个大局”的历史交汇，是我们这个时代最鲜明、最显著的特征，而观察问题和谋划工作则必须牢牢立足于“两个大局”这个战略基点。

审视国内，实现中华民族伟大复兴面临前所未有的机遇与挑战。近代以来，为了实现民族复兴的伟大梦想，几代人矢志奋斗、上下求索。实现中华民族伟大复兴的中国梦，是历史发展赋予中国共产党的使命。一百年来，中国共产党团结带领中国人民进行的一切奋斗、一切牺牲、一切创造，归结起来就是一个主题：实现中华民族伟大复兴。这一伟大梦想贯通历史、承载现实、连接未来，深刻回答了“我们从哪里来、现在在哪里、将到哪里去”这个最基本的问题。这一伟大梦想涉及改革发展稳定、内政外交国防、治党治国治军的全领域各方面，是需要全局谋划、全面推进、全过程发力的战略工程。党的十八大以来，以习近平同志为核心的党中央团结带领全国各族人民守正创新、砥砺前行，统揽伟大斗争、伟大工程、伟大事业、伟大梦想，创造了新时代中国特色社会主义的伟大成就。当前，我国已转向高质量发展阶段，制度优势显著，治理效能提升，经济长期向好，物质基础雄厚，人力资源丰富，市场空间广阔，发展韧性强劲，社会大局稳定，实现民族复兴伟业面临难得的历史机遇。但与此同时，我们也要清醒地看到，改革发展稳定任务艰巨繁重，实现中华民族伟大复兴面临着结构性、体制性、周期性问题相互交织带来的重大风险与考验。比如，人口老龄化加剧、传统制造业进入发展瓶颈期、房地产需求趋于饱和、大型基础设施空间收窄、投资扩张效应明显递减等。经济、政治、文化、社会、生态、党的建设等领域风险交互

① 习近平：《在经济社会领域专家座谈会上的讲话》，《人民日报》2020 年 8 月 25 日。

影响，“黑天鹅”事件和“灰犀牛”事件共存，风险挑战的确定性和不确定性同在。在实现中华民族伟大复兴的新征程中，我们面临的风险考验只会越来越复杂，需要不断跨越前进道路上新的“娄山关”“腊子口”。

放眼世界，国际局势深刻变动，我们面对的是百年未有之大变局。当今世界呈现出一系列前所未有的新特征新表现。一是国际力量对比的革命性变化前所未有。自2008年国际金融危机爆发至今，许多资本主义国家内部矛盾重重、实力相对下降，如经济持续低迷、失业问题严重、两极分化加剧、社会矛盾加深等。事实说明，生产社会化与资本主义生产资料私有制之间的矛盾依然存在，但表现形式、存在特点有所不同。而几乎在同一时间，以中国为代表的新兴市场国家、发展中国家群体性崛起，成为影响国际政治经济格局的重要力量。二是新一轮科技革命和产业变革带来的新陈代谢和激烈竞争前所未有。以人工智能、大数据、量子信息、生物技术等为代表的新一轮科技革命和产业变革正在积聚力量，催生大量新产业、新业态、新模式，给全球发展和人类生产生活带来了翻天覆地的变化。三是全球治理体系与国际形势变化的不适应、不对称前所未有。逆全球化思潮持续发酵，保护主义的负面效应日益显现，国际贸易和投资持续低迷，特别是新冠肺炎疫情对全球产业链、供应链的部分环节形成强烈冲击，国际经济、科技、文化、安全、政治等格局都在发生深刻调整，世界进入动荡变革期。西方发达国家主导的国际政治经济秩序越来越难以为继。四是传统安全和非传统安全威胁呈现叠加交织的新态势。局部军事冲突和地缘政治动荡此起彼伏，地区热点问题层出不穷，宗教、种族问题日趋严重，世界经济增长动能不足，贫富分化日益严重，恐怖主义、网络安全、重大公共卫生安全、气候变化等非传统安全威胁持续蔓延。这种情况导致全球“和平赤字”“信任赤字”“治理赤字”“发展赤字”居高不下，并时常引发猝不及防的恐慌。在此国际大背景下，各国可谓安危与共、唇齿相依，没有哪个国家能够置身事外、独善其身。

在“两个大局”的深入交汇中，实现中华民族伟大复兴进入关键阶段，世界大变局加速演变。未来一个时期，外部环境中不稳定不确定因素较多，存在不少可能冲击国内经济社会发展的风险隐患，新冠肺炎疫情全球大流行影响深远，世界经济可能持续低迷，我们将面对更多逆风逆水的外部环境。这既为实现中华民族伟大复兴带来大挑战，同时也带来大机遇。变局中危和机同生并存，克服了危即是机，失去了机即是危。我们既要治乱于未乱，也要有应对和化解风险挑战的高招，制定应对各种风险的治本之策，锻造战胜各种台风的“定海神针”。努力在这场百年未有之大变局中把握民族复兴的航向，就要因势而谋、应势而动、顺势而为，增强机遇意识和风险意识，善于在危机中育先机、于变局中开新局，在趋利避害中奋勇前行。统筹“两个大局”，则是沉着应对风险挑战、继续奋勇前行的战略运作。

（四）如何把握“九个必须”的内在逻辑

2021年7月，习近平总书记在庆祝中国共产党成立100周年大会上发表重要讲话，站在历史和时代的高度，在回顾党百年光辉历程的基础上，系统归纳出“九个必须”的历史经验，即必须坚持中国共产党坚强领导，必须团结带领中国人民不断为美好生活而奋斗，必须继续推进马克思主义中国化，必须坚持和发展中国特色社会主义，必须加快国防和军队现代化，必须不断推动构建人类命运共同体，必须进行具有许多新的历史特点的伟大斗争，必须加强中华儿女大团结，必须不断推进党的建设新的伟大工程。“九个必须”既有理论概括，又有实践部署；既是对中国共产党成功推进革命、建设、改革的宝贵经验的深入总结和高度升华，也是我们在全面建设社会主义现代化国家新征程上以史为鉴、开创未来的科学指南。

“九个必须”是相互联系、辩证统一的整体，具有内在贯通性和整体逻辑性，我们可以从理论、历史和现实三个维度深入理解和把握“九个必须”的内在逻辑。

一是从理论逻辑看，马克思主义是我们立党立国、兴党强国的根本指导思想。一百年来，中国共产党自觉以马克思主义为指导，紧紧围绕实现中华民族伟大复兴这个主题，上下求索，朝夕不倦，积淀而成宝贵的历史经验。

始终坚持对马克思主义的信仰。“九个必须”涵盖了实现中华民族伟大复兴的一系列重要条件，包括领导核心、依靠力量、思想旗帜、正确道路、安全保障、外部条件等，集中体现了马克思主义的政党理论、人民立场、开放品格、时代要求。

突出马克思主义政党的重要地位。在“九个必须”中，居于第一位的是“必须坚持中国共产党坚强领导”，最后一条则是“必须不断推进党的建设新的伟大工程”，中间部分的几个“必须”都要在党的领导下展开，贯穿着以自我革命引领社会革命的内在逻辑，从而完成了对历史经验的完整概括与系统呈现，并体现出中国共产党推进中华民族伟大复兴历史伟业的基本规律：坚持党的全面领导，中国人民进行民族复兴的斗争就有了主心骨；不断推进党的建设新的伟大工程，就确保了党始终保持先进性和纯洁性，始终是中国特色社会主义事业的坚强领导核心，这样一来，中华民族伟大复兴也就有了根本的政治保证。

充分彰显马克思主义的价值取向。人民至上是中国共产党的根本政治立场，也是马克思主义的本质要求和价值观的生动阐释。在“九个必须”的整体结构中，紧随“必须坚持中国共产党坚强领导”的是“必须团结带领中国人民不断为美好生活而奋斗”，充分体现了中国共产党的价值追求以及党和人民之间不可分离的血肉联系。

二是从历史逻辑看，“九个必须”是在回顾历史中总结出的真知灼见，体现了对历史规律的把握。

宽广的历史视野。“以史为镜，可以知兴替。”唯有用历史映照现实、远观未来，才能从中国共产党的百年奋斗中看清楚过去为什么能够成功、弄明白未来怎样才能继续成功。回顾和总结历史是把握当下和开创未来的前提条件。“九个必须”是读懂、读透中国共产党成功之道的精神密码，其展开的基本思路就是“以史为鉴、开创未来”，从历史分析切入，以史实为依据，在总结历史经验的基础上对推进中华民族伟大复兴做出新的部署。“九个必须”蕴含着强烈的历史自觉、深邃的历史观照，在民族复兴征程中善于运用历史思维、把握历史规律，进而形成开创未来的历史自觉、历史主动。

深厚的历史底蕴。“九个必须”是从中国共产党百年党史中提炼出的历史经验。比如，在阐释必须坚持中国共产党坚强领导时，从中华民族近代以来180多年的历史、中国共产党成立以来100年的历史、中华人民共和国成立以来70多年的历史这三个紧密相连的历史时段中，得出掷地有声的结论：没有中国共产党，就没有新中国，就没有中华民族伟大复兴。在阐释必须继续推进马克思主义中国化时，强调“两个相结合”，即坚持把马克思主义基本原理同中国具体实际相结合、同中华优秀传统文化相结合。在阐释必须坚持和发展中国特色社会主义时，强调“中华民族拥有在5000多年历史演进中形成的灿烂文明，中国共产党拥有百年奋斗实践和70多年执政兴国经验”，进一步说明了“走自己的路，是党的全部理论和实践立足点，更是党百年奋斗得出的历史结论”。

科学的历史规律。历史发展都是有客观规律可循的。只有深刻洞察和科学运用这种规律，才能在贯通历史、现实和未来中赢得主动。实现中华民族伟大复兴是一项前无古人的历史伟业，也是一项复杂艰巨的系统工程，推进民族复兴必须遵循历史发展的内在规律，在历史前进的逻辑中前进，在时代发展的潮流中发展。“九个必须”既是经验的系统总结也是规律的深刻揭示，体现了统筹“两个大局”、尊重客观实际与发挥主观能动性相统一的实践要求，使中国共产党对实现中华民族伟大复兴的规律性认识达到前所未有的新高度。

三是从现实逻辑看，总结历史经验，是为了更好地解决现实问题、开创美好未来。

适应新形势新任务。“九个必须”并不只是对历史的回顾和梳理，更重要的是着眼于统筹中华民族伟大复兴战略全局和世界百年未有之大变局，为实现全面建设社会主义现代化强国的第二个百年奋斗目标提供根本遵循和战略思路。正如习近平总书记所强调的："今天，我们回顾历史，不是为了从成功中寻求慰藉，更不是为了躺在功劳簿上、为回避今天面临的困难和问题寻找借口，而是为了总结历史经验、把握历史规律，增强开拓前进的勇气和力量。"①为此，在深刻总结历史经验的基础上，习近平总书记对继续推进中华民族伟大复兴历史伟业提出了新的要求、做出了新的部署，其中包括必须坚持党的全面领导、不断完善党的领导等。这些要求和部署，具有很强的思想性、针对性和指导性，是在新的征程上继续推进中华民族伟大复兴的科学指南。

应对新矛盾、新挑战。鉴于我国社会主要矛盾变化带来的新特征、新要求，错综复杂的国际环境带来的新矛盾、新挑战，习近平总书记强调"必须进行具有许多新的历史特点的伟大斗争"，"必须增强忧患意识、始终居安思危"②，就是为了有效地应对新征程上各种可以预见和难以预见的风险与挑战，更好地把握新的伟大斗争的历史特点，牢牢抓住我国发展的重要战略机遇，下好先手棋、打好主动仗，发扬斗争精神，创造出更多令人瞩目的人间奇迹，不断把中华民族复兴伟业推向前进。

总而言之，"九个必须"科学回答了党和国家事业发展的领导核心、价值追求、理论指导、战略支撑、外部环境、力量来源等一系列重大问题，深刻揭示了过去我们为什么能够成功、未来我们怎样才能继续成功的道理，构成了对中国共产党百年历史经验的完整而准确的表达，对新时代坚持和发展中国特色社会主义有着极为重要的现实价值，体现了理论逻辑、历史逻辑与现实逻辑的内在统一，具有很强的思想性、针对性和指导性，把中国共产党对社会主义政党执政规律、社会主义建设规律、人类社会发展规律的认识提升到了新高度，是对习近平新时代中国特色社会主义思想的丰富和发展。置身"两个大局"，奋进新时代、再创新辉煌，需要把握好"九个必须"的精髓要义，搞清楚"九个必须"的内在逻辑，不断增强贯彻践行"九个必须"的思想自觉、政治自觉和行动自觉。

三、教育教学建议

（一）教学目标

通过讲授"新时代坚持和发展中国特色社会主义的指导思想"，使学生充分认识到习近平新时代中国特色社会主义思想是一个科学严密、内涵丰富的理论

① 习近平：《在庆祝中国共产党成立95周年大会上的讲话》，人民出版社2016年版，第7页。
② 习近平：《在庆祝中国共产党成立100周年大会上的讲话》，人民出版社2021年版，第17页。

体系，是马克思主义中国化最新成果；引导学生准确把握习近平新时代中国特色社会主义思想的核心要义，深刻理解“八个明确”“十四个坚持”的重要性及其辩证关系，科学认识习近平新时代中国特色社会主义思想的历史地位和指导意义；增强学生对习近平新时代中国特色社会主义思想的政治认同、思想认同、情感认同，坚定对坚持和发展新时代中国特色社会主义的信心。

通过讲授“立足历史交汇期深刻把握‘两个大局’”，使学生深入了解世界百年未有之大变局、中华民族伟大复兴战略全局提出的现实背景，系统掌握“两个大局”相互激荡带来的机遇与挑战，增强机遇意识和风险意识，善于在危机中育先机、于变局中开新局，在趋利避害中奋勇前行。

通过讲授“奋进新时代、走好新征程的根本要求”，使学生懂得“九个必须”是对中国共产党百年历史经验的深刻总结，也是对共产党执政规律、社会主义建设规律、人类社会发展规律的科学把握，为中国共产党团结带领中国人民实现第二个百年奋斗目标指明了前进方向；帮助学生更好地把握“九个必须”精髓要义，明确其实践要求，不断增强贯彻落实的政治自觉、思想自觉和行动自觉，在实践中始终以“九个必须”为指导，努力成为担当民族复兴大任的时代新人，为实现中华民族伟大复兴贡献智慧和力量。

（二）教学基本要求

1.把握习近平新时代中国特色社会主义思想的丰富内涵和指导地位。

2.从“两个一百年”和“两个大局”把握我国发展的方位和大势。

3.明确奋进新时代、走好新征程的根本要求。

（三）教学方法

在讲授“习近平新时代中国特色社会主义思想的核心要义和逻辑体系”时，可以采用逻辑分析的方法。要跟学生明确的是，坚持和发展中国特色社会主义是习近平新时代中国特色社会主义思想的核心要义，即习近平新时代中国特色社会主义思想是围绕“新时代坚持和发展什么样的中国特色社会主义、怎样坚持和发展中国特色社会主义”这一核心主题展开的。与此同时，还要让学生注意到，习近平新时代中国特色社会主义思想是一个系统完整、逻辑严密的科学理论体系，不仅思想内涵十分丰富，而且逻辑结构非常严谨，涉及新时代坚持和发展中国特色社会主义的时代背景、主题主线、根本立场、历史使命、战略任务、建设部署、思想及工作方法等。这些内容构成了习近平新时代中国特色社会主义思想的逻辑体系。应当注意，习近平新时代中国特色社会主义思想的核心要义和逻辑体系既各有其侧重点，又相互依存、相辅相成。其中，习近平新时代中国特色社会主义思想的逻辑体系是对习近平新时代中国特色社会主义思想的核心要义的深刻揭示与科学回答。要在这样层层推进、缜密严谨的逻辑分析中让学生懂得习近平新时代中国特色社会主义思想的核心要义和逻辑体系的辩证统一关系，让学生抓住理解和把握习近平新时代中国特色社会主义思想的“金钥匙”。

在讲授“习近平新时代中国特色社会主义思想的核心内容”时，可以采用理论讲授与实践分析相结合的方法。在透彻的理论分析的基础上，还应观照和回应学生关心关切的社会现实问题，让学生深入了解党的十八大以来党和国家事业取得的全方位的、开创性的历史性成就，发生的深层次、根本性的变革，引导学生带着兴趣、结合实践去更好地体悟和理解习近平新时代中国特色社会主义思想中的“八个明确”和“十四个坚持”。

在讲授“‘两个大局’相互激荡带来的新矛盾新挑战”时，可以采用问题研讨与理论讲授相结合的方法。通过研讨问题（“机遇 or 挑战：如何看待‘两个大局’相互激荡给中国发展造成的影响?”），激发学生自主学习的积极性、主动性和创造性，让学生在独立思考中深化对理论的认识、在激烈研讨中碰撞出思想的火花，避免在教学过程中基本概念和基础理论的平铺直叙造成学生对教学内容的困惑。在此基础上，针对学生认识不到位的地方或认识的误区进行正面回应，让学生深刻认识到“两个大局”的历史交汇既带来重大的战略机遇，也带来严峻风险挑战，让学生懂得胸怀“两个大局”有助于我们研判趋势、顺应大势，保持定力、把准方向，化危为机、转危为安，牢牢掌握发展主动权。

在讲授“‘九个必须’的内在逻辑”时，采用理论、历史和现实相结合的方法。通过带领学生分析马克思主义的相关理论、回望中国共产党的百年历史、观照全面建设社会主义现代化国家新征程，让学生明白，“九个必须”是一个有机整体，贯通理论与实践、历史与现实，既有理论层面的概括，又有实践环节的部署；不仅是对中国共产党波澜壮阔的百年历史的高度概括，而且也是我们在全面建设社会主义现代化国家新征程上奋勇前行的科学指南。

参考文献

[1]习近平：《决胜全面建成小康社会　夺取新时代中国特色社会主义伟大胜利——在中国共产党第十九次全国代表大会上的报告》，人民出版社 2017 年版。

[2]《深入学习贯彻习近平新时代中国特色社会主义思想》，《党的十九大报告辅导读本》，人民出版社 2017 年版。

[3]习近平:《关于坚持和发展中国特色社会主义的几个问题》,《求是》2019年第7期。

[4]《当代中国马克思主义、21世纪马克思主义》,《习近平新时代中国特色社会主义思想基本问题》,人民出版社、中共中央党校出版社2020年版。

[5]习近平:《在庆祝中国共产党成立100周年大会上的讲话》,人民出版社2021年版。

[6]《中共中央关于党的百年奋斗重大成就和历史经验的决议》,人民出版社2021年版。

第一章 中国特色社会主义进入新时代

党的十九大做出了中国特色社会主义进入新时代的重大理论判断，明确了我国发展新的历史方位。紧密围绕这一重大理论创新，剖析新时代的科学依据与科学内涵两大重点问题，破解新发展阶段的内涵、依据以及与社会主义现代化强国建设之间的关系与准确把握社会主义初级阶段与新发展阶段的逻辑关系两大难点问题，有助于加深对新时代一系列理论的深刻把握与理解。

一、学生和教师的认知状况

从全体学生数据统计来看，本章中，被学生列为最感兴趣问题占比前两位的分别是“中国特色社会主义进入了新时代的科学依据是什么?”(31.03%)、“如何准确把握中国特色社会主义新时代的科学内涵?”(29.7%)；最困惑问题占比前两位的分别是“如何准确把握社会主义初级阶段与新发展阶段的逻辑关系?”(25.72%)、“新发展阶段的内涵、依据以及与社会主义现代化强国建设之间的关系是什么?”(23.22%)。

从对不同学科学生最感兴趣问题、最感困惑问题的比较来看，最感兴趣的问题，在文科学生的选择中占比前三位的分别是“为什么说我国社会主要矛盾已经转化为人民日益增长的美好生活需要和不平衡不充分的发展之间的矛盾?”(27.08%)、“中国特色社会主义进入了新时代的科学依据是什么?”(26.59%)、“如何准确把握中国特色社会主义新时代的科学内涵?”(25.89%)；在理科学生的选择中占比前三位的分别是“中国特色社会主义进入了新时代的科学依据是什么?”(33.57%)、“如何准确把握中国特色社会主义新时代的科学内涵?”(31.87%)、“为什么说我国社会主要矛盾已经转化为人民日益增长的美好生活需要和不平衡不充分的发展之间的矛盾?”(24.72%)。最困惑的问题，在文科学生的选择中占比前三位的分别是“如何准确把握社会主义初级阶段与新发展阶段的逻辑关系?”(28.59%)、“新发展阶段的内涵、依据以及与社会主义现代化强国建设之间的关系是什么?”(25.57%)、“为什么说社会主要矛盾转化是关系全局的历史性变化?”(24.27%);在理科学生的选择中占比前三位的分别是“如何准确把握社会主义初级阶段与新发展阶段的逻辑关系?”(24.08%)、“为什么说社会主要矛盾转化是关系全局的历史性变化?”(22.16%)、“新发展阶段的内涵、依据以及与社会主义现代化强国建设之间的关系是什么?”(21.89%)。以上情况表明,对本章涉及的问题,文科学生和理科学生最感兴趣、最感困惑的问题占比前三的问题基本一致,但排序有所不同。

从对不同层次高校学生最感兴趣问题、最感困惑问题的比较来看,最感兴趣的问题,在重点高校学生的选择中占比前三位的分别是“中国特色社会主义进入了新时代的科学依据是什么?”(31.15%)、“如何准确把握中国特色社会主义新时代的科学内涵?”(29.57%)、“为什么说我国社会主要矛盾已经转化为人民日益增长的美好生活需要和不平衡不充分的发展之间的矛盾?”(26.32%);在其他高校学生的选择中占比前三位的分别是“中国特色社会主义进入了新时代的科学依据是什么?”(30.88%)、“如何准确把握中国特色社会主义新时代的科学内涵?”(29.87%)、“为什么说我国社会主要矛盾已经转化为人民日益增长的美好生活需要和不平衡不充分的发展之间的矛盾?”(24.57%)。最困惑的问题,在重点高校学生的选择中占比前三位的分别是“如何准确把握社会主义初级阶段与新发展阶段的逻辑关系?”(28.21%)、“新发展阶段的内涵、依据以及与社会主义现代化强国建设之间的关系是什么?”(24.48%)、“为什么说社会主要矛盾转化是关系全局的历史性变化?”(23.52%);在其他高校学生的选择中占比前三位的分别为“如何准确把握社会主义初级阶段与新发展阶段的逻辑关系?”(22.37%)、“为什么说我国社会主要矛盾已经转化为人民日益增长的美好生活需要和不平衡不充分的发展之间的矛盾?”(22.32%)、“为什么说社会主要矛盾转化是关系全局的历史性变化?”(22.14%)。以上情况表明,对本章涉及的问题,重点高校学生和其他高校学生最感兴趣的前三个问题相同,在占比上略有差异;最感困惑的问题,排在前三位的有两个问题相同。

在本章中,被任课教师列为重点问题占比前三位的分别是“中国特色社会主义进入了新时代的科学依据是什么?”(40.87%)、“如何准确把握中国特色社会主义新时代的科学内涵?”(40%)、“我国社会主要矛盾转化的依据是什么?”(27.83%);难点问题占比前三位的分别是“新发展阶段的内涵、依据以及与社会主义现代化强国建设之间的关系是什么?”(28.7%)、“为什么说我国社会主要矛盾已经转化为人民日益增长的美好生活需要和不平衡不充分的发展之间的矛盾?”(27.83%)、“如何准确把握社会主义初级阶段与新发展阶段的逻辑关系?”(26.96%)。

综合以上情况,将“中国特色社会主义进入了新时代的科学依据是什么?”“如何准确把握中国特色社会主义新时代的科学内涵?”作为本章的教学重点问题;将“新发展阶段的内涵、依据以及与社会主义现代化强国建设之间的关系是什么?”“如何准确把握社会主义初级阶段与新发展阶段的逻辑关系?”作为本章的教学难点问题。

二、重难点问题解析

通过调查问卷确定关于新时代的重点难点问题,必须从学理上进行深入分析,才能使学生更加深刻理解围绕“中国特色社会主义进入新时代”产生的一系列重大理论问题,从而准确把握新时代的丰富内涵,不断增强新时代中国特色社会主义的理论自信。

(一)中国特色社会主义进入了新时代的科学依据是什么?

党的十九大报告做出“中国特色社会主义进入了新时代”的重大理论判断具有坚实的科学依据,可以从马克思主义基本原理、党和国家发生的历史性巨变、社会主要矛盾的转变来具体分析中国特色社会主义进入新时代的依据内容。

1.理论依据:马克思主义关于社会发展阶段的思想

经典马克思主义理论关于社会发展阶段的丰富思想是中国特色社会主义进入新时代的理论依据,为我们正确认识中国特色社会主义进入新时代提供了理论指引。马克思认为,人类社会的发展不是一成不变,而是由不同历史阶段组成。例如,在《德意志意识形态》中,马克思将人类社会发展分为五个阶段,即“部落所有制”“古典古代的公社所有制和国家所有制”“封建的或等级的所有制”“近代的资本主义所有制”“共产主义所有制”;在《1857～1858年经济学手稿》则将人类社会分为三个发展阶段:人的依赖性阶段、以物的依赖性为基础的人的独立性阶段、人的全面发展和自由个性阶段。比较完整地阐述人类社会的发展阶段思想主要集中在《〈政治经济学批判〉序言》,他指出:“大体说来,亚细亚的、古代的、封建的和现代资产阶级的生产方式可以看作是经济的社会形态演进的几个时代。资产阶级的生产关系是社会生产过程的最后一个对抗形式……人类社会的史前时期就以这种社会形态而告终。”[①]阐明人类社会的发展

① 《马克思恩格斯选集》第2卷,人民出版社1995年版,第33页。

要经历五个历史阶段：原始社会、奴隶社会、封建社会、资本主义社会、共产主义社会。需要指出的是，马克思不仅仅认为人类社会分阶段发展，而且认为共产主义社会也是分阶段演进，他在《哥达纲领批判》中认为，脱胎于资本主义社会的共产主义社会，各方面还带有资本主义社会的痕迹，但是这些弊端在共产主义社会的第一阶段不可避免，只有到了共产主义的高级阶段才能突破资产阶级法权的狭隘，真正实现各尽所能、按需分配。为此，马克思明确将共产主义社会分为"第一阶段"和"高级阶段"。列宁继承了马克思关于共产主义社会划分不同发展阶段的思想，并在此基础上进行了重大创新。在《国家与革命》中，列宁明确将共产主义"第一阶段"和"高级阶段"分别称为社会主义社会、共产主义社会，这不仅丰富了马克思关于未来共产主义社会发展阶段的思想，而且为探索社会主义发展阶段提供了思想启迪。

1956 年，我国完成社会主义三大改造之后建立起社会主义制度，进入了社会主义建设探索时期，对我国社会主义发展阶段的探索是其中的重要内容，党在坚持列宁关于社会主义发展阶段思想的基础上又有理论上的新突破。1959 年，毛泽东在读苏联《政治经济学教科书》时提出："社会主义这个阶段，又可能分为两个阶段，第一个阶段是不发达的社会主义，第二个阶段是比较发达的社会主义。后一阶段可能比前一阶段需要更长的时间。"①明确将社会主义划分为两个阶段以及估计了两个阶段的时长，对我国社会主义发展阶段做了十分重要的初步探索。进入改革开放新时期之后，以邓小平为代表的中国共产党人在总结社会主义探索正反两方面的经验基础上继续深化社会主义发展阶段的理论探索，提出并丰富了社会主义初级阶段的理论。1981 年，《关于建国以来党的若干历史问题的决议》首次提出"我们的社会主义制度还是处于初级的阶段"。1987 年，党的十三大首次系统阐述了社会主义初级阶段理论，把社会主义初级阶段概括为"特指我国在生产力落后、商品经济不发达条件下建设社会主义必然要经历的特定阶段"。1992 年，党的十四大强调，不能停留在"超越社会主义初级阶段的不正确的思想上"。1997 年，党的十五大进一步系统阐述了社会主义初级阶段的主要特征、发展进程、主要矛盾、根本任务、基本制度、基本纲领等。2002 年，党的十六大提出"我国正处于并将长期处于社会主义初级阶段"的论断。党的十七大、十八大报告继续坚持这一论断，强调我国正处于并将长期处于社会主义初级阶段的基本国情没有变。党的十八以来，以习近平同志为核心的党中央毫不动摇地坚持我国仍处于并将长期处于社会主义初级阶段的判断，要求全党要牢牢把握这个最大国情、立足这个最大实际。同时，习近平总

---

① 《毛泽东文集》第 8 卷，人民出版社 1999 年版，第 116 页。

书记强调要辩证认识社会主义初级阶段的变与不变，既要坚持我国处于社会主义初级阶段，又要“更准确地把握我国社会主义初级阶段不断变化的特点”，领导人民在中国特色社会主义进入新阶段的国情下进行了更广泛、更深刻、更大规模、更深层次的社会经济改革，在促使党和国家事业发生历史性变化的基础上提出了“中国特色社会主义进入了新时代”的重大理论判断。总而言之，在继承马克思主义关于社会发展阶段的理论基础上，中国共产党人对中国社会主义发展阶段进行了艰辛的理论探索，并大胆地进行了重大理论创新，从提出社会主义可分为不发达与比较发达的两阶段思想到形成社会主义初级阶段理论，最终提出了“中国特色社会主义进入新时代”的重大论断。

2.现实依据：历史性成就和历史性变革

党的十八大以来，以习近平同志为核心的党中央团结带领全国各族人民锐意进取，提出一系列新理念新思想新战略，推动党和国家事业取得历史性成就，发生历史性变革，为我们判断中国特色社会主义进入新时代提供了现实依据。

党和国家事业自党的十八大以来取得了全方位的、开创性的历史性成就。一是经济建设取得重大成就。经济发展进入新常态，从高速增长迈向高质量发展阶段，GDP 自 2011 年超过日本就一直稳居世界第二位，而且与美国的差距在不断缩小，成为世界经济增长的重要引擎，对世界经济增长的贡献率超过 30%，经济综合实力和国际影响力日益提升。二是全面深化改革取得重大突破。在改革进入深水区，遇到难啃的“硬骨头”也越来越多，我们以更大的改革决心和勇气，注重从顶层设计入手大力破除阻碍改革开放的体制机制障碍，通过了 360 多个重大改革方案，出台了 1500 多项改革举措，确立了全面深化改革的框架。三是民主法治建设迈出重大步伐。在推进依法治国进程中，党的领导、人民当家作主、依法治国有机统一于社会主义法治建设之中，中国特色社会主义法治体系日益完善，社会主义法治国家、法治政府、法治社会建设日趋完善，整个社会的法治观念、法治意识明显增强。四是思想文化建设取得重大进展。马克思主义在意识形态领域的指导地位愈加巩固，社会主义核心价值观得到广泛弘扬，实现中华民族伟大复兴的中国梦深入人心，现代公共文化服务体系建设快速发展，有力推动了各类文化事业、文化产业的大发展、大繁荣。五是人民生活不断改善。坚持以人民为中心的发展理念，在教育、医疗、社会保障、公共服务、社会治理等多方面积极出台惠民利民措施与强化政策落实，特别是在坚定推进脱贫攻坚的持续努力下，让更多贫困人口摆脱贫困，改善生活质量，共享改革发展的成果。六是生态文明建设成效显著。深入贯彻绿色发展理念，在大力推进生态文明建设中坚持“绿水青山就是金山银山”的发展理念，着力治理大气污染、废物排放、水土流失等问题，倡导垃圾分类、节约资源、保护环境的新风尚，生态文明制度体系成形，环境质量明显得到改善。七是强军兴军开创新局面。在实现中国梦强军梦的指引下，加快推进国防和军队现代化，积极进行国防和军队改革并取得历史性突破，形成了军委管总、战区主战、军种主建新格局，革命性重塑了人民军队组织架构和力量体系，人民军队在强军兴军之路上迈出坚定步伐。八是港澳台工作取得新进展。继续坚持"一国两制"方针，扩大港澳地区与内地之间的交流合作，有力维护了香港、澳门繁荣稳定的局面。同时，毫不动摇坚持一个中国原则和"九二共识"不动摇，反对和遏制任何形式的"台独"分裂行径，维护两岸和平稳定。九是全方位外交布局深入展开。倡导构建人类命运共同体理念，推动"一带一路"建设，全方位推进中国特色大国外交，拓展中国与世界其他国家和地区之间交流合作的广度与深度，有效推动全球治理体系的变革，为维护世界和平与发展做出了负责任大国的重大贡献。十是全面从严治党成效卓著。坚持全面从严治党永远在路上的精神，针对形式主义、官僚主义、享乐主义和奢靡之风，出台中央八项规定进行严厉整治；展开大规模铁腕反腐，坚定不移"打虎""拍蝇""猎狐"；增强全党的"四个意识"，维护党中央权威和集中统一领导。

党的十八大以来，党和国家事业发生了深层次的、根本性的历史性变革。一是坚定不移贯彻创新、协调、绿色、开放、共享的新发展理念，坚持以人民为中心的发展思想，改变单纯追求高速度的发展模式，更加注重发展的质量和效益，不断增强经济发展的创新性、协调性、可持续性等，发展方式粗放、发展观念不正确的状况得到明显改变。二是坚定不移全面深化改革，这是决定当代中国命运的关键一招，也是决定实现"两个一百年"奋斗目标、实现中华民族伟大复兴的关键一招，我们全面发力、多点突破、纵深推进各项改革，不断增强改革的整体协调性，阻碍经济社会发展的体制机制弊端得到明显改变。三是坚定不移推进依法治国，深入推进科学立法、严格执法、公正司法、全民守法，着力推进国家监察体制改革试点工作，有效实施行政体制改革、司法体制改革、权力运行制约和监督体系建设，有法不依、执法不严、司法不公问题严重的状况得到明显改变。四是坚定不移加强党对意识形态工作的领导，深入推进马克思主义中国化、时代化、大众化，从根本上解决马克思主义"失声"现象，坚决抵制历史虚无主义思潮，牢牢掌握网络空间舆论引领主导权，营造清朗的网络空间，社会思想舆论的混乱状况得到明显改变。五是坚定不移推进共同富裕，下大力气做好脱贫攻坚工作，显著改善数千万贫困人口的生活质量；建立覆盖城乡的社会保障体系，解决人民群众在医疗、教育、养老方面的后顾之忧；深化收入分配制度改革，消除阶层之间的分配不公，贫富差距过大的状况明显改观。六是坚定不移推进生态文明建设，在社会经济发展中把保护环境摆在更加重要的位置，大力修复遭受严重破坏的生态环境，采取植树造林、增加环保投资、倡导绿色生活方式、参与国际环保行动等多种手段促进生态文明建设，生态环境恶化的状况得到明显改变。七是坚定不移推进国防和军队现代化，毫不动摇坚持党对军队的绝对领导，继承和发扬人民军队的政治工作优良传统，坚持政治建军这一立军之本，突出政治工作的生命线作用，确保人民军队保持正确的政治方向，人民军队中一度存在的不良政治状况得到明显改变。八是坚定不移贯彻"一国两制"方针，牢牢掌握宪法和基本法赋予的中央对香港、澳门全面管治权，并将其与香港、澳门特别行政区高度自治权有机结合起来，准确把握"一国"和"两制"的关系，正确处理特别行政区和中央的关系，弱化"一国两制"的现象得到明显改善。九是坚定不移推进中国特色大国外交，在对外交往中始终高举和平发展的旗帜，积极履行负责任、有担当的大国义务与责任，推动构建新型国际关系，在共商共建人类命运共同体中提供中国方案，贡献中国智慧，我国在国际力量对比中面临的不利状况得到明显改变。十是坚定不移推进全面从严治党，压实管党治党政治责任，把党的政治纪律与规矩挺在前面，坚持照镜子、正衣冠、洗洗澡、治治病的要求，开展一系列思想政治教育，完善从严治党的制度体系，着力解决威胁党执政基础的突出问题，管党治党宽松软状况明显改变。

3.基本依据：中国社会主要矛盾的变化

人类社会是在矛盾运动中不断向前发展，社会基本矛盾是推动人类社会进步的根本动力。毛泽东指出："社会的变化，主要地是由于社会内部矛盾的发展，即生产力和生产关系的矛盾，阶级之间的矛盾，新旧之间的矛盾，由于这些矛盾的发展，推动了社会的前进，推动了新旧社会的代谢。"①社会主要矛盾作为社会基本矛盾的特殊表现，在各种社会矛盾中占据主导地位，集中反映了社会发展过程中不同阶段的特征，成为划分社会发展阶段的基本依据，紧紧抓住社会主要矛盾有助于准确把握社会发展阶段的演进。当前，我国社会的主要矛盾已经从"人民日益增长的物质文化需要同落后的社会生产之间的矛盾"转变为"人民日益增长的美好生活需要和不平衡不充分的发展之间的矛盾"，推动中国特色社会主义呈现出新的发展特征，反映了中国特色社会主义已经进入新的发展时代。

一方面，人民群众对"物质文化"的需要已转变为对"美好生活"的需要。自改革开放以来，我国生产力得到迅猛发展，不仅稳定解决了十几亿人的温饱问题，而且总体上达到小康水平，人民群众的物质文化生活发生翻天覆地变化。特别是党的十八大以来，伴随着全面深化改革的着力推进，我国经济、政治、文

---

① 《毛泽东选集》第1卷，人民出版社1991年版，第302页。

化、社会、生态等各方面建设都取得显著成就，正朝着全面小康社会迈进，人民群众的物质文化生活已达到比较富裕的阶段。据统计，2018 年全国居民人均可支配收入、人均消费支出比 1978 年实际增长 24.3 倍、19.2 倍，分别达到 28228 元、19853 元。[①] 同时，伴随着生活水平的提高，人民在民主、法治、公平、正义、安全、环境等方面提出了更高要求，对美好生活的需要日益增长。人民政治参与意识与法治观念显著增强，希望权力在阳光下运行以保障人民当家作主的权利得到充分行使，依法治国得到全面落实，以促进法律面前人人平等的原则落到实处，从而扩大有序政治参与，依法保障自身各项权利，由此对社会主义民主法治建设提出更高期待，迫切要求加快提升我国民主法制建设的水平。人民在社会经济活动中的交往日益频繁，希望得到更多公平正义，而且随着我国社会经济水平的不断发展，人民对公平正义的诉求和认识也在不断提高，对创造更加公平正义的社会环境有着更深刻的期待，消除教育、医疗、就业等社会经济生活中事关切身利益的各种歧视和不公平待遇成为人民更强烈的愿望。人民对生产安全、食品安全、社会安全、国家安全等安全问题和大气污染、水土流失、气候变暖、生态破坏等环境问题日益关注，希望衣、食、住、行等各方面更加安全，社会更加和谐，生态环境得到有效保护，实现人与自然和谐相处，从而对安全与环境提出更高要求。

另一方面，我国已从“落后的社会生产”转变为“不平衡不充分的发展”。毫无疑问，党领导全国各族人民经过 70 多年特别是改革开放 40 多年的努力，使我国从一个一穷二白的落后国家发展为全球第二大经济体，深刻改变了我国落后的生产力面貌。然而，我国仍处于并将长期处于社会主义初级阶段，在生产力得到长足发展的当下，更加突出的问题是发展的不平衡不充分。从发展不平衡的角度来看，实体经济与虚拟经济发展不平衡，金融业“脱实向虚”现象突出，服务实体经济能力有待进一步提升。区域发展不平衡，中西部落后省份经济发展水平与东部沿海发达省份相比还有不小差距。城乡发展不平衡，城乡之间在居民收入、基础设施、公共服务等方面的差距仍然十分明显。收入分配不平衡，基尼系数接近 0.5，超过国际警戒线。经济与社会发展不平衡，医疗、教育、就业、养老中还有很多困扰群众的难题亟待解决。经济与生态发展不平衡，我国生态环境面临着大气、水、土壤污染问题，美丽中国的建设任重而道远。从发展不充分的角度来看，社会主义市场竞争不充分，市场壁垒、行政性垄断、地方保护主义等制约了社会主义市场经济的竞争活力。投资效率发挥不充分，要素投资效率同发达国家相比还存在不小差距，需要进一步提高全要素生产率。经济

① 国家统计局:《沧桑巨变七十载 民族复兴铸辉煌——新中国成立 70 周年经济社会发展成就系列报告之一》，http://www.stats.gov.cn/tjsj/zxfb/201907/t20190701_1673407.html。

潜能释放不充分，我国人均 GDP 在世界上的排名仍然靠后，存在巨大的提升空间。有效供给不充分，面对人民群众日益多元化、个性化的消费需求，产品与服务的供给效能不足。新旧动能转换不充分，驱动经济发展的新旧动能未能实现全方位、高效率的转换格局。创新不充分，在从创新大国到创新强国的转型过程中，我国需要在技术创新、制度创新等方面不断增强创新动力。

（二）如何准确把握中国特色社会主义新时代的科学内涵？

中国特色社会主义进入新时代，不仅界定了我国发展新的历史方位，而且具有十分丰富的内涵，要准确把握中国特色社会主义新时代的科学内涵，可以从新时代的主题、目标任务、主体力量、实现民族伟大复兴、中国与世界的关系五个方面入手。

1.从新时代的主题来看，这是承前启后、继往开来、在新的历史条件下继续夺取中国特色社会主义伟大胜利的新时代

习近平总书记明确指出，这个新时代是中国特色社会主义新时代，而不是别的什么新时代。这一重要论断鲜明地指出了新时代的主题，揭示了新时代为什么以及如何坚持和发展中国特色社会主义这一根本问题，为我国在新的历史方位更加坚定地朝着中国特色社会主义方向前进提供了根本遵循，有助于我们沿着正确路径准确把握中国特色社会主义新时代的定位以及深刻认识其科学内涵。

中国特色社会主义是新时代必须坚持和发展的主题，究其原因，就在于改革开放以来它是党领导人民历经艰苦探索后取得的根本成就，也是党的全部理论和实践的主题。在新时代，作为党领导人民进行伟大社会革命的继续，我们必须一以贯之地进行中国特色社会主义建设。实践已经充分证明，中国特色社会主义理论道路、理论、制度、文化是实现社会主义现代化的必由之路、推动民族伟大复兴的正确理论、促进中国发展进步的制度保障、激励党和人民奋进的精神力量。新时代，要完成党的历史使命、实现"两个一百年"奋斗目标以及中华民族伟大复兴的中国梦，就必须更加自觉地增强"四个自信"，在理论创新和实践探索中坚持和发展中国特色社会主义。

新时代，如何采取正确的策略坚持和发展中国特色社会主义是中国共产党面临的一项重大课题。这是因为，中国特色社会主义事业越往前发展和进步，就会遇到越多难题。面对层出不穷的挑战与风险，若要进行好这场伟大的社会革命，中国共产党必须立足新时代情形下出现的新条件，深刻回答新时代中国特色社会主义面临的一系列新问题。为此，在意识形态领域要巩固好马克思主义的指导地位，打牢党和人民奋斗的思想基础；在经济发展方面要深入贯彻创

新、协调、绿色、开放、共享的新发展理念，不断增进人民福祉；在深化改革实践中要提高改革决策水平，推动国家治理体系和治理能力现代化；在全面从严治党中要不断提升党的执政水平和领导水平，增强抵御风险和防腐拒变的能力。

中国特色社会主义进入新时代之后，中国共产党面临的一项重要使命是要对新时代坚持和发展什么样的中国特色社会主义做出回答。制度是关乎国家长治久安、社会和谐稳定的根本性与全局性问题，因此要从制度建设角度考虑中国特色社会主义的根本长远之计。邓小平在 1992 年南方谈话中指出："恐怕再有三十年的时间，我们才会在各方面形成一整套更加成熟、更加定型的制度。"①自党的十八大以来，我们一直在致力于构建体系完备、科学规范、运行有效的制度体系。党的十八届三中全会把深化改革的总目标确立为"完善和发展中国特色社会主义制度，推进国家治理体系和治理能力现代化"，党的十九届四中全会进一步通过了《中共中央关于坚持和完善中国特色社会主义制度　推进国家治理体系和治理能力现代化若干重大问题的决定》，为推动制度建设成熟和定型指明了方向。

2.从新时代的目标任务来看，这是决胜全面建成小康社会进而全面建设社会主义现代化强国的新时代

这个定位明确了在新时代我们要完成"两个一百年"奋斗目标，即在2020 年决胜全面建成小康社会、到 21 世纪中叶全面建成社会主义现代化强国，进而最终实现中华民族伟大复兴的中国梦。

针对第一个百年奋斗目标，邓小平创造性地利用我国传统文化中的"小康"一词来解释中国的现代化。1979 年，他提出："到本世纪末在中国建立一个小康社会。这个小康社会，叫做中国式的现代化。"②具体目标是以 1980 年为基数，到 20 世纪末人均国民生产总值达到 1000 美元而进入小康社会。随着中国特色社会主义事业的深入发展，小康社会的内涵日益丰富，目标不断提高。党的十六大在解决人民温饱问题、总体达到小康水平的基础上确立了新的奋斗目标，即在 21 世纪头 20 年全面建设惠及十几亿人口的更高水平的小康社会。党的十七大对全面建设小康社会的奋斗目标提出了五个方面新的更高要求。党的十八大提出了到 2020 年全面建成小康社会的奋斗目标。此后，以习近平同志为核心的党中央把全面建成小康社会纳入"四个全面"战略布局，即全面建成小康社会、全面深化改革、全面依法治国、全面从严治党。党的十九大明确了决胜全面建成小康社会的战略安排，提出 2017～2020 年是全面建成小康社会的

① 《邓小平文选》第 3 卷，人民出版社 1993 年版，第 372 页。

② 《邓小平文选》第 3 卷，人民出版社 1993 年版，第 54 页。

决胜期。要建成得到人民认可、经得起历史检验的小康社会，我们既有充分条件，也面临诸多挑战，必须坚持创新、协调、绿色、开放、共享的新发展理念，统筹推进“五位一体”总体布局，突出抓重点、补短板、强弱项，谨慎有效应对各类风险，以此取得全面建成小康社会的最后胜利。

第二个百年奋斗目标是中国共产党人始终如一的追求。早在党的七届二中全会上毛泽东就提出了要把我国由落后的农业国变为先进的工业国的奋斗目标。新中国成立后，在1964年召开的全国三届人大一次会议上，周恩来正式提出“四个现代化”的战略目标：“就是要在不太长的历史时期内，把我国建设成为一个具有现代农业、现代工业、现代国防和现代科学技术的社会主义强国，赶上和超过世界先进水平。”[①]改革开放后，进行社会主义现代化建设始终贯穿党的各项工作。邓小平强调：“我们从八十年代的第一年开始，就必须一天也不耽误，专心致志地、聚精会神地搞四个现代化建设。”[②]党的十九大对建设社会主义现代化的征程进行了战略安排，主要分为两个阶段：第一个阶段，从2020年到2035年，在全面建成小康社会的基础上，再奋斗15年，基本实现社会主义现代化；第二个阶段，从2035年到21世纪中叶，在基本实现现代化的基础上，再奋斗15年，把我国建成富强民主文明和谐美丽的社会主义现代化强国。党的十九大清晰勾画了我国社会主义现代化建设的路线图和时间表，为新时代进行社会主义现代化建设提供了前进坐标。党的十九届五中全会审议通过了《中共中央关于制定国民经济和社会发展第十四个五年规划和二〇三五年远景目标的建议》，针对第一阶段，进一步提出到2035年基本实现社会主义现代化的远景目标。

3.从新时代的主体力量来看，这是全国各族人民团结奋斗、不断创造美好生活、逐步实现全体人民共同富裕的新时代

新时代的这一定位集中体现了坚持以人民为中心的价值追求，深刻回答了中国特色社会主义新时代的发展为了谁、依靠谁、成果由谁共享等一系列基本问题。

党的十九大报告开宗明义地指出：“中国共产党人的初心和使命，就是为中国人民谋幸福，为中华民族谋复兴。”[③]清晰回答了新时代发展为了谁的问题，集中体现了习近平新时代中国特色社会主义思想鲜明的人民性立场。纵观中国共产党近百年的奋斗历程，保持与人民群众的血肉联系，维护好最广大人民的

---

① 《周恩来选集》下卷，人民出版社1984年版，第439页。

② 《邓小平文选》第2卷，人民出版社1994年版，第241页。

③ 习近平：《决胜全面建成小康社会　夺取新时代中国特色社会主义伟大胜利——在中国共产党第十九次全国代表大会上的报告》，人民出版社2017年版，第1页。

根本利益，始终贯穿于党的全部工作中，成为引领一代又一代中国共产党人不懈奋斗的旗帜，也是党的事业兴旺发达的重要保障。在改革开放、全面建成小康社会以及社会主义现代化建设的奋斗征程中，人民对美好生活的向往就是党的奋斗目标，最终目的是不断发展社会生产力，提高人民群众的物质文化生活水平，促进人民各方面都得到发展。新时代我国确立了发展新的历史方位，国情世情发生重大变化，但是不会改变党和人民同呼吸、共命运的价值追求，为人民服务是党的执政理念中矢志不移的目标。

新时代发展要紧紧依靠人民。马克思主义认为，人民在漫长的历史发展中不仅是物质财富创造者，而且也是精神财富创造者，社会制度变革与历史发展的根本力量是人民。马克思主义关于人民的历史主体性的理论，深刻揭示了人类社会发展的规律，凸显了人民对社会发展的巨大推动作用。根据马克思主义这一基本原理，必须紧密依靠人民才能获得源源不断的前进力量。中国共产党近一百年的奋斗历程毫无疑问地证明，紧紧依靠人民是党的事业不断取得进步的根本力量所在，始终坚持一切依靠人民才能把革命、建设、改革的各项事业不断推向前进。党的十九大报告明确提出要"依靠人民创造历史伟业"。中国特色社会主义进入新时代之后，既面临着前所有未有的新发展机遇，也面临着错综复杂的国内外形势带来的新挑战，如何在应对各种挑战中继续推动中国特色社会主义事业行稳致远，根本答案就在于紧紧依靠人民不动摇。

新时代发展成果须由人民共享，这不仅是马克思主义政治经济学的根本立场，而且是中国共产党对社会主义本质进行探索后得出的基本结论。马克思、恩格斯强调："无产阶级的运动是绝大多数人的，为绝大多数人谋利益的独立的运动。"[①]邓小平对"什么是社会主义，怎样建设社会主义"的问题进行了艰苦探索，他指出："社会主义的本质，是解放生产力，发展生产力，消灭剥削，消除两极分化，最终达到共同富裕。"[②]改革开放特别是党的十八大以来，我们坚持以人民为中心的新发展理念，在社会经济发展中始终把增进人民福祉、促进人的全面发展、朝着共同富裕方向稳步前进作为出发点和落脚点。党的十九大明确指出："必须始终把人民利益摆在至高无上的地位，让改革发展成果更多更公平惠及全体人民，朝着实现全体人民共同富裕不断迈进。"[③]这集中体现了社会主义本质的要求、全心全意为人民服务的宗旨。

---

① 《马克思恩格斯选集》第1卷，人民出版社2012年版，第411页。

② 《邓小平文选》第3卷，人民出版社1993年版，第373页。

③ 习近平：《决胜全面建成小康社会 夺取新时代中国特色社会主义伟大胜利——在中国共产党第十九次全国代表大会上的报告》，人民出版社2017年版，第45页。

4.从新时代实现中华民族伟大复兴来看，这是全体中华儿女勠力同心、奋力实现中华民族伟大复兴的中国梦的新时代

实现中华民族伟大复兴是近代以来中华民族最伟大的梦想，无数仁人志士前赴后继，为实现这个伟大梦想进行了漫长而艰苦的探索，全体中华儿女共同的期盼就是在新时代凝聚起实现中华民族伟大复兴的磅礴力量，朝着实现中华民族伟大复兴的宏伟目标前进进而实现这一伟大梦想。

中国特色社会主义进入新时代使中华民族伟大复兴进入关键阶段。经过中国共产党领导人民近百年的接续奋斗，历经种种磨难的中华民族迎来了从站起来、富起来到强起来的伟大飞跃，中华民族在新时代展现出伟大复兴的光明前景。新时代为民族复兴提供了新机遇、新条件，我们比历史上任何时期都更加接近、更有能力实现民族复兴的宏伟目标。但是，实现中华民族伟大复兴绝非易事，必然会面临各种风险和挑战，不是敲锣打鼓、轻轻松松就能把民族复兴的大业完成，党的十八大以来国内外风云变幻的形势已经充分证明这一点。为此，必须进行具有许多新的历史特点的伟大斗争，唯其如此，才能团结全国各族人民有效应对各种重大挑战与风险，排除各种阻力和矛盾。同时，要充分意识到斗争的长期性、复杂性、艰巨性，不能有丝毫贪图安逸与消极回避的思想与行为。

历史已经证明，民族复兴离开中国共产党的领导必然是空想。但是，打铁还需自身硬，党要领导全国各族人民实现中华民族伟大复兴这样艰巨的事业，必须在新时代推进党的建设新的伟大工程。为此，中国共产党要不断增强政治领导力、思想引领力、群众组织力，消除削弱党的战斗力和凝聚力的消极因素。党的十八大以来，中国共产党直面现实问题，敢于刮骨疗毒，全面加强从严治党。把党的政治建设摆在首位，以壮士断腕的勇气掀起大规模反腐败斗争，扎牢不能腐的笼子，目前已取得压倒性胜利，营造了风清气正的良好政治生态。思想上开展一系列教育活动，包括党的群众路线教育实践活动、“三严三实”专题教育、“两学一做”学习教育、“不忘初心、牢记使命”主题教育等，筑牢“走好新的长征路”的思想根基；持之以恒抓作风改作风，出台改进工作作风、密切联系群众的八项规定，制定正风肃纪的制度性文件，进一步密切了党群、干群关系。

奋力实现民族伟大复兴要遵循正确路径，即走中国道路、弘扬中国精神、凝聚中国力量。首先，找准正确道路才能事半功倍地加快实现民族复兴，封闭僵化的老路和改旗易帜的邪路都不是实现民族复兴的光明大道，只有中国特色社会主义道路才能发展中国、稳定中国，为民族复兴指明前进方向。其次，要大力弘扬以爱国主义为核心的民族精神和以改革创新为核心的时代精神，为民族复兴的伟大梦想注入强大精神动力，以此振奋民族精气神，增强民族向心力和凝

聚力。最后,民族复兴不仅是国家的梦想,而且也是个人的梦想,中华民族是休戚与共的命运共同体,只有凝聚起全国各族人民同心共筑中国梦的磅礴力量,才能战胜来自国内外的各种挑战和风险,为实现中华民族的伟大复兴开辟广阔空间。

5.从新时代中国与世界的关系来看,这是中国日益走近世界舞台中央、不断为人类做出更大贡献的新时代

面对世界百年未有之大变局,高举社会主义旗帜的新中国经过70多年的艰苦奋斗,已经实现了从站起来、富起来到强起来的伟大飞跃,正在快速崛起于世界的东方,在国际社会中发挥着越来越重要的作用,成为维护世界和平、促进全球发展的一支重要力量。

经过新中国70多年特别是改革开放40多年的艰苦奋斗,我国综合国力日益强盛,国际地位不断提高,在新时代日益走近世界舞台中央。改革开放以来,我国经济发展迅猛,1986年、2000年GDP分别突破1万亿元、10万亿元大关,2010年超过日本成为世界第二大经济体。党的十八大以来,我国GDP相继跨越70万亿元、80万亿元和90万亿元大关。2018年,GDP达到900309亿元,比1978年的3679亿元增长了近244倍,占世界经济的比重接近16%,比1978年提高了14.2个百分点。按不变价计算,1957～2018年我国GDP年均增长率达到8.1%,其中1979～2018年年均增长高达9.4%,远远高于同期世界经济2.9%左右的年均增速。我国高速的经济增长创造了人类经济发展的奇迹,对世界经济增长的年均贡献率为18%,仅次于美国,居世界第二。[①] 新时代的中国正以昂扬奋进的姿态屹立于世界东方。

新时代我国面临前所未有的发展机遇,也要直面不可忽视的严峻挑战。习近平总书记指出:"当前,我国处于近代以来最好的发展时期,世界处于百年未有之大变局,两者同步交织、相互激荡。"[②]当前,我国正处于重要战略机遇期,随着对国际事务参与的程度不断加深,中国与国际社会之间的关联和互动日益加强,国际上发生的重大事件对中国的影响也与日俱增,形成了中国离不开世界、世界也离不开中国的局面,经过40多年改革开放的中国已经充分证明这一点。中国在新时代不会关闭开放的大门,只会越开越大,中国与世界的深度融合和相互依赖会变得更加密切。但是,要清醒认识到,在我国由大变强的关键历史阶段,波谲云诡的国际形势会给我国带来意想不到的冲击,只有增强忧患意识、提高应变能力,才能统筹好国内国际两个大局,营造有利的外部发展环境。

---

① 参见《综合国力的历史性跨越——共和国经济发展成就巡礼》,http://www.gov.cn/xinwen/2019－08/23/content_5423878.htm。

② 《习近平谈治国理政》第3卷,外文出版社2020年版,第428页。

中国作为负责任、有担当的大国,在新时代有志于为世界做出更大贡献,秉持建设世界和平、促进全球发展、维护国际秩序的坚定信念,积极履行国际义务与责任。党的十八大以来,围绕“建设一个什么样的世界、如何建设这个世界”等关系人类前途命运的根本问题,习近平总书记深刻把握人类社会发展大势,旗帜鲜明地提出构建人类命运共同体的理念,迅速获得国际社会广泛好评和支持并频频被写入联合国文件。2017 年,“构建人类命运共同体”首次写入联合国决议,首次载入联合国安理会决议与联合国人权理事会决议,彰显了人类命运共同体理念正上升为国际共识。人类只有一个地球,各国共处一个世界。在全球经济低迷、疲态、地区冲突频发、发展鸿沟突出、恐怖主义横行的当下,中国积极践行人类命运共同体理念,推动建设持久和平、普遍安全、共同繁荣、开放包容、清洁美丽的世界,为全球应对不确定性挑战给出了有力回应。

(三)新发展阶段的内涵、依据以及与社会主义现代化强国建设之间的关系是什么?

党的十九届五中全会提出,全面建成小康社会、实现第一个百年奋斗目标之后,我们要乘势而上,开启全面建设社会主义现代化国家新征程、向第二个百年奋斗目标进军,这标志着我国进入了一个新发展阶段。深入分析新发展阶段的丰富内涵、判断依据及其与社会主义现代化强国建设之间的关系,对于全面理解新发展阶段,准确把握我国社会主义发展进程具有重要作用。

1.新发展阶段的内涵

新发展阶段是全面建设社会主义现代化国家、向第二个百年奋斗目标进军的阶段,是中国共产党带领人民迎来从站起来、富起来到强起来历史性跨越的新阶段,是我国社会主义发展进程中的一个重要阶段,要从以下三个方面把握新发展阶段的深刻内涵。

(1)新发展阶段是开启建设社会主义现代化强国的阶段

2020 年是“十三五”规划圆满收官之年,决胜全面建成小康社会取得决定性成就,为胜利开启“十四五”规划奠定了坚实基础;10 月,党的十九届五中全会通过的《中共中央关于制定国民经济和社会发展第十四个五年规划和二〇三五年远景目标的建议》提出,“十四五”时期是我国全面建成小康社会、实现第一个百年奋斗目标之后乘势而上开启全面建设社会主义现代化国家新征程、向第二个百年奋斗目标进军的第一个五年,做出了我国进入新发展阶段的战略判断。2021 年7 月1 日,习近平总书记在庆祝建党 100 周年大会上庄严宣告,我们实现了第一个百年奋斗目标,全面建成小康社会,吹响了新发展阶段向着全面建成社会主义现代化强国的第二个百年奋斗目标迈进的号角。“十四五”规划时期,我们要锚定 2035 年远景目标，把握新发展阶段，贯彻新发展理念，构建新发展格局，推动社会经济高质量发展，使经济发展取得新成效、改革开放迈出新步伐、社会文明程度得到新提高、生态文明建设实现新进步、民生福祉达到新水平、国家治理效能得到新提升。根据党的十九大做出的战略安排，到 2035 年，我国要基本实现社会主义现代化，在这个基础上再奋斗15 年，到 21 世纪中叶把我国建成富强民主文明和谐美丽的社会主义现代化强国，完成第二个百年奋斗目标，使我国成为综合国力和国际影响力领先的国家。由此可见，新发展阶段就是从全面建成小康社会到基本实现现代化，再到全面建设社会主义现代化强国的阶段。

第二，新发展阶段是实现中华民族伟大复兴的大跨越阶段。中华民族有着五千多年的灿烂文明，对人类社会进步做出了不可磨灭的贡献。但是，1840 年第一次鸦片战争以后，在西方列强的野蛮侵略之下逐步沦为半殖民地半封建社会，中华民族陷于水深火热之中。从那时起，实现中华民族伟大复兴就成为近代以来中华民族最伟大的梦想。为拯救民族危亡，实现民族振兴，中国人民前赴后继，无数仁人志士奔走呼号，辛苦探寻救国救民的道路，接连发起太平天国运动、戊戌变法、义和团运动、辛亥革命，但未能改变中华民族的悲惨命运。1921 年，中国共产党诞生伊始就把为中国人民谋幸福、为中华民族谋复兴作为自己的初心和使命，团结带领中国人民经过一百多年的艰苦奋斗，建立中华人民共和国、确立社会主义基本制度、实行改革开放，特别是党的十八大以来，在以习近平同志为核心的党中央坚强领导下，如期实现全面建成小康社会的目标，推动党和国家事业取得历史性成就、发生历史性变革，为实现中华民族伟大复兴提供了更为完善的制度保证、更为坚实的物质基础、更为主动的精神力量，使中华民族的面貌发生了前所未有的变化，迎来了从站起来、富起来到强起来的伟大飞跃。我们比历史上任何时期都更接近、更有信心和能力实现中华民族伟大复兴的目标，中华民族伟大复兴进入了不可逆转的历史进程。新发展阶段就是中华民族在实现全面小康的千年梦想之后，踏上朝着更加宏伟目标奋进的新征程，进入实现伟大复兴历史进程的大跨越阶段，必将以更加昂扬的姿态屹立于世界民族之林。

(2)新发展阶段是社会主义初级阶段新起点上的阶段

目前，我国最大国情和最大实际是我国仍处于并将长期处于社会主义初级阶段，要从社会主义初级阶段的“变”与“不变”中深刻理解新发展阶段。一方面，我国建设社会主义不可能在短时间内一蹴而就，需要上百年时间才能走过社会主义初级阶段。“不发达”是社会主义初级阶段的根本特征和核心依据，我国尽管已经摆脱“落后的社会生产”，但是没有脱离“不发达”阶段，由此决定了我国仍处于社会主义初级阶段的现实。从不平衡不充分发展的角度来看，政治、经济、文化、社会、生态等各领域发展的不全面性决定了我国仍处于社会主义初级阶段。因此，我国处于并将长期处于社会主义初级阶段的“不变”国情决定了新发展阶段没有超越社会主义初级阶段，而是属于社会主义初级阶段的一个发展阶段。另一方面，社会主义初级阶段不是一个静态、一成不变、停滞不前的阶段，也不是一个自发、被动、不用费多大气力自然而然就可以跨过的阶段，而是一个动态、积极有为、始终洋溢着蓬勃生机活力的过程，是一个阶梯式递进、不断发展进步、日益接近质的飞跃的量的积累和发展变化的过程。经过新中国 70 多年特别是改革开放 40 多年的艰苦奋斗，我国已从一个经济文化相对落后的国家一跃成为世界第二大经济体，在国际舞台上发挥着举足轻重的作用，改变了改革开放初期贫穷落后的状态。新发展阶段就是社会主义初级阶段经过几十年积累站到新的起点上的一个阶段。

2.新发展阶段的依据

党的十九届五中全会基于马克思主义基本原理、中国共产党成立一百多年来领导人民走过的辉煌历史、我国社会主义建设取得伟大现实成就，做出了我国进入新发展阶段的战略判断，这一科学结论有着坚实的理论依据、历史依据与现实依据。

从理论依据来看，马克思主义是远大理想和现实目标相结合、历史必然性和发展阶段性相统一的统一论者，坚信人类社会必然走向共产主义，但实现这一崇高目标必然经历若干历史阶段。1956 年底社会主义三大改造基本完成后，我国进入社会主义社会，中国共产党把马克思主义基本原理同中国具体实际相结合，开始探索符合我国国情的社会主义建设道路。在运用马克思主义基本原理解决中国实际问题的实践中，中国共产党逐步认识到，发展社会主义不仅是一个长期历史过程，而且是需要划分为不同历史阶段的过程。1959 年底 1960 年初，毛泽东在读苏联《政治经济学教科书》时就提出：“社会主义这个阶段，又可能分为两个阶段，第一个阶段是不发达的社会主义，第二个阶段是比较发达的社会主义。后一阶段可能比前一阶段需要更长的时间。”[①]这为后来我国继续探索社会主义发展阶段提供了宝贵的思想指导。改革开放后，邓小平对我国社会主义发展阶段问题进行了深入思考，他指出：“社会主义本身是共产主义的初级阶段，而我们中国又处在社会主义的初级阶段，就是不发达的阶段。一切都要从这个实际出发，根据这个实际来制订规划。”[②]社会主义初级阶段经过

---

① 《毛泽东文集》第 8 卷，人民出版社 1999 年版，第 116 页。

② 《邓小平文选》第 3 卷，人民出版社 1993 年版，第 252 页。

几十年的积累,我国综合国力已经位居世界前列,国际地位得到极大提升,日益走近世界舞台中央,党的面貌、国家的面貌、人民的面貌、军队的面貌、中华民族的面貌发生了前所未有的变化,社会主义初级阶段站上了一个新的起点。新发展阶段不仅是社会主义初级阶段中的一个阶段,而且是社会主义初级阶段新起点的阶段。

从历史依据来看,新发展阶段是党带领人民迎来从站起来、富起来到强起来历史性跨越的新阶段。中国共产党成立后,团结带领人民经过 28 年浴血奋战和顽强奋斗,建立了中华人民共和国,彻底结束了旧中国半殖民地半封建社会的历史,彻底结束了极少数剥削者统治广大劳动人民的历史,彻底结束了旧中国一盘散沙的局面,彻底废除了列强强加给中国的不平等条约和帝国主义在中国的一切特权,实现了中国从几千年封建专制政治向人民民主的伟大飞跃,实现了从新民主主义革命到社会主义革命的历史性跨越。新中国成立后,党团结带领全国各族人民创造性完成社会主义改造,确立社会主义基本制度,大规模开展社会主义经济文化建设,在探索社会主义建设中取得了独创性理论成果和巨大成就,中华民族完成了有史以来最为广泛而深刻的社会变革,我国实现了从一个一穷二白、人口众多的东方大国大步迈进社会主义社会的伟大飞跃,为当代中国发展奠定了根本政治前提和制度基础,实现了从社会主义革命到社会主义建设的历史性跨越。进入历史新时期,党带领人民进行改革开放新的伟大革命,极大激发广大人民群众的积极性、主动性、创造性,成功开辟了中国特色社会主义道路,我国实现了从生产力相对落后到经济总量跃居世界第二的历史性突破,实现了人民生活从温饱不足到总体小康、奔向全面小康的历史性跨越,中国大踏步赶上时代,实现了社会主义现代化进程中新的历史性跨越,迎来了中华民族伟大复兴的光明前景。新发展阶段正在此前发展的基础上续写全面建设社会主义现代化国家新的历史。

从现实依据来看,我国已经拥有开启新征程、实现新的更高目标的雄厚物质基础。经过新中国成立以来特别是改革开放 40 多年的不懈奋斗,到"十三五"规划收官之时,我国经济实力、科技实力、综合国力和人民生活水平跃上了新台阶,成为世界第二大经济体、第一大工业国、第一大货物贸易国、第一大外汇储备国。经济运行总体平稳,经济结构持续优化,国内生产总值从不到 70 万亿元增加到超过 100 万亿元,人均国内生产总值超过 1 万美元。创新型国家建设成果丰硕,在载人航天、探月、深海、超级计算、量子信息等领域取得一批重大科技成果。农业现代化稳步推进,粮食年产量连续五年稳定在 13000 亿斤以上。1 亿农业转移人口和其他常住人口在城镇落户目标顺利实现,城镇棚户区住房改造超过 2100 万套。人民生活水平显著提高,中等收入群体超过 4 亿人,高等教育进入普及化阶段，城镇新增就业人口超过 6000 万人，建成世界上规模最大的社会保障体系，基本医疗保险覆盖超过 13 亿人，基本养老保险覆盖近 10 亿人，全面建立实施困难残疾人生活补贴和重度残疾人护理补贴制度。特别是全面建成小康社会取得伟大历史成果，解决了困扰中华民族几千年的绝对贫困问题，现行标准下 9899 万农村贫困人口全部脱贫，832 个贫困县全部摘帽，12.8 万个贫困村全部出列，区域性整体贫困得到解决，完成了消除绝对贫困的艰巨任务，[①]创造了又一个彪炳史册的人间奇迹，这在我国社会主义现代化建设进程中具有里程碑意义，为我国进入新发展阶段朝着第二个百年奋斗目标进军奠定了坚实基础。

3.新发展阶段与社会主义现代化强国建设之间的关系

在全面建成小康社会、完成第一个百年奋斗目标之后，我国乘势而上开启全面建设社会主义现代化国家新征程，开始向第二个百年奋斗目标进军。新发展阶段就是向社会主义现代化强国进军的建设阶段，社会主义现代化强国建设是新发展阶段的目标追求。

一方面，新发展阶段是建设社会主义现代化强国的进军阶段。改革开放之后，党对我国社会主义现代化建设做出战略安排，提出了"三步走"的战略设想。1987 年，党的十三大将这一设想写入了大会报告，明确指出：党的十一届三中全会以后，我国经济建设的战略部署大体分三步走。第一步，实现国民生产总值比 1980 年翻一番，解决人民的温饱问题。这个任务已经基本实现。第二步，到 20 世纪末，使国民生产总值再增长一倍，人民生活达到小康水平。第三步，到 21 世纪中叶，人均国民生产总值达到中等发达国家水平，人民生活比较富裕，基本实现现代化。然后，在这个基础上继续前进。在当时的历史条件下，邓小平设计的"三步走"战略，对"第三步"只做了一个大致的构想。此后，随着我国经济社会发展和人民生活水平进一步提高，1997 年党的十五大报告指出，展望 21 世纪，我们的目标是：第一个十年实现国民生产总值比 2000 年翻一番，使人民的小康生活更加宽裕、形成比较完善的社会主义市场经济体制：再经过十年的努力、到建党一百年时，使国民经济更加发展，各项制度更加完善；到 21 世纪中叶新中国成立 100 周年时，基本实现现代化，建成富强民主文明的社会主义国家。这是对"三步走"战略中"第三步"的细化和具体化，而且首次提出"两个一百年"的奋斗目标。2002 年，党的十六大报告将第一个百年奋斗目标明确界定为：全面建设惠及十几亿人口的更高水平的小康社会，使经济更加发展、民主更

---

① 参见李克强：《政府工作报告——2021 年 3 月 5 日在第十三届全国人民代表大会第四次会议上》，人民出版社 2021 年版，第 8～10 页。

加健全、科教更加进步、文化更加繁荣、社会更加和谐、人民生活更加殷实。2007 年，党的十七大在党的十六大确立的全面建设小康社会目标的基础上提出新的更高要求，将第一个百年奋斗目标调整为全面建成小康社会。2012 年，党的十八大进一步提出了全面建成小康社会的各项要求。2017 年，党的十九大就全面建成小康社会、完成第一个百年奋斗目标之后如何向第二个百年奋斗目标迈进做出了战略安排。长期以来，中国共产党始终紧紧锚定“两个一百年”奋斗目标，一茬接着一茬干，一棒接着一棒跑，既坚持实事求是，又体现了党和人民的雄心壮志，推动改革开放和社会主义现代化建设取得了显著成绩。现在，我们已经完成第一个百年奋斗目标，进入新发展阶段之后，正向着第二个百年奋斗目标进军。

另一方面，建设社会主义现代化强国是新发展阶段的目标与追求。从全面建成小康社会、实现第一个百年奋斗目标到基本实现社会主义现代化，再到全面建设社会主义现代化强国，是新时代中国特色社会主义发展的战略安排，党的十九大做出了分两个阶段推进实现第二个百年奋斗目标。第一个阶段，从 2020 年到 2035 年，在全面建成小康社会的基础上，再奋斗 15 年，基本实现社会主义现代化。党的十九届五中全会立足于“两个一百年”奋斗目标的衔接和新发展阶段的实际，通过《中共中央关于制定国民经济和社会发展第十四个五年规划和二〇三五年远景目标的建议》，进一步明确提出到 2035 年基本实现社会主义现代化远景目标，即我国经济实力、科技实力、综合国力将大幅跃升，经济总量和城乡居民人均收入将再迈上新的大台阶，关键核心技术实现重大突破，进入创新型国家前列；基本实现新型工业化、信息化、城镇化、农业现代化，建成现代化经济体系；基本实现国家治理体系和治理能力现代化，人民平等参与、平等发展权利得到充分保障，基本建成法治国家、法治政府、法治社会；建成文化强国、教育强国、人才强国、体育强国、健康中国，国民素质和社会文明程度达到新高度，国家文化软实力显著增强；广泛形成绿色生产生活方式，碳排放达峰后稳中有降，生态环境根本好转，美丽中国建设目标基本实现；形成对外开放新格局，参与国际经济合作和竞争新优势明显增强；人均国内生产总值达到中等发达国家水平，中等收入群体显著扩大，基本公共服务实现均等化，城乡区域发展差距和居民生活水平差距显著缩小；平安中国建设达到更高水平，基本实现国防和军队现代化；人民生活更加美好，人的全面发展、全体人民共同富裕取得更为明显的实质性进展。第二阶段，从 2035 年到 21 世纪中叶，在基本实现现代化的基础上，再奋斗 15 年，把我国建成富强民主文明和谐美丽的社会主义现代化强国。届时，我国物质文明、政治文明、精神文明、社会文明、生态文明将全面提升，实现国家治理体系和治理能力现代化，成为综合国力和国际影响力领先的国家，全体人民共同富裕基本实现，我国人民将享有更加幸福安康的生活，中华民族将以更加昂扬的姿态屹立于世界民族之林。新发展阶段的目标就是在党的坚强领导下不懈努力，踔厉奋进，到21世纪中叶将我国建成社会主义现代化强国。

（四）如何准确把握社会主义初级阶段与新发展阶段的逻辑关系？

进入新发展阶段与我国仍处于并将长期处于社会主义初级阶段并不矛盾，两者具有内在的逻辑关联。从根本上来讲，新发展阶段没有超越社会主义初级阶段，它仍旧是社会主义初级阶段的一个阶段。但是，新发展阶段是我国发展新的历史方位，表现出了诸多有别于社会主义初级阶段的新发展特征，进一步丰富了社会主义初级阶段的理论与实践。因此，新发展阶段既是社会主义初级阶段理论不断探索的结果，又是社会主义初级阶段中的发展阶段，在未来发展中必须坚持社会主义初级阶段的最大国情。

1.新发展阶段是社会主义初级阶段理论探索的新成果

在深刻反思国内外关于社会主义发展阶段错误认识的基础上，中国共产党把马克思主义基本原理同中国具体实际相结合，解放思想，实事求是，对中国社会主义发展阶段的特殊性进行了艰辛的理论探索，自改革开放以来逐渐形成了社会主义初级阶段的理论，并在不断深化探索的基础提出了中国进入新发展阶段的重大理论判断，进一步发展了社会主义初级阶段理论。

社会主义发展是一个曲折漫长的过程，必然要经历不同的发展阶段。尽管马克思、恩格斯在分析资本主义向共产主义过渡的理论设想中并不包括社会主义阶段，但是，他们将共产主义分为第一阶段和第二阶段，这为后继者进一步探索共产主义发展阶段提供了理论指导。列宁领导十月革命胜利以后，在马克思关于共产主义两个阶段划分的理论基础上，把共产主义第一阶段称为社会主义，同时也意识到社会主义“是刚刚从资本主义社会中产生出来的，因此它在各方面，在经济、道德和精神方面都还带着它脱胎出来的那个旧社会的痕迹”[①]，强调“社会主义同共产主义在科学上的差别是很明显的”[②]。显然，此时列宁把社会主义视为共产主义发展的初级阶段，并提出本国未来社会主义的发展可以根据成熟程度的不同划分为“初级形式的社会主义”“发达的社会主义”“完备形式的社会主义”等。但是，列宁这些关于未来社会主义发展阶段的创新性思想并没有在其逝世后得到继承和发展，后继苏共领导人一再拔高苏联社会主义所处

---

① 《马克思恩格斯选集》第3卷，人民出版社2012年版，第363页。

② 《列宁选集》第3卷，人民出版社2012年版，第199页。

的发展阶段。1936 年，斯大林宣布苏联建成社会主义，1938 年提出了向共产主义过渡的设想。1939 年，联共(布)十八大宣布，苏联在第三个五年计划期间进入从社会主义逐渐过渡到共产主义的时期。1959 年，赫鲁晓夫在苏共二十一大报告中宣布苏联已经进入全面展开共产主义社会建设的时期，并在 1961 年的苏共二十二大上提出二十年内基本建成共产主义社会。这些脱离实际的观点背离了苏联社会主义真实发展阶段，给本国和其他效仿苏联的社会主义国家造成了消极影响。1956 年底社会主义三大改造基本完成后，我国进入社会主义建设初步探索时期，以毛泽东同志为核心的党的第一代中央领导集体吸取苏联在社会主义发展阶段探索中的经验教训，坚持走自己的社会主义道路，毛泽东还区分了社会主义的"建立"和"建成"。但是，1958 年8 月，中共中央北戴河会议做出的决议指出："共产主义在我国的实现，已经不是什么遥远将来的事情了，我们应该积极地运用人民公社的形式，摸索出一条过渡到共产主义的具体途径。"[①]随即党中央发起了"大跃进"和"人民公社化"运动，但是忽视了经济发展的客观规律，严重超出了我国当时社会主义发展阶段，给国民经济建设造成很大破坏。

改革开放以后，以邓小平同志为核心的党的第二代中央领导集体，认真吸取国内外在探索社会主义发展阶段上的经验教训，纠正超越社会主义发展阶段搞建设的错误，重新审视我国社会主义建设面临的人口多、基础差、底子薄的基本国情，提出了社会主义初级阶段理论。邓小平指出："社会主义本身是共产主义的初级阶段，而我们中国又处在社会主义的初级阶段，就是不发达的阶段。一切都要从这个实际出发，根据这个实际来制订规划。"[②]社会主义初级阶段理论为我们更加清醒地认识到中国社会主义建设的长期性和复杂性提供了理论依据，可以更务实地制定有利于社会主义初级阶段建设的路线、方针、政策。随着改革开放和社会主义现代化建设的深入发展，党情、国情、世情都在不断发生深刻变化，中国共产党对社会主义初级阶段的认识也在与时俱进，在社会主义初级阶段理论基础上提出了一些新的论断，蕴含着中国特色社会主义逐渐迈向新发展阶段的理论认识。1987 年，邓小平首次提出基本实现社会主义现代化的"三步走"战略，体现了将社会主义初级阶段分为三个发展阶段的思想。1997 年，党的十五大将第三步发展战略进一步具体化，形成了"新三步走"战略，明确了社会主义初级阶段新的发展步骤。2002 年，党的十六大报告明确提出"开创中国特色社会主义事业新局面"，而且首次提出"党的历史方位"的概念，为进一步正确认识我国历史方位的变化提供了指引。2007 年，党的十七大报告

① 薄一波：《若干重大决策与事件的回顾(修订本)》下卷，人民出版社 1997 年版，第 772 页。

② 《邓小平文选》第 3 卷，人民出版社 1993 年版，第 252 页。

强调“进入新世纪新阶段，我国发展呈现一系列新的阶段性特征”，肯定了社会主义初级阶段在新世纪的发展表现出新特征。2012 年，党的十八大明确提出：“发展中国特色社会主义是一项长期的艰巨的历史任务，必须准备进行具有许多新的历史特点的伟大斗争。”这里，“新的历史特点”指出了社会主义初级阶段进入了新的历史发展时期。在党的十八大至党的十九大期间，以习近平同志为核心的党中央面对中国特色社会主义发展的新形势和新问题，提出了一系列新的战略思想，推动党和国家事业取得了历史性成就，发生历史性巨变。2017 年，党的十九大据此做出了中国特色社会主义进入新时代的重大政治判断，进一步丰富和深化了社会主义初级阶段的理论内涵。2020 年，党的十九届五中全会提出我国进入新发展阶段，取得了社会主义初级阶段理论探索的新进展。

2.新发展阶段是社会主义初级阶段中的发展阶段

新发展阶段从发展的阶段性来讲并没有超越社会主义初级阶段，它仍旧是社会主义初级阶段中的一个发展阶段，表现出社会主义初级阶段的基本特征。但是，新发展阶段是我国发展新的历史方位，突出展现了有别于社会主义初级阶段初期以及改革开放前期的许多新特征，显示了新发展阶段既属于社会主义初级阶段，又实现了社会主义初级阶段发展的新突破。

(1)经济总量排名靠前与经济发展水平不高并存

改革开放以来，我国经济总量在国际上的排名不断上升，自 2010 年以来就稳居世界第二大经济体，综合国力位居世界前列。2019 年，我国国内生产总值更是接近 100 万亿元，与排在首位的美国之间的差距在不断缩小。但是，我国是一个有着 14 亿多人口的大国，排名靠前的经济总量除以巨大的人口总数，许多人均经济指标就明显落后于国际平均水平。同时，我国经济已从高速增长进入中高速增长的新常态，在迈向高质量发展阶段的过程中面临社会主义市场经济体制不完善、创新能力不足、发展理念和方式落后、供给与需求不匹配、经济结构不合理、收入分配不公平等诸多难题，导致推动经济增长的动力匮乏，严重制约着我国经济发展水平的提升。

(2)社会主义民主法治建设取得重大进展与全面依法治国任重道远并存

党的领导、人民当家作主、依法治国有机统一于社会主义民主法治建设中，社会主义民主法治精神得到大力弘扬，各项事关社会主义民主法治的制度建设大力推进，人民的民主法治意识和追求日益增强，中国特色社会主义民主法治体系日益健全。同时，要清醒认识到，现实中以言代法、以权压法、徇私枉法的现象时有发生，严重亵渎了法律的权威性和严肃性；让权力在阳光下运行，“把权力关进制度的笼子”，亟待建立全面有效的监督体制机制；推进依法行政，建设社会主义法治政府的步伐同社会发展的要求相比还有一定的滞后性。这些羁绊社会主义民主法治建设的障碍表明，新发展阶段全面推进依法治国，提升民主法治建设水平，任务仍然艰巨。

(3)马克思主义在意识形态领域指导地位加强和文化价值多元化并存

马克思主义是党和国家必须长期坚持的根本指导思想，发展中国特色社会主义离不开马克思主义的理论指引。党的十八大以来，针对意识形态领域弱化、虚化、边缘化马克思主义的错误倾向，我们牢牢掌握意识形态工作领导权，加强马克思主义理论教育，巩固了马克思主义在意识形态领域的指导地位。应该看到，改革开放以来，人们的思想观念愈加开放，文化价值多元化成为社会发展的趋势，在此情形下，捍卫马克思主义在意识形态领域的指导地位面临严峻挑战，特别是受到改革开放以来西方新自由主义的冲击以及历史虚无主义的毒害，马克思主义在哲学社会科学学科中"失语"、教材中"失踪"、论坛上"失声"的现象令人担忧，意识形态领域的斗争变得更为尖锐和复杂。

(4)人民生活水平显著提升与民生领域短板并存

改革开放以来，人民生活水平得到显著而持续的改善，从基本解决温饱问题到总体上达到小康水平，再到迈向更加殷实的小康社会，人民生活状况发生了天翻地覆的变化，实现了从解决温饱到富起来的历史性转变。但是，我国民生领域的短板依旧制约着人民对美好生活的追求。例如，阶层固化阻碍了社会阶层之间的流动，削弱了社会经济发展的活力和动力；人民的物质生活需求在量上可以得到保障，但在质量上的要求得不到满足；覆盖城乡的社会保障体系虽然已经建立，但是和人民对就业、教育、医疗等方面的需求还有很大差距，同发达国家的社会保障体系相比差距明显；生产安全、食品安全、公共安全等安全问题时有发生，给人民安居乐业埋下了种种隐患。

(5)生态文明建设取得显著成效与生态环境问题突出并存

改革开放以来，我国坚持以经济建设为中心不动摇，努力把经济建设搞上去，但是，在改革开放后相当长一段时期内却忽略了生态环境保护，给经济的可持续发展造成了严重阻碍。党的十八大以来，我们坚持绿色发展理念，确立了建设美丽中国的目标，越来越注重经济发展与生态保护的协调性，把生态环境的保护放在更加突出的位置，采取了更为严格的环保政策，忽视生态环境保护的状况明显改变，生态环境质量得到根本好转。然而，我国目前的生态环境保护仍然面临着沉重压力，大气污染在部分时段、部分地区恶化，造成严重的雾霾问题；部分大江大河的支流水污染严重；部分工矿企业及其周边的土壤污染问题突出；不合理的农药、化肥使用造成农业面源污染量大、辐射范围广。

以上五个方面较为全面地展示了新发展阶段在社会主义初级阶段发展过程中的新特点，突出反映了新发展阶段具有社会主义初级阶段的诸多基本特征，又鲜明地体现了有别于以前发展阶段的新变化，表明新发展阶段从属于社会主义初级阶段，又标志着社会主义初级阶段经过长期发展也进入了新的发展时期。

3.新发展阶段需要立足于社会主义初级阶段

习近平总书记在党的十九大报告中强调："全党要牢牢把握社会主义初级阶段这个基本国情，牢牢立足社会主义初级阶段这个最大实际，牢牢坚持党的基本路线这个党和国家的生命线、人民的幸福线。"[①]因此，要立足于社会主义初级阶段的基本国情，在坚持党的基本路线的前提下，根据新发展阶段的战略目标和主要任务，推动新发展阶段各项事业快速发展。

(1)加强党的全面领导

没有中国共产党的领导就没有中国特色社会主义道路的开辟和发展。党的十九大"明确中国特色社会主义最本质的特征是中国共产党领导，中国特色社会主义制度的最大优势是中国共产党领导，党是最高政治领导力量"，强调"党政军民学，东西南北中，党是领导一切的。"因此，坚持和加强党的全面领导是新发展阶段各项事业顺利发展的根本政治保证。在新发展阶段，我们面临着继续夺取中国特色社会主义胜利、在决胜全面建成小康社会基础上乘势而上，开启建设社会主义现代化强国新征程，逐步实现全体人民共同富裕，实现中华民族伟大复兴的中国梦，为人类做出更大贡献的一系列重大任务，每一项重大任务都不会轻松实现，必然面临着艰难险阻，只有在党的坚强领导下解决重大矛盾、克服重大阻力、抵御重大风险、应对重大挑战，方能攻坚克难，夺取新发展阶段各项事业的胜利。为此，要以永远在路上的执着精神把全面从严治党引向深入，不断增强党的执政本领，把坚定"四个自信"、增强"四个意识"、做到"两个维护"贯穿到一切工作中，充分发挥党在新发展阶段的坚强领导核心作用。

(2)坚持以人民为中心的发展思想

马克思主义唯物史观认为，人民群众是历史的创造者。自成立以来，中国共产党始终把为人民谋幸福作为初心和使命。在新发展阶段，中国社会主要矛盾已经转化为人民日益增长的美好生活需要和不平衡不充分的发展之间的矛盾，人民在民主、法治、公平、正义、安全、环境等方面对美好生活提出了更高要求。因此，在满足人民"从无到有"的需求之后，如何更好地满足人民"从有到优"的需求，就成为摆在中国共产党面前的重大课题。以习近平同志为核心的党中央不忘初心，牢记使命，紧紧抓住社会主要矛盾的转化，顺应人民对美好生

① 习近平：《决胜全面建成小康社会　夺取新时代中国特色社会主义伟大胜利——在中国共产党第十九次全国代表大会上的报告》，人民出版社2017年版，第12页。

活的新期待,以人民对美好生活的向往作为奋斗目标,提出了坚持以人民为中心的发展思想,坚持立党为公、执政为民,在治国理政的全部活动中贯彻党的群众路线,践行全心全意为人民服务的根本宗旨,落地实施一大批惠民利民为民措施,解决人民群众最关心最直接最现实的利益问题,使人民学有所教、劳有所得、病有所医、老有所养、住有所居。

(3)贯彻新发展理念

中国共产党把发展作为执政兴国的第一要务。复杂的国内外形势给新发展阶段要完成第二个百年奋斗目标增添了很大的不确定性,面对经济社会发展的新趋势、新机遇和新矛盾、新挑战,贯彻党的十八届五中全会所提出的创新、协调、绿色、开放、共享的新发展理念,毫无疑问就是新发展阶段推动我国经济从高速增长转向高质量发展的必然选择。新发展理念是顺应时代潮流,根据我国新发展条件和环境提出的具有战略性、纲领性、引领性的重大抉择。新发展理念符合我国基本国情,为新发展阶段厚植发展优势,具有丰富的科学内涵:创新是引领发展的第一动力,注重解决发展动力问题;协调是持续健康发展的内在要求,注重解决发展不平衡问题;绿色是永续发展的必要条件,注重解决人与自然和谐问题;开放是国家繁荣发展的必由之路,注重解决发展内外联动问题;共享是中国特色社会主义的本质要求,注重解决社会公平正义问题。新发展理念是一个系统的理论体系,为解决新发展阶段一切问题提供了行动指南,要在发展的全过程完整、准确、全面贯彻新发展理念,推动经济实现高质量发展。

(4)推进国家治理体系和治理能力现代化

中国特色社会主义制度及其执行能力的集中体现是国家治理体系和治理能力,因此若要充分发挥中国特色社会主义制度优势,进而把制度优势转化为治理效能,为新发展阶段提供治理保障,必须大力推进国家治理体系和治理能力现代化。党的十八大以来,我国国家治理体系和治理能力取得显著进步,但是总体水平还有待提升。党的十九届四中全会通过了《中共中央关于坚持和完善中国特色社会主义制度推进国家治理体系和治理能力现代化若干重大问题的决定》,总结了我国国家制度和国家治理体系十三个方面的显著优势,提出了坚持和完善中国特色社会主义制度、推进国家治理体系和治理能力现代化的总体目标与十三个方面的“坚持和完善”,为更好推进国家治理体系和治理能力现代化提供了基本遵循。为此,一切不合时宜的体制机制弊端和思想观念要坚决破除,打破利益固化的藩篱,推动各项制度更加成熟和定型,为新发展阶段提供一整套运行有效、科学规范、系统完备的制度体系,实现国家治理制度化、规范化、程序化,充分发挥社会主义制度的优越性。

三、教育教学建议

（一）教学目标

通过阐释中国特色社会进入新时代这一重大理论创新，引导学生深入理解中国特色社会主义进入新时代的科学依据与中国特色社会主义新时代的科学内涵，深入理解新发展阶段的内涵、依据以及与社会主义现代化强国建设之间的关系，准确把握社会主义初级阶段与新发展阶段的逻辑关系，着力廓清学生围绕中国特色社会主义新时代产生的理论困惑，坚定学生发展新时代中国特色社会主义的信念，增强学生在新时代为建设社会主义现代化强国、实现中华民族伟大复兴的使命感与担当意识。

（二）教学基本要求

1.认识中国特色社会主义进入新时代的科学依据。

2.了解中国特色社会主义新时代的科学内涵。

3.理解新发展阶段的内涵、依据以及与社会主义现代化强国建设之间的关系。

4.把握社会主义初级阶段与新发展阶段的逻辑关系。

（三）教学方法

在讲授中国特色社会主义进入新时代的科学依据时，采用理论分析与历史分析相结合的方法。先从马克思主义分析中国特色社会主义进入新时代的理论基础，然后从党和国家发生的历史性巨变以及社会主要矛盾的变化剖析中国特色社会主义进入新时代的历史必然性。

在讲授中国特色社会主义新时代的科学内涵时，采用主题讨论与理论讲授相结合的方法。先让学生围绕新时代的主题、目标任务、主体力量、实现民族伟大复兴、中国与世界的关系五个方面展开讨论，然后通过理论讲授加深学生对新时代科学内涵的掌握。

在讲授新发展阶段的内涵、依据以及与社会主义现代化强国建设之间的关系时，采用理论分析与辩证分析方法。既要理论分析新发展阶段的内涵和依据，又要阐释新发展阶段与社会主义现代化强国建设之间的内在联系，让学生深刻理解二者之间的关系。

在讲授社会主义初级阶段与新发展阶段的逻辑关系时，采用逻辑分析方法。新发展阶段是社会主义初级阶段的一个发展阶段，尽管没有超越社会主义初级阶段，但是表现出了新的发展特征，必须运用缜密的逻辑分析法让学生深刻把握两者逻辑上的关联。

参考文献

[1]韩庆祥、陈曙光：《中国特色社会主义新时代的理论阐释》，《中国社会科学》2018 年第 1 期。

[2]颜晓峰、赵坤：《中国特色社会主义新时代的重大政治判断和战略考量》，《马克思主义理论学科研究》2017 年第 6 期。

[3]朱佳木：《深刻认识中国特色社会主义进入新时代的依据和意义——学习党的十九大报告的一点体会》，《马克思主义研究》2017 年第 11 期。

[4]陶文昭：《科学把握社会主要矛盾转化》，《中国高校社会科学》2017 年第 6 期。

[5]陈锡喜：《主要矛盾的"变"与初级阶段"不变"相统一的理论辨析》，《思想理论教育导刊》2018 年第 1 期。

[6]姜佑福：《中国特色社会主义新时代的立论根据与哲学使命》，《哲学研究》2018 年第 5 期。

[7]陈理：《深刻理解新时代的依据、内涵和意义》，《党的文献》2019 年第 3 期。

[8]李君如：《我们进入了中国特色社会主义新时代》，《当代世界与社会主义》2017 年第 6 期。

[9]孙力、翟桂萍：《科学社会主义原理视域下的新时代和社会主义初级阶段》，《思想理论教育》2018 年第 9 期。

[10]李保平：《中国特色社会主义新时代的"变"与"不变"》，《宁夏社会科学》2018 年第 2 期。

第二章　新时代坚持和发展中国特色社会主义

中国共产党百余年来奋斗、创造、积累的根本成就，就是开创并不断拓展了中国特色社会主义。中国特色社会主义是中国共产党经过百年艰辛探索为中国发展进步选定的根本方向和正确道路，是中国共产党为实现初心使命在推进社会主义现代化问题上形成的系统思路，是在中国共产党领导下根据时代的变化与时俱进推动中国发展进步。深刻理解这一根本成就蕴含的内在逻辑，对于在新的发展阶段上夺取新时代中国特色社会主义事业的更大胜利具有重要意义。

一、学生和教师的认知状况

本章中，被任课教师列为重点问题占比前三位的分别是“为什么说中国特色社会主义道路走得对、走得通、走得好？”(42.61％)、“为什么说中国特色社会主义是历史逻辑和理论逻辑的辩证统一？”(33.91％)、“为什么说中国特色社会主义是科学社会主义，而不是其他的什么主义？”(21.74％)；难点问题占比前三位的分别是“为什么说中国特色社会主义是科学社会主义，而不是其他的什么主义？”(25.22％)、“如何把握‘四个伟大’的内在逻辑？”(24.35％)、“为什么说中国特色社会主义是历史逻辑和理论逻辑的辩证统一？”(23.48％)。

从全体学生数据统计来看，本章中被学生列为最感兴趣问题占比前三位的分别是“为什么说中国特色社会主义是历史逻辑和理论逻辑的辩证统一？”(26.4％)、“为什么说中国特色社会主义道路走得对、走得通、走得好？”(26.07％)、“如何认识中国特色社会主义文化自信与道路自信、理论自信和制度自信的关系？”(22.3％)；最困惑问题占比前三位的分别是“如何把握‘四个伟大’的内在逻辑？”(21.64％)、“怎样理解中国梦的本质内涵？”(18.36％)、“新时代坚持和发展中国特色社会主义，为什么要坚持‘三个一以贯之？’”(17.91％)。

从对不同学科学生最感兴趣问题、最感困惑问题的比较来看，最感兴趣的问题，在文科学生的选择中占比前三位的分别是“为什么说中国特色社会主义道路走得对、走得通、走得好？”(24.49％)、“如何认识中国特色社会主义文化自信与道路自信、理论自信和制度自信的关系？”(23.57％)、“为什么说中国特色社会主义是历史逻辑和理论逻辑的辩证统一？”(22.98％)；在理科学生的选择中占比前三位的分别是“为什么说中国特色社会主义是历史逻辑和理论逻辑的辩证统一？”(28.36％)、“为什么说中国特色社会主义道路走得对、走得通、走得好？”(24.49％)、“如何认识中国特色社会主义文化自信与道路自信、理论自信和制度自信的关系？”(21.58％)。最困惑的问题，在文科学生的选择中占比前三位的分别是“如何把握‘四个伟大’的内在逻辑？”(22.11％)、“新时代坚持和发展中国特色社会主义，为什么要坚持‘三个一以贯之’？”(21.31％)、“怎样把握‘四个全面’战略布局的内在联系及重大意义？”(18.61％)；在理科学生的选择中占比前三位的分别是“如何把握‘四个伟大’的内在逻辑？”(21.36％)、“怎样理解中国梦的本质内涵？”(18.93％)、“如何理解中国共产党是有初心和使命的新型马克思主义政党？”(18.94％)。以上情况表明，对本章涉及的问题，文科学生和理科学生最感兴趣的前三个问题相同，但排序有所差别；最困惑的第一个问题相同，但其余则存在一定分歧。

从对不同层次高校学生最感兴趣问题、最感困惑问题的比较来看，最感兴趣的问题，在重点高校学生的选择中占比前三位的分别是“为什么说中国特色社会主义是历史逻辑和理论逻辑的辩证统一？”(27.59％)、“为什么说中国特色社会主义道路走得对、走得通、走得好？”(27.15％)、“如何认识中国特色社会主义文化自信与道路自信、理论自信和制度自信的关系？”(21.98％)；在其他高校学生的选择中占比前三位的分别是“为什么说中国特色社会主义是历史逻辑和理论逻辑的辩证统一？”(24.8％)、“为什么说中国特色社会主义道路走得对、走得通、走得好？”(24.62％)、“如何认识中国特色社会主义文化自信与道路自信、理论自信和制度自信的关系？”(22.73％)。最困惑的问题，在重点高校学生的选择中占比前三位的分别是“如何把握‘四个伟大’的内在逻辑？”(22.29％)、“新时代坚持和发展中国特色社会主义，为什么要坚持‘三个一以贯之’？”(18.39％)、“怎样把握‘四个全面’战略布局的内在联系及重大意义？”(18.12％)；在其他高校学生的选择中占比前三位的分别为“如何把握‘四个伟大’的内在逻辑？”(20.75％)、“如何理解中国共产党是有初心和使命的新型马克思主义政党？”(19.14％)、“怎样理解中国梦的本质内涵？”(18.87％)。以上情况表明，对本章涉及的问题，重点高校学生和其他高校学生最感兴趣占比前三位相同；最感困惑的问题占比第一的相同。

综合以上情况，将"为什么说中国特色社会主义是历史逻辑和理论逻辑的辩证统一？""为什么说中国特色社会主义道路走得对、走得通、走得好？"作为本章的教学重点问题；将"如何把握'四个伟大'的内在逻辑？"作为本章的教学难点问题。

二、重难点问题解析

（一）为什么说中国特色社会主义是历史逻辑和理论逻辑的辩证统一？

党的十八大以来，习近平总书记注重从理论、历史和现实的结合阐明中国特色社会主义的必然性、鲜明特色和自觉自信，强调要坚定不移走中国特色社会主义道路。2013 年 1 月，他在新进十八届中央委员会的委员、候补委员学习贯彻党的十八大精神研讨班上指出："中国特色社会主义，是科学社会主义理论逻辑和中国社会发展历史逻辑的辩证统一，是根植于中国大地、反映中国人民意愿、适应中国和时代发展进步要求的科学社会主义，是全面建成小康社会、加快推进社会主义现代化、实现中华民族伟大复兴的必由之路。"[①]"中国特色社会主义是科学社会主义理论逻辑和中国社会发展历史逻辑的辩证统一"，是在分析世界社会主义 500 年历史、中国共产党 90 多年历史后得出的重要结论。这是对中国共产党的历史发展、成功经验和中国特色社会主义鲜明特色的集中概括，包含丰富、深邃的内涵，反映了中国特色社会主义发展的规律，中国特色社会主义的形成和发展正是"两个逻辑"辩证统一的产物。"两个逻辑"的辩证统一也可以指称为"基本理论"逻辑和"中国实践"逻辑辩证统一于中国特色社会主义事业，可以从以下两方面进行理解。

1.从历史上看，追溯世界社会主义的源头和演进、观照中国特色社会主义的历史和现状，就能明白中国共产党在领导革命、建设和改革开放的过程中，经过反复比较和总结，历史地选择了马克思主义、选择了社会主义道路

历史和现实向我们昭示，只有社会主义才能救中国，只有中国特色社会主义才能发展中国。这是基于世界社会主义历史、中国近现代历史发展的进程和经验，对中国特色社会主义的必然性和创造性做出的有力论断。具体来看，我们经历了几次伟大的抉择，即选择马克思主义和共产党、选择中华人民共和国和社会主义、选择中国特色社会主义，昭示了近现代中国发展的方向和规律。

---

① 李章军、黄敬文：《毫不动摇坚持和发展中国特色社会主义 在实践中不断有所发现有所创造有所前进》，《人民日报》2013 年 1 月 6 日。

鸦片战争后中国沦为半殖民地半封建社会，获得国家独立和人民主权成为中国人的梦想。中国无数仁人志士为了这个梦想而孜孜以求，先后尝试过多种方案，包括向西方国家学习、走资本主义道路，但结果都失败了。历史证明旧民主主义革命缺乏先进思想作为指导，也没有先进政党的领导，终将被历史淘汰，而资本主义道路也在中国行不通。1917 年俄国十月革命给中国送来了马克思主义，十月革命的胜利大大鼓舞了中国人选择俄国的路，建立共产党、进行社会主义革命。正如毛泽东所说："十月革命帮助了全世界的也帮助了中国的先进分子，用无产阶级的宇宙观作为观察国家命运的工具，重新考虑自己的问题。走俄国人的路——这就是结论。"①走俄国人的路，虽然是中国先进的知识分子在俄国革命启发下做出的选择，但它同时也反映了中国社会变革的历史需要。"两个逻辑"的结合始于 1921 年中国共产党成立，并贯穿于中国共产党发展、壮大的整个历史。新民主主义革命时期，在总结革命失败、成功的经验教训后，毛泽东认识到在中国发动革命必须把马克思主义基本原理同中国具体实际相结合，使马克思主义中国化。他在分析中国社会性质和主要矛盾的基础上提出了"农村包围城市、武装夺取政权"的中国革命道路，独创性地总结出了新民主主义理论，并领导革命取得胜利，建立中华人民共和国。这是马克思主义基本原理同中国具体实际相结合的伟大胜利，而且是中华民族发展史上的伟大转折。经过新民主主义建设，1953 年毛泽东提出向社会主义过渡，1956 年中国建立社会主义制度。这是中华人民共和国历史上的伟大变革，是对马克思主义基本理论的创造性运用和发展。中华人民共和国成立和社会主义制度建立为当代中国的发展进步奠定了根本政治前提和制度基础。1956 年，毛泽东和党中央提出以苏为鉴，探索在中国怎样建设社会主义的道路。虽然在探索过程中也出现了失误，但中国共产党在社会主义建设中取得的独创性理论成果和巨大成就，为新的历史时期开创中国特色社会主义提供了理论准备和物质基础，积累了宝贵经验。1978 年党的十一届三中全会后，中国共产党带领人民坚持解放思想、实事求是这一建设中国特色社会主义的思想路线，走自己的道路。这次伟大的历史选择是对前几次历史选择的继承和创新，是中国经济发展、社会进步的客观要求，体现了科学社会主义理论逻辑和当代中国发展历史逻辑的有机统一。习近平总书记强调要正确认识我国改革开放前、后两个时期的关系，不能将二者割裂开来。可见中国特色社会主义来之不易，是中国共产党带领人民经过一百多年奋斗、创造、积累的根本成就，必须倍加珍惜、始终坚持并在新时代不断发展。习近平总书记强调："中国特色社会主义，承载着几代中国共产党人的理想

① 《毛泽东选集》第 4 卷，人民出版社 1991 年版，第 1471 页。

和探索，寄托着无数仁人志士的意愿和期盼，凝聚着千千万万革命先烈的奋斗和牺牲，凝聚着全国各族人民的奋斗和实践，是近代以来中国社会发展的必然选择，是历史和人民的选择。”[①]

2.从理论上看，中国特色社会主义以科学社会主义理论为指导思想，又不断根据时代条件赋予其鲜明的中国特色

习近平总书记在党的十九大报告中指出：“中国特色社会主义进入新时代……意味着科学社会主义在二十一世纪的中国焕发出强大生机活力，在世界上高高举起了中国特色社会主义伟大旗帜……”科学社会主义的理论逻辑是围绕什么是社会主义、怎样建设社会主义展开的，最终目标是解放无产阶级和全人类。其主要观点是：建立社会主义制度，建设社会主义社会，推进经济社会进步和人的全面自由发展，实现公平正义，为共产主义理想社会创造条件。科学社会主义面临的实践课题是落后国家怎样把科学社会主义基本原理同本国具体实际相结合，建设和发展社会主义，逐步实现现代化。中国共产党在一百多年革命、建设和改革开放的实践中，围绕如何实现国家独立和民族解放、国家富强和人民幸福这两大历史课题，遵循马克思主义基本原理同中国具体实际相结合的原则，成功实现了科学社会主义理论逻辑和中国社会发展历史逻辑的辩证统一，开创和发展了中国特色社会主义，从根本上改变了中国历史和中华民族的面貌。中国特色社会主义进入新时代，迎来了中华民族实现伟大复兴的灿烂前景。一方面，中国特色社会主义坚持了科学社会主义的基本原则。习近平总书记指出：“科学社会主义基本原则不能丢，丢了就不是社会主义”“中国特色社会主义是社会主义而不是其他什么主义。”[②]中国特色社会主义坚持科学社会主义的基本立场、奋斗目标、思想精髓和主要观点，把四项基本原则作为立国之本，发挥社会主义制度的优势，这是中国站起来、富起来和强起来的根本原因。另一方面，中国特色社会主义创造性发展了科学社会主义理论，深化了对社会主义发展规律的认识，对我国如何建设初级阶段的社会主义做出了系统、科学的回答。所以，“两个逻辑”的辩证统一意味着在中国实现现代化和中华民族伟大复兴，必须依靠社会主义制度，走中国特色发展道路。科学社会主义要改变中国命运，必须将基本理论中国化、时代化和具体化，并应用于解决中国的实际问题。

质言之，中国特色社会主义取得举世瞩目的成就，是“两个逻辑”辩证统一的结果。“两个逻辑”辩证统一的理论前提是正确对待科学社会主义，现实基础

① 习近平：《全面贯彻落实党的十八大精神要突出抓好六个方面工作》，《求是》2013年第1期。

② 习近平：《关于坚持和发展中国特色社会主义的几个问题》，《求是》2019年第7期。

是我国社会主义初级阶段的基本国情，主题是坚持和发展中国特色社会主义。中国特色社会主义进入新时代，意味着我们找到了发展中国家建设社会主义、走向现代化的规律，对科学社会主义发展、人类社会发展做出了伟大贡献。这有力证明中国特色社会主义是当代中国发展进步的根本方向，只有坚持和发展中国特色社会主义才能实现中国现代化和中华民族伟大复兴。

（二）为什么说中国特色社会主义道路走得对、走得通、走得好？

党的十九届六中全会通过的《中共中央关于党的百年奋斗重大成就和历史经验的决议》指出："党的百年奋斗展示了马克思主义的强大生命力。""马克思主义的科学性和真理性在中国得到充分检验，马克思主义的人民性和实践性在中国得到充分贯彻，马克思主义的开放性和时代性在中国得到充分彰显。"[①]我们要深刻理解马克思主义的思想内涵和理论真谛，这样才能深入阐释中国特色社会主义的坚实基础与充分根据，科学把握中国特色社会主义道路走得对、走得通、走得好的辩证统一。

1. 中国特色社会主义道路走得对，在于坚持以马克思主义为根本指导思想

中国特色社会主义道路走得对，依赖于马克思主义的思想内容，根源于马克思主义的科学性与真理性。马克思主义的思想内容及其科学性与真理性，是中国特色社会主义道路走得对的内因和深厚根据。我们必须深入马克思主义思想体系内里，揭示其本质内涵、基本品质、属性特征，抓住这些具有根本支撑作用的关键性要素，发掘充盈中国特色社会主义其中的思想精髓和精神气韵，从更深层面阐明"中国特色社会主义道路走得对"。

（1）马克思主义是科学的理论体系

列宁认为："马克思学说具有无限力量，就是因为它正确。它完备而严密，它给人们提供了决不同任何迷信、任何反动势力、任何为资产阶级压迫所作的辩护相妥协的完整的世界观。"[②]马克思主义是在吸收借鉴、扬弃创新前人思想成果的基础上创立的，是立足于解决实际问题、回应社会现实需要中形成的。在纷繁芜杂的社会现象之中揭秘了社会生活的内在本质，深入社会实践和人的行为动机背后探寻必然联系并揭示发展规律，是马克思、恩格斯超越前人和同时代人之处，也是其历史性理论贡献的伟大所在。马克思主义在历史与逻辑、运行与结构的有机统一中，着眼于现实和未来的联通与发展趋向，深刻揭示了人类社会由低到高的发展路径，创造性地呈现出资本主义基本矛盾逐渐激化、

---

① 《中共中央关于党的百年奋斗重大成就和历史经验的决议》，《人民日报》2021年11月17日。

② 《列宁选集》第2卷，人民出版社2012年版，第309页。

社会形态必然向社会主义过渡的前进方向，为无产阶级的前途与命运昭示出光明未来。马克思主义深刻揭示了客观世界的本质联系，深刻揭示了人类社会的发展规律，提炼形成了一系列全新观点和基本判断，凝练升华为一系列基本认识和基本原理，建构了一个内容丰富、思维深刻的理论体系，显示了无与伦比的逻辑力量与实践力量。

(2)马克思主义是科学的世界观与方法论的结合

因生成的年代和地域的局限，虽然马克思主义中的一些具体阐述已经不适用于当下，但在马克思主义思想体系中却有大量具有普遍意义的世界观和方法论，具有长久的生命力和指导作用。全面认识自然、人类、思维，系统观察世界、社会、历史，在特定时代条件下深入剖析经济结构、资本运行和阶级关系的过程中，马克思主义致力于内在本质的说明、必然联系的把握、客观规律的揭示，进而实现了理论上的创造，在"世界观"意义上给予我们以全景式的崭新理念。关于世界的物质统一性与存在形态多样性，客观实践与认识进程及其辩证关系的理论，关于社会要素、社会结构与社会有机体，社会基本矛盾、社会形态更替及社会发展规律的理论，关于商品二因素、劳动二重性和价值创造的政治经济学原理，关于政党、人民群众与人的自由全面发展的科学社会主义原理等，仍对人类的实践发展与思想创新具有重要启示和现实指导意义。与此同时，马克思主义不仅阐明事实，更着意于提供方法，进行方法论建构。它科学把握普遍联系与永恒发展的关系，把唯物论与辩证法内在地统一起来，实现历史与逻辑的有机结合，将由感性具体到思维抽象再到思维具体等方法，运演于理论构建和思维创造之中，彰显出特有的方法论意义及其非凡价值。作为马克思主义理论中最具生命力和科学价值的内容，已成为无与伦比的时代精神和无可替代的思想旗帜，汇入人类文明优秀成果宝库，永载史册。马克思主义的唯物辩证法，可谓人类思想之精粹、时代精神之精华，不仅为马克思主义后继者传承与运用，而且给一切自觉或不自觉按照唯物辩证法认识与实践的群体和个人以深刻启迪。与以往任何理论体系不同的是，马克思主义立足于世界观与方法论的有机结合、科学世界观与科学方法论的完美统一，既给人以理念、观点，同时也给人以思维、方法。在马克思主义理论体系中，世界观与方法论是不可分割的，唯物论与辩证法、认识论和逻辑学是内在一致的。

(3)马克思主义具有实践性

一改德国古典哲学的纯粹认识论旨趣，以唯物主义方式和实践优先性理念揭示历史之谜、回应时代之问、解答社会现实问题，是马克思主义的鲜明特征和根本性追求，马克思主义将"改变世界"的抱负鲜明地写在自己的理论旗帜上。马克思主义以彻底的批判精神为理论创新和实践创新开辟前进道路，敢于向一切旧观念宣战并与之决裂。在马克思看来，理论创造本身不是目的，为此马克思主义不再迷恋于象牙塔之学，不再热衷于无关社会历史、无关人的生产和生活的纯粹研究，不再将理论的真理性诉诸理论自身，而是诉诸行动、实践，即对现存世界的根本性改造。它以“不崇拜任何东西”的批判精神，同各种僵化的教条观念和片面的形而上学思维进行斗争，持续从鲜活生动的实践中汲取勇气和智慧；坚持实践的先在性和优先地位，以实践为检验思维真理性的基本标准，推动通过实践活动获得干预现实并改造世界的客观效果，由此发挥理论的能动作用。

(4)马克思主义具有人民性

理解中国特色社会主义必须树立群众观，坚持群众路线，发展中国特色社会主义必须依靠最广大人民群众的合力才能取得成功，必须树立历史唯物主义群众观。在历史唯物主义的视野中，人民群众是人类历史的创造者、现实社会的推动者和发展者，是历史社会和现实发展的决定性力量。群众观是马克思主义唯物史观的最基本的和首要的观点。群众观是指马克思主义政党对待人民群众所持的观点、态度和看法，其中最核心的内容是人民群众是历史的创造者，由此马克思主义政党确定了群众路线。由此可见，历史唯物主义的群众观的内涵十分丰富，它既指向根本目的和最终目的，又阐明实现方法和路径；既强调理论基础，又突出实践落实；既强调人民群众的历史地位和时代贡献，又突出党对人民群众所承担的责任和使命；等等。作为历史唯物主义群众观的坚守者，中国共产党在其思想和行动两方面中始终体现先锋队性质，即中国工人阶级的先锋队、中国人民和中华民族的先锋队以及中国特色社会主义事业的领导核心，始终代表着中国先进生产力发展要求、中国先进文化前进方向和中国最广大人民群众根本利益。中国共产党的这一性质决定了其无论何时何地都始终坚持历史唯物主义的群众观点。群众路线是中国共产党人在长期革命建设实践中坚持群众观形成的基本路线和工作方法，概括为“一切为了群众，一切依靠群众，从群众中来，到群众中去”，具体来看就是既虚心向人民群众学习，又真诚为广大人民群众谋利益、对人民群众负责等。中国共产党群众路线的提出是将马克思主义群众观与中国具体实际相结合的产物，体现了马克思主义执政党在处理问题时的工作目的、方法和态度。群众路线是马克思主义执政党开展工作的根本路线和根本方法，从本质内涵来说，群众路线与群众观是一致的，树立马克思主义历史唯物主义群众观，坚持群众路线，是马克思主义政党与其他政党的重要差异，也是中国共产党在革命、建设、改革中艰辛探索得来的宝贵经验和重要法宝。

充分展示马克思主义本质内涵、基本品质、属性特征的这些内容，充分体现马克思主义思想内容及其科学性、真理性的这些方面，构成了中国特色社会主义道路走得对的深厚基础，还需要特别明晰一点，即马克思主义既指马克思恩格斯创立的经典马克思主义，也指在经典马克思主义之后不断发展的马克思主义，尤其是马克思主义与中国具体实际相结合过程中形成的中国化马克思主义。马克思主义在指导中国革命、建设、改革事业发展过程中，不断实现同中国具体实际相结合、同中华优秀传统文化相结合，马克思主义中国化得以不断推进与发展，形成毛泽东思想、邓小平理论、"三个代表"重要思想、科学发展观、习近平新时代中国特色社会主义思想等中国化马克思主义理论成果。所以，我们必须充分认识中国化马克思主义的重要指导意义。

2.中国特色社会主义道路走得通，在于中国共产党的不断开拓和创新

政党是一定阶级、阶层的政治组织，始终代表一定阶级、阶层的根本利益。马克思主义政党是工人阶级的先锋队，是为广大人民群众谋利益的党。这一性质从根本上决定了马克思主义政党必须始终站在时代前列，永葆先进性，把马克思主义基本原理同本国具体实际相结合，以改革、发展和创新精神，带领人民不断开拓具有本国特色社会主义的新局面。

(1)由中国共产党的阶级性决定

中国共产党是中国工人阶级的先锋队，是中国人民和中华民族的先锋队。这一性质决定中国共产党必须始终代表中国人民和中华民族的根本利益，准确把握历史脉搏，坚定站在时代潮头，积极顺应社会要求，解放思想、实事求是、与时俱进、开拓创新、艰苦奋斗、锐意改革，积极引领社会发展和进步。事实证明，正是因为做到了这一点，中国共产党才能够始终保持先进性，不断总结经验教训，及时改正缺点错误，最终探索出了一条符合中国国情、具有中国特色的社会主义道路，真正找到了实现国家富强、人民幸福、民族复兴的正确道路。新中国成立后，为集中精力恢复国民经济，继续完成民主革命遗留的历史任务，改变国家贫穷落后的面貌，实现人民幸福、民族振兴，以毛泽东同志为核心的党的第一代中央领导集体，团结和带领广大人民群众，提出了从新民主主义向社会主义过渡的理论，制定了过渡时期总路线，对农业、手工业、资本主义工商业进行了社会主义改造，由新民主主义社会进入为社会主义社会，实现了中国历史上最广泛、最深刻的社会变革。在经济方面，消灭了剥削制度，建立了以生产资料公有制为基础的社会主义经济制度。在政治方面，广大劳动人民成为国家和社会的主人，确立了中国共产党领导的、人民民主专政的社会主义基本政治制度。在文化方面，以马克思主义为指导，坚持百花齐放、百家争鸣、古为今用、洋为中用的方针，建立社会主义新文化。推进马克思主义基本原理同中国具体实际的"第二次"结合，走符合中国国情的社会主义建设道路，初步建立起了独立的、比

较完善的工业体系和国民经济体系，积累了进行社会主义建设的重要经验，为中国道路的开拓奠定了坚实的基础。“文化大革命”结束后，为破除陈旧落后思想的束缚，改变经济发展停滞的状况，恢复社会生产力，提高人民群众的生活水平，发展社会主义，实现国家富强、民族复兴，以邓小平同志为核心的党的第二代中央领导集体，领导和团结全国各族人民，积极进行拨乱反正，全面纠正“左”倾错误，批判“两个凡是”的错误方针，否定“以阶级斗争为纲”的错误理论，重新确立了实事求是的思想路线。通过总结社会主义建设正反两方面经验，借鉴世界社会主义历史经验，中国共产党做出把党和国家的工作中心转移到经济建设上，实行改革开放的历史性决策，从而吹响了建设中国特色社会主义的时代号角。在领导中国特色社会主义建设过程中，中国共产党紧紧围绕“什么是社会主义、怎样建设社会主义”这一根本问题，逐渐认清了社会主义的本质，正确地制定了党在社会主义初级阶段的基本路线，建立和完善了社会主义市场经济体制，第一次比较系统地初步回答了建设中国特色社会主义的一系列基本问题，把对中国特色社会主义的认识提高到了新的科学水平，开辟了中国特色社会主义事业的新局面。

(2)由中国共产党的先进性决定

先进性是中国共产党的根本特征和本质属性，是中国共产党存在和发展的基本依据，是中国共产党的生命所系、力量所在。中国共产党之所以能够成为中国特色社会主义事业的领导核心，开拓出一条符合中国国情的社会主义道路，承担实现中华民族伟大复兴的历史重任，根本原因就在于中国共产党始终代表中国先进生产力的发展要求，始终代表中国先进文化的前进方向，始终代表中国最广大人民的根本利益。

党的十一届三中全会以来，中国共产党适应时代和实践发展的要求，始终走在时代前列，永葆与时俱进的品质，以巨大的政治勇气、理论勇气、实践勇气，在不断总结社会主义建设经验的基础上，及时研究新情况，解决新问题，初步回答了“什么是社会主义、怎样建设社会主义”这个首要的、基本的理论问题，揭示了社会主义的本质，确立了社会主义初级阶段基本路线；正确回答了在新的历史条件下“建设一个什么样的党、怎样建设党”这个重大理论和实践问题，明确了社会主义经济体制改革的目标，确立了社会主义初级阶段的基本经济制度；创造性地回答了“实现什么样的发展、怎样发展”这个关系中国未来前途和命运的重大战略问题，着力推进科学发展，全面促进社会和谐，形成了中国特色社会主义事业的总体布局。经过改革开放40多年的发展，中国共产党在社会主义初级阶段的基本理论、基本路线、基本纲领、基本经验得以形成，成功地开辟出了一条具有中国特色的社会主义道路，不断丰富着中国特色社会主义的实践特色、理论特色、民族特色、时代特色。沿着中国特色社会主义道路，中国共产党领导和团结全国各族人民，承前启后、继往开来、立足国情、放眼世界、注重实干、力戒空谈、统揽全局、协调各方，党和国家的各项事业取得了举世瞩目的伟大成就。改革开放的实践证明，中国特色社会主义道路的开拓，离不开中国共产党，没有中国共产党，就没有中国特色社会主义道路，就没有中国特色社会主义事业的蒸蒸日上。

可以说，党的坚强领导是国家繁荣和稳定、人民幸福和安康的根本保障，也是避免走封闭僵化的老路、防止走改旗易帜的邪路的根本保障。在新形势下，只有坚持中国共产党的领导，走中国特色社会主义道路，才能保证社会主义现代化建设事业的正确方向，才能制定和执行正确的路线、方针和政策，才能逐步实现全体人民共同富裕，才能在新中国成立一百年时全面建成富强民主文明和谐美丽的社会主义现代化强国。开辟具有中国特色的社会主义道路是中国共产党永恒的奋斗目标。无论是在新民主主义革命时期，还是在社会主义建设时期，抑或在改革开放新时期，始终是贯穿中国共产党所有路线、方针和政策的一条主线，党的各项工作都服从和服务于这条主线。正是因为坚持且不离开这条主线，中国共产党才能领导中国人民竭尽全力干革命，聚精会神搞建设，一心一意谋发展，齐心协力促和谐，同心同德，群策群力，凝聚不可战胜的中国力量，形成无坚不摧的磅礴力量，集中持久坚定的追梦力量，将一个贫穷、专制、落后、动荡的旧中国建设成为一个富强、民主、文明、和谐、美丽的新中国。中国共产党有着崇高的理想、坚定的信念，时刻与民族共命运，与国家共荣辱，与人民共患难，锐意进取，勇于担当，自觉以国家富强、人民幸福和民族复兴为己任。中国共产党能够最大限度地统一全党思想，集中全党智慧，凝聚全党力量，发挥全党作用，不断强化党的领导能力、执政能力、组织能力，形成走中国特色社会主义道路的强大合力；能够最大限度地把握社会规律，找准历史方位，激发创造力，增强战斗力，继承前人，突破陈规，体现人民的意愿，尊重人民的选择，反映人民的利益，为人民造福。

事实充分证明，中国特色社会主义道路走得通，关键在党。只有在中国共产党的领导下，胸怀理想，坚定信念，不动摇、不懈怠、不折腾，坚持党的基本路线，清醒地认识到“三个没有变”，牢牢把握社会主义初级阶段这个最大国情，牢牢立足社会主义初级阶段这个最大实际，志存高远，脚踏实地，坚持以人为本，执政为民，始终保持党同人民群众的血肉联系，尊重人民群众的首创精神，我们才能战胜任何艰难险阻，不断从胜利走向更大的胜利。只要我们牢牢把握党的历史使命，牢记党的宗旨，永葆党的本色，顽强奋斗、艰苦奋斗、不懈奋斗，不断以改革创新精神全面推进党的建设新的伟大工程，全面提高党的建设科学化水平，坚持党要管党，从严治党，不断加强党的思想建设、组织建设、作风建设、反腐倡廉建设、制度建设，积极应对“四大考验”，时刻警惕“四大危险”，切实做到“四个必须”，就一定能凝聚更多推动社会发展进步的正能量，真正完成“三大历史任务”。

3.中国特色社会主义道路走得好，在于历史的积淀和实践的磨炼

中国选择过各种各样救亡图存的方式，有小规模自发抵抗外来侵略的群众斗争，也有大规模反对帝国主义侵略的民族战争；有农民起义，也有资产阶级改良运动；有先进知识分子改造社会的引领，也有统治阶级自我革新的整饬。然而，这些努力最后都化为泡影。中国人民带着实现中华民族伟大复兴的憧憬孜孜不倦地向实践寻求答案，中国社会在历史的发展演变中不断开辟新的道路。是中国共产党带领中国人民走上了革命的道路，革命是一种制度变革，承载从传统向现代转换历史使命的近代中国必须进行伤筋动骨的深刻革命。中国革命实践中，中国共产党以实现民族独立和国家统一为职责，成为引领中国社会发展进步的中流砥柱。在近代中国历史上，中国人民先后经历了晚清政府、北洋军阀政府和南京国民政府的统治，既没有一个政府也没有一个政党能够给中国人民带来新生希望。历史之所以将中国共产党推上领导中国革命的中心地位，中国人民之所以在许许多多政党中选择中国共产党作为中国革命的领导力量，不仅是因为它具有科学思想的指导、严密的组织形态、铁的纪律和革命原则、长期斗争的经验等先进政党优势，而且更因为它的全部理论和实践顺应了近代中国社会发展的历史潮流，满足了中国广大人民群众的利益要求，代表了中华民族的光明前景。这就使中国共产党拥有了实现近代中国梦的丰厚的民心资源，能够将中国人民谋求民族独立和国家统一的夙愿与党的使命担当紧密地结合，从而汇集凝聚起实现中国梦的强大力量，给广大中国人民带来希望。中华人民共和国的建立开辟了中国走上社会主义的新的历史征程。虽然在探索中出现了一些指导上的失误，遭遇了挫折，走过一段弯路，但中国共产党从来没有停止过领导中国人民为实现社会主义努力奋斗的脚步，不断谱写着走上社会主义的新篇章。

社会主义制度的建立为现代化事业奠定了实践基础，提供了方向指引。如同鸦片战争后为实现民族独立和国家统一而奋斗，新的历史征程也充满艰难险阻。无论是开始阶段的摸索还是推进过程中的奋斗都不轻松，面对国内外形势和社会环境的变化以及新情况新问题的不断产生，需要以顽强的意志战胜各种挑战，需要以探索的精神寻找正确的道路，需要以无畏的勇气纠正曲折中的错误。全面建设社会主义时期和中国特色社会主义建设新时期，中国共产党领导人民为改变“一穷二白”的落后面貌艰苦奋斗，为解放和发展生产力不懈努力，

以中国人民从“站起来”到“富起来”再到“强起来”的巨大飞跃，见证了中华人民共和国的成长，见证了中华民族的进步。

1978年党的十一届三中全会开启了中国特色社会主义建设新时期，党的工作中心从“以阶级斗争为纲”转向经济建设，对实现社会主义现代化具有决定性的意义。1982年，在党的十二大上，邓小平提出“建设有中国特色的社会主义”的命题。在崭新的探索中，党领导人民克服各种干扰，以坚定的道路自信、理论自信、制度自信，坚定不移地坚持中国特色社会主义，以前所未有和举世瞩目的成就展示了中华民族伟大复兴的新风采。短短的时间里，我国取得了经济腾飞的巨大成就，至2008年改革开放30年时，我国经济保持着世界少有的年均9.8%的增长速度，堪称发展的奇迹。至2010年，我国经济总量先后超过德国、日本，成为世界第二大经济体。我国成功地实现了向社会主义市场经济新体制的转变，实现了香港、澳门的顺利回归，成功举办了奥运会和世博会，顺利加入了世贸组织，载人航天技术在重大突破中发展，国家综合国力和世界地位显著提升，等等。短短40多年里中国社会就取得如此巨大的发展进步，即使在资本主义发达国家中也找不到先例。在中国改革开放的几十年里，国际形势深刻变动，国际政治波谲云诡，金融危机全球蔓延，许多大党老党因难以抵挡执政危机的冲击而失去政权，许多资本主义国家经济持续滑坡，险象丛生的世界环境下中国的发展进步向世人讲述了人类社会发展奇迹般的故事。在坚持和发展中国特色社会主义的征途上，中华民族的意志越来越坚定，步伐越来越稳健，目标越来越清晰，精神越来越振奋。

经过改革开放40多年不懈的探索，2012年党的十八大对中国特色社会主义理论逻辑的内涵及其关系有了更为深刻的认识。中国特色社会主义道路是实现途径，中国特色社会主义理论体系是行动指南，中国特色社会主义制度是根本保障，三者统一于中国特色社会主义伟大实践。这是中国特色社会主义最鲜明的特色，也是理解和阐释中国特色社会主义为什么走得好的思想精髓。

（三）如何把握“四个伟大”的内在逻辑？

“伟大斗争，伟大工程，伟大事业，伟大梦想”是习近平总书记在7·26讲话中对党的十八大以来党中央治国理政的具体实践的崭新概括和全新提炼，在党的十九大报告中，习近平总书记又围绕战略、历史、理论和实践等多个角度对“四个伟大”进行了详细的论述，深刻地回答了社会主义现代化进程中的时代课题，阐明了实现中华民族复兴的光明前景，指出了新时代中国特色社会主义历史发展趋势。立足社会主义初级阶段基本国情，围绕“两个百年”目标和中华民族伟大复兴的中国梦，“四个伟大”凸显当代中国共产党人为国家谋富强、为人民谋幸福的不懈追求和持续努力，因此在从理论、实践和战略角度全面把握和理解新时代“四个伟大”的内在逻辑成为中国特色社会主义理论与实践研究的重要问题。首先应厘清“四个伟大”的科学内涵。

伟大斗争是前进道路上面对的重大挑战、风险、阻力与矛盾。历史唯物主义认为，任何社会都是在矛盾和斗争的对立统一中开拓前进的。社会有矛盾必然有斗争，有斗争才能有发展。但是，社会发展所处的阶段不同，矛盾的内容与性质就不同，斗争的形式和内容也有所不同。中国共产党带领中国人民经过28年艰苦卓绝的斗争，最终推翻了三座大山，实现了民族独立和国家统一，后又带领中国人民经过40多年改革开放，破除了阻碍国家和社会发展的诸多障碍，成功开辟了中国特色社会主义道路，实现了国家的繁荣和人民的富裕。今天，在实现中华民族伟大复兴新的征程中，中国共产党要带领中国人民继续应对重大挑战、抵御重大风险、克服重大阻力、解决重大矛盾，开始了一场具有新历史特点的伟大斗争。显然，习近平总书记所说的伟大斗争指的就是党在新时代面对的重大挑战、风险、阻力与矛盾，深刻回答了党在新时代应该以什么样的方式方法去实现伟大梦想的根本问题。这些重大的挑战、风险、阻力与矛盾既包括歪曲与否定党的领导和我国社会主义制度的言行，阻碍改革开放的顽瘴痼疾，损害人民利益、脱离群众、分裂祖国、破坏民族团结和社会和谐稳定的行为，也包括政治、经济、文化、社会等领域和自然界出现的各种困难。围绕这些重大挑战、风险、阻力与矛盾进行的斗争充分说明，实现中华民族复兴的伟大梦想，将注定是一个极不平凡的历史进程。当然，新时代的发展特征也决定了伟大斗争既不是战争年代疾风骤雨式的武装斗争，也不是大规模的群众斗争，而是遵循人类社会发展的客观规律，依靠民主和法治手段展开的斗争。我们只有从精神上做好进行伟大斗争的充分准备，不畏艰难，迎难而上，才能敢于应对挑战和风险，善于克服阻力和矛盾，最终夺取这场伟大斗争的胜利。

伟大工程是深入推进党的建设。古人云：“自知者英，自胜者雄。”一个半世纪的近代史向我们证明了一个颠扑不破的真理，那就是办好中国的事情，关键在中国共产党。经过100多年的不断发展，中国共产党已由一个成立之初仅有50多名党员的小党变为一个拥有9600多万名党员的大党。只有把这样一个大党建设成为一个强党，中国社会才能稳定繁荣，中国人民才能幸福安康。因此，习近平总书记认为，实现中华民族复兴的伟大梦想，仅仅依靠伟大斗争还远远不够，还必须依靠伟大工程的建设作为政治保证。习近平总书记所说的这个伟大工程指的就是深入推进党的建设，全面回答了中国共产党在新时代依靠什么样的领导力量去保证伟大梦想实现的根本问题。习近平总书记在党的十八大后的治国理政实践中深刻认识到，进入新时代后中国共产党不仅长期面临严峻的执政考验、改革开放考验、市场经济考验和外部环境考验,而且面对着巨大的精神懈怠危险、能力不足危险、脱离群众危险和消极腐败危险。在这种越来越复杂的执政环境中,党肩负的历史责任越重大,追求的奋斗目标越宏伟,就越需要加强自身建设。只有通过党的建设这一伟大工程,才能使党变得坚强有力,永远立于不败之地。为此,习近平总书记在党的十九大报告中提出了党的建设总要求:“坚持和加强党的全面领导,坚持党要管党、全面从严治党,以加强党的长期执政能力建设、先进性和纯洁性建设为主线,以党的政治建设为统领,以坚定理想信念宗旨为根基,以调动全党积极性、主动性、创造性为着力点,全面推进党的政治建设、思想建设、组织建设、作风建设、纪律建设,把制度建设贯穿其中,深入推进反腐败斗争,不断提高党的建设质量,把党建设成为始终走在时代前列、人民衷心拥护、勇于自我革命、经得起各种风浪考验、朝气蓬勃的马克思主义执政党。”①由此可以看出,以习近平同志为核心的党中央决心通过刮骨疗毒式的全面从严治党,实现中国共产党的自我革新、自我净化、自我提高与自我完善,把中国共产党建设成为中华民族的脊梁、各族人民的主心骨、中国特色社会主义事业的坚强领导核心,带领中国由社会主义大国走向社会主义强国,实现中华民族伟大复兴的中国梦。正是在这个意义上,习近平总书记把党的建设称为新的伟大工程。

伟大事业是坚持和发展中国特色社会主义。任何梦想的实现,关键在于选择一条正确的道路。如果选择的道路不正确,梦想即使再伟大,期盼即使再强烈,都不可能变成现实。同理,要实现中华民族复兴的伟大梦想,也必须选择一条正确的道路。新中国的建设史和改革开放史都证明,中华民族实现伟大复兴的唯一正确路径,就是中国特色社会主义。无疑,习近平总书记所说的伟大事业就是坚持和发展中国特色社会主义,科学回答了党在新时代要举什么旗、走什么路的重大问题。党的十八大后,以习近平同志为核心的党中央始终高举中国特色社会主义的光辉旗帜,既不走封闭僵化的老路,也不走改旗易帜的邪路,而是坚持在实践中继续丰富和发展中国特色社会主义。通过贯彻新的五大发展理念,统筹推进“五位一体”总体布局,协调推进“四个全面”战略布局,不断谱写着中国特色社会主义事业在新时代的光辉篇章。

伟大梦想是实现中华民族伟大复兴。梦想是人对未来的渴望和憧憬,它体现的是一种未来理想,能催人奋进;它反映的是一种目标追求,能助人成功。对于国家而言,如果发展中缺失了梦想,未来就失去了动力。习近平总书记所说的伟大梦想指的是实现中华民族伟大复兴,并把这一伟大梦想称为“中国梦”,

---

① 习近平:《决胜全面建成小康社会 夺取新时代中国特色社会主义伟大胜利——在中国共产党第十九次全国代表大会上的报告》,人民出版社 2017 年版,第 62 页。

准确地解答了中国共产党在新时代肩负的历史使命问题。中国共产党自创立起，就把为中国人民谋幸福、为中华民族谋复兴视为自己的初心与使命。为了完成这一伟大而艰巨的使命，一代又一代的中国共产党人前仆后继、顽强奋斗，于1949年建立了新中国，让中国人民扬眉吐气地站起来；于1978年开启了改革开放的伟大历程，取得了令世人瞩目的发展成就，让中国人民前所未有地富起来。进入新时代，以习近平同志为核心的党中央继续围绕实现中华民族伟大复兴的历史使命，对政府机构改革和职能转变、全面深化改革、全面推进依法治国、制定"十三五"规划、全面从严治党等重大问题做出了全面部署，解决了许多长期想解决而没有解决的难题，办成了许多过去想办而没有办成的大事，让中国人民前所未有地开始走向强起来，中华民族伟大复兴展现出更加光明的前景。可以说，中国共产党的发展史就是一部为了实现民族伟大复兴而不断奋斗、为了实现人民的幸福而砥砺奋进的光辉历史。正是因为中华民族曾创造过历史的辉煌，今日才更加懂得复兴的深刻意义。也正是因为中国人民历经苦难和屈辱，今日才更加期盼民族的伟大复兴。习近平总书记在党的十九大报告中指出："今天，我们比历史上任何时期都更接近、更有信心和能力实现中华民族伟大复兴的目标……中华民族伟大复兴，绝不是轻轻松松、敲锣打鼓就能实现的。"[①]这就告诉我们，实现中华民族复兴的伟大梦想虽然指日可待，但全党还需要矢志不渝地进行伟大斗争、建设伟大工程、推进伟大事业。

1."四个伟大"统一于中国共产党人的初心和使命

作为一个幅员辽阔的人口大国的执政党，中国共产党的建设不仅直接影响自身的发展，而且决定着国家前途和民族命运。中国共产党从弱到强、从青涩走向成熟、从挫折中不断奋起的历史进程本身就是一场伟大斗争，党的建设是夺取斗争胜利的一大法宝。中国共产党自成立以来就十分重视自身建设和自我革命，不断从中国传统文化中汲取养分，从执政党生死存亡的历史斗争进程中总结经验教训。廉洁从政的思想贯穿于党领导全国人民进行的艰苦卓绝的伟大斗争中。为实现中华民族伟大复兴的中国梦，为完成民族独立、人民解放和国家富强、人民共同富裕这两个历史任务，中国共产党自成立以来便带领人民在中国大地上书写着伟大革命的壮丽史诗。新中国成立以来霸权主义和强权政治是中国共产党进行斗争的主要对象，党领导人民通过社会主义革命建立社会主义的基本制度。党的十八大以来，面对新党情，以"拍蝇、打虎、猎狐"为代表的反腐倡廉行动持续向纵深推进，党风廉政建设开始从治标转向治本，从

① 习近平：《决胜全面建成小康社会 夺取新时代中国特色社会主义伟大胜利——在中国共产党第十九次全国代表大会上的报告》，人民出版社2017年版，第15页。

严管党、从严治党打造了“铁一般”的党员干部队伍，全面营造了风清气正的党内政治生态。对于“建设一个什么样的党、怎样建设党”这一伟大课题，习近平总书记提出：“党的执政和领导地位并不是自然而然地长期保持下去。”[①]“中国共产党人是依靠学习走到今天的。”[②]“勇于自我革命，从严管党治党是我们党最鲜明的品格。”[③]党在伟大斗争的历史舛途中始终坚守着为人民谋幸福、为民族谋复兴的初心和使命，这样的初心是中国共产党披荆斩棘、沐风栉雨的长期坚守，是新时代伟大工程建设的应有姿态。中国共产党的历史就是不断实现初心、履行使命的历史，党在领导革命、建设和改革的进程中，始终立足于历史方位，不忘初心，牢记使命，不断将伟大斗争、伟大工程、伟大事业、伟大梦想推向前进。伟大工程统领全面从严治党的总纲，对“如何建设政党”的历史拷问做出新回答，这是伟大复兴实践的新起点，为新时代开展伟大斗争提供了政治保障，更为实现伟大梦想指明了战略路径。中国共产党的初心和使命在中国特色社会主义新时代体现为着力解决人民日益增长的美好生活需要和不平衡不充分的发展之间的矛盾，最终实现中华民族的伟大复兴和人民幸福的伟大梦想。党和国家发展的历史逻辑内嵌于对“四个伟大”的探索过程，“四个伟大”的宏大图景在一代代中国共产党人的奋勇拼搏、接力传承中愈加清晰。

2.“四个伟大”统一于现实问题的解决

理论总是在回答时代的主要问题，理论产生于实践并将指导实践发展。因时而进就是要根据时代的主题变化调整战略步伐，用拥抱而非抗拒的姿态去感知国内外经济走向和政治生态的不确定性。当前我国处在社会主义初级阶段的基本国情没有变，“四个伟大”直面当代现实，直击社会的主要矛盾和全球经济的新斗争，是新时代中国特色社会主义具体实践发展的成果，是习近平新时代中国特色社会主义理论与时代互动的结晶。推进“四个伟大”要正确处理中国特色社会主义新发展的阶段性特征与总体性特征的关系，正确把握历史和现实的关系，在时代的召唤下实现历史与现实的内在融通。

(1)“四个伟大”基于新时代中国特色社会主义的历史方位

100 多年来，中国共产党及时总结我国不同发展阶段的时代特点和具体任务，不断创新指导思想。党的十三大提出社会主义初级阶段理论，对社会主义初级阶段的基本路线做出明晰的阐述，认为实现社会主义现代化至少需要一百年。在 40 多年改革开放的历史积累基础上我国社会发展取得了巨大进步，中国特色社会主义进入新时代，成为近代以来最接近中华民族伟大梦想实现的时

① 习近平：《在党的群众路线教育实践活动总结大会上的讲话》，人民出版社 2014 年版，第 13 页。
② 《习近平谈治国理政》，外文出版社 2014 年版，第 407 页。
③ 《习近平谈治国理政》第 3 卷，外文出版社 2020 年版，第 20 页。

刻。“四个伟大”深刻阐明了中华民族伟大复兴的发展背景、伟大斗争的实现条件和伟大梦想的具体路径，蕴含着推进中国特色社会主义建设的鲜明现实逻辑和时代诉求。21 世纪社会主义将在中国焕发出持续的生机活力，并开辟出社会主义发展的独特语境，认清中国特色社会主义的现实阶段是推动伟大事业胜利和伟大梦想实现的首要前提。

(2)“四个伟大”基于新时代社会的基本性质和阶段特征

新时代我国社会主要矛盾的变化并没有改变我国社会主义所处的历史阶段，我国仍处于并将长期处于社会主义初级阶段的基本国情和世界最大发展中国家的国际地位为推进“四个伟大”建设奠定了现实基调。党的十八大以来，习近平总书记对我国社会主义所处的现实阶段做出重要研判。第一，中国特色社会主义仍然是社会主义。我国的社会主义性质这一问题一度引发争议，甚至出现相互否定改革开放前后两个 30 年的杂音，习近平总书记明确指出中国特色社会主义不是别的主义，要从社会主义运动发展和社会主义曲折探索的历史高度来审视改革开放前后不同历史阶段的发展，前后两个 30 年是历史和现实的内在统一，而不是相互否定。第二，中国经济发展进入新常态。很多西方学者以当下中国经济发展速度减缓为借口看空中国、怀疑中国，习近平总书记明确指出新常态是对世界经济发展周期性和我国经济发展阶段性相互作用的综合分析与判断，是在时间和空间维度上深度审视我国经济发展的现实逻辑。因此，把握新常态就要坚持以人民为中心的发展理念，正确划分市场和政府的作用边界，深入推进供给侧改革，全面优化经济发展结构，这是为实现伟大事业、伟大梦想必须进行的现阶段斗争。

(3)“四个伟大”基于新时代我国社会主要矛盾的变化

党的十九大报告做出了“我国社会主要矛盾已经转化为人民日益增长的美好生活需要和不平衡不充分的发展之间的矛盾”的新论断。改革开放以来，随着生产力的不断深入发展，以往的短缺经济过渡为过剩经济，发展的不平衡不充分问题日益突出。部分行业产能过剩、收入差距、城乡差距、东西部差距等问题都体现出发展的不平衡不协调，部分领域技术落后、生产不能有效满足人民的最新消费需求则体现出发展的不充分，这成为实现伟大梦想道路上的障碍，严重影响到人民的获得感和幸福感，人民希冀的美好生活仍有进一步发展的空间。我国从先富到全面建成小康社会、从经济大国到现代化强国两个历史性跨越的背后正是对社会主要矛盾变化的深刻把握。正确处理和认识社会主要矛盾的新变化是当下推进伟大事业面临的重大理论问题和实践问题，社会主要矛盾的历史性变化对“四个伟大”提出了新要求。伟大斗争的开展、伟大工程的建设、伟大事业的推进、伟大梦想的实现都要紧紧围绕发展不平衡不充分的现实课题来展开,新时代要坚持用新发展理念引导社会不断发展满足人民日益增长的美好生活需要。

(4)“四个伟大”基于新时代党建面临的新考验、新危险

中国特色社会主义更新了历史定位、进入到新的发展阶段,中国开启了由“大国”迈向“强国”的新征程,为国家强大、社会美好、人民幸福继续进行伟大斗争是摆在中国共产党人面前的时代任务。治国理政的一系列新理念、新战略不仅是中国共产党人对初心和使命的坚守,对革命、建设和改革的经验总结,对新时代社会主义所处阶段和主要矛盾的回应,更是对中国共产党提出的殷切期望。新时代,中国共产党面临许多新的斗争。党的十八大以来,以反腐倡廉、整风肃纪为特征的全面从严治党这一伟大工程持续推进,为实现伟大梦想、发展伟大事业提供了强有力的组织保障,但全面深化改革仍遇到国内外诸多难题,一些毒瘤侵蚀着党的健康肌体,拜金主义浸入党内,权力沾上铜臭味,国际社会正经历前所未有的大变局,民族分裂等国外思潮冲击着我国的意识形态,一些党员干部的理想信念发生动摇,逆全球化思潮、修昔底德陷阱等一系列新挑战需要进行新的斗争,形式多样、对象复杂的“四大考验”和“四种危险”使新时代的伟大斗争面临严峻的形势,领导好伟大斗争,推进伟大工程建设要结合伟大斗争、伟大事业、伟大梦想的现阶段实践进行,这是现阶段“四个伟大”必须遵循的现实逻辑,新形势新矛盾孕育着党建理念和方式的现实逻辑,保持党的先进性和纯洁性、加强权力制约与监督、“两学一做”“三严三实”等党建创新措施都应遵循时代走向,之前的伟大斗争多是刀刃向外,如今尤其是党的十八大以来,中国共产党要进行自我革新的伟大斗争,刀刃向内,清除党自身肌体的毒瘤,肩负起现实赋予的重任。伟大梦想、伟大事业就是要打坚硬的“铁”,而伟大工程是打铁必备的“自身硬”,伟大斗争只有置于新时代的大背景、大进程中才更具现实针对性和时代意义。

3.“四个伟大”统一于“强起来”的未来道路

理论源于实践,任何理论的价值和生命力既在于对当下社会存在问题的洞见,还在于指导人类实践不断前进。因势而新就是要追随时代潮流,为新时代中国特色社会主义发展的伟大事业做出战略安排。伟大事业是中华民族伟大复兴和社会主义伟大复兴,“四个伟大”是全局性、战略性、前瞻性的行动纲领,不仅阐明了党的建设、国家建设、中国特色社会主义事业和民族复兴之间的历史联系和现实关系,更重要的是透过其历史逻辑与现实逻辑内生出新时代中国特色社会主义建设的未来逻辑。“强起来”是新时代最鲜明的特征,改革战略要随着时代的变化进行调整,“四个伟大”源于历史、基于现实,指明了未来30年强党和强国主旨的战略方向和战略路径,从五个维度描绘了新时代中国特色社

会主义事业发展的未来蓝图。

(1)伟大斗争是新时代中共党人直面困难的强大勇气

中国共产党始终坚持用马克思主义武装思想，坚定初心和使命，领导着革命、建设和改革的全部实践，从事着史无前例的伟大事业，这本身就是一场伟大斗争。“具有许多新的历史特点的伟大斗争”不仅是因为历史时期的新转向，更是因为支撑起伟大梦想、伟大事业、伟大工程，才显示出不可缺少的内在逻辑。新时代要进行的伟大斗争任务很艰巨，情况也很复杂。从党的十八大以来进行的伟大斗争看，不论是全面从严治党的“啃硬骨头”、全面深化改革的“涉险滩”，还是克服“塔西佗陷阱”、破解“中等收入陷阱”的“闯难关”，都构成伟大斗争的未来逻辑。对历史负责、对人民负责要求中国共产党必须发扬斗争精神，提高斗争本领，以必胜的信心赢得这场伟大斗争的新胜利。

(2)伟大工程是新时代中国特色社会主义政治发展的走向

党的队伍不断发展壮大，但管党治党“宽松软”的问题久治不愈，不实不正不廉之风长期存在，导致党的建设中许多疑难杂症长期得不到根治，许多想办的大事迟迟没有办成，要真正把握管党治党的规律、机制和方式就要进行政治改革，中国特色社会主义的政治制度改革是内生的、渐进的，是符合中国具体国情的。充分发挥社会主义协商民主优势，将中国特色社会主义民主政治最大的广泛性、最强的动员能力、最有效的整合能力充分凸显，这是推进伟大工程的内在必然要求。打铁还需自身硬，只有切实有效地深化全面从严治党，着力解决对党的执政基础威胁最大、人民群众反映最强烈的突出问题，才能更新党内政治气象，改善党内政治生态，才能通过强党引领强国。中国共产党始终站在时代前列引领国家和社会进步，不断推动社会主义政治制度朝着稳定的方向发展，全面树立党的形象和政府的公信力，这样新时代中国特色社会主义的伟大工程才能打好坚实的基础，富强民主文明和谐美丽的社会主义现代化国家的建成才会指日可待。

(3)伟大事业是新时代社会主义现代化的奋斗目标

中国特色社会主义的伟大之处在于中国走出了一条符合自己基本国情和传统文化的道路，人类历史上没有固定的发展模式可以套用，是对历史逻辑的反省和对现实逻辑的抉择，深深根植于亿万人民创造的物质文明，从有计划的商品经济到市场起基础性作用，再到市场起决定性作用，对社会主义市场经济的认识和实践向纵深方向发展，全面践行新发展理念，推进社会主义市场经济改革不断深入，充分发挥了在推进伟大事业中的物质积累作用；伟大事业还促动着精神文明建设，中华民族的伟大复兴是文化的复兴，建立在中华传统文化之上的文化自信是更深沉、更持久的力量，是激励全党全国各族人民奋勇前进的强大精神力量，伟大事业要依托中华优秀传统文化、革命文化和社会主义先进文化，将古今中外的优秀文化资源汇聚成伟大事业的强劲推力，让中华民族独有的文脉在伟大事业的实现进程中得以彰显。党和国家在物质文明和精神文明的交相辉映中谱写伟大事业的光辉篇章，厚植伟大事业发育的文化土壤。

（4）伟大梦想是新时代人民对美好生活的希冀

中国梦是共产主义的远大理想和中华民族伟大梦想的有机统一，是14亿多中国人的“最大公约数”。伟大梦想镌刻着深厚的历史、装载着奋发的人民、展现着时代的进步、满足着人民的期待，将强大动力和巨大活力凝聚成伟大合力，开辟了新时代的新征程。新时代的中国社会是自由平等公正法治的社会，是全民共建共治共享的和谐社会。在这一新的历史阶段，人民的主体性将充分凸显，除了物质富裕，人民还期待教育、医疗、社会保障、生活环境等多方面的改善。只有明确我国现阶段社会的定位、性质、主要矛盾和突出挑战，顺应时代要求和人民愿望，补齐民生短板，促进社会公平正义，中华民族梦寐以求的夙愿才会越来越可能实现，才能对历史做出最具分量的交代，才能给人民交上满意的答卷。

三、教育教学建议

（一）教学目标

通过阐释新时代中国特色社会主义的内容和体系，引导学生理解中国特色社会主义是中国共产党人把马克思主义基本原理同当代中国实际和时代特征相结合的产物，是科学社会主义理论逻辑和中国社会发展历史逻辑的辩证统一。通过学习这一知识点，引导学生坚定对中国道路的信心，承担起新时代坚持和发展中国特色社会主义的独特使命和责任，激发学生为全面建设社会主义现代化强国、实现中华民族伟大复兴的中国梦而奋斗的积极性、主动性和自觉性。为达到上述目的，本章教学要在观照和回应新时代中国特色社会主义发展有关现实问题的基础上，通过说理阐释的方式着力消除学生对中国特色社会主义发展的认识误区。

（二）教学基本要求

1.理解中国特色社会主义的历史逻辑、理论逻辑和实践逻辑。

2.把握“四个伟大”的科学内涵及其内在关系。

3.认识新时代中国特色社会主义发展的战略安排及其重大意义。

（三）教学方法

在讲授中国特色社会主义道路走得对、走得通、走得好时，采用讨论与讲授相结合的方法。先通过讨论回应学生的现实关切，让学生谈谈对中国特色社会主义的理解，让“中国特色社会主义”这一比较宏大的问题具象化，再针对学生的思想困惑进行本章内容的讲授，引导学生全面掌握中国特色社会主义的科学内涵、提出依据和实现路径，以及新时代中国共产党的历史使命，从而激发学生在新时代坚持和发展中国特色社会主义的积极性、主动性和自觉性。

在讲授实现中华民族伟大复兴的中国梦是新时代中国共产党的历史使命时，采用历史回溯与理论分析相结合的方法。通过带领学生回顾党的历史上发生的重大事件，让学生明白实现中华民族伟大复兴始终是中国共产党不曾放弃的远大目标，再通过对中国共产党的性质的分析，让学生能通过党的政治立场、服务宗旨等理解党的历史使命。

在讲授“四个自信”“四个全面”“五位一体”“四个伟大”“三个一以贯之”的科学内涵及其内在逻辑结构时，采用逻辑分析的方法，“四个自信”“四个全面”等都有自身特定的内涵，但又构成一个统一的整体，存在相互作用、相互关联的内在逻辑关系，应在缜密的逻辑分析中让学生明白整体和部分的关系。

参考文献

[1]《中共中央关于党的百年奋斗重大成就和历史经验的决议》，人民出版社 2021 年版。

[2]习近平：《决胜全面建成小康社会　夺取新时代中国特色社会主义伟大胜利——在中国共产党第十九次全国代表大会上的报告》，人民出版社 2017 年版。

[3]习近平：《在党史学习教育动员大会上的讲话》，人民出版社 2021 年版。

[4]《习近平谈治国理政》第 3 卷，外文出版社 2020 年版。

[5]《邓小平文选》第 3 卷，人民出版社 1993 年版。

[6]《毛泽东文集》第 8 卷，人民出版社 1999 年版。

第三章　新时代中国特色社会主义经济建设

党的十八大以来，面对新的时代条件、新的发展阶段，习近平总书记在领导全党全国人民开展中国特色社会主义经济建设伟大实践中，创立了习近平经济思想。这一思想全面系统深刻地回答了关于中国经济发展的根本立场、历史方位、指导思想、制度基础、发展主线、根本要求、经济体系、发展道路、战略选择、对外开放、发展安全、根本保障等一系列理论和实践问题，揭示了其中蕴含的内在逻辑和客观规律，并在指导实践中彰显出科学真理性和强大生命力。在教学和学习中，要加强对规律性认识的总结和阐释。

一、学生和教师的认知状况

改革开放以来，特别是党的十八大以来，中国共产党团结带领全国各族人民大力推进社会主义经济建设，创造性地提出了关于中国经济发展的一系列重大理论观点，形成了中国特色社会主义经济理论，建立了中国特色社会主义经济制度，为中国经济发展提供了根本遵循和制度保障。

（一）学生层面

在本章的学习中，学生普遍的兴趣点在于“如何理解中国特色社会主义基本经济制度的新变化？”“经济发展新常态下，需要坚持什么样的发展以及如何坚持？”与“为什么说新发展理念是指挥棒、红绿灯？”。

而学生普遍有疑惑的问题表现出文科学生和理科学生的差异，在文科学生的选择中普遍困惑的是“如何构建市场机制有效、微观主体有活力、宏观调控有度的市场经济体制？”“为什么说新发展理念是指挥棒、红绿灯？”“为什么要深化供给侧结构性改革？”；理科学生困惑的主要问题是“为什么要深化供给侧结构性改革？”“为什么要把经济发展的着力点放在实体经济上？”“供给侧结构性改革的主要任务是什么?”。这呈现出思维特点的差异。总的来说,通过对大学生兴趣点及疑惑点的分析发现,当前我国大学生对中国特色社会主义经济建设的关注点有以下几个方面的特点。

1.结合时政,关心国际热点

针对现实问题,例如在当前中美贸易摩擦不断升级并严重影响了两国经贸关系及全球经济发展的背景下,我们能否在贸易摩擦中赢得主动;在疫情全球蔓延下如何推动国内国际双循环;在新冠肺炎疫情大流行给各个国家和地区带来了巨大挑战的形势下,中国应如何推动形成以国内大循环为主体、国内国际双循环相互促进的新发展格局,使中国经济成为世界经济复苏的稳定根据地等问题,学生能够自觉地运用政治经济学中的相关知识点进行分析解读。

2.关注国家经济发展态势

当前我国正处于经济发展新常态,对于当前我国经济的运行态势、发展动力以及未来走向,学生的兴趣度较高,这也从另一方面反映了学生对国家发展尤其是经济发展的重视及兴趣。

3.对于理论的内部联系理解不透彻

因为学生基本上是接受性的学习,从而导致对理论知识内部联系的分析和把握极度缺乏。例如,习近平新时代中国特色社会主义经济思想的内涵、逻辑体系,以经济建设为中心和以人民为中心的辩证关系,如何从马克思主义政治经济学的角度理解五大发展理念内部的联系,经济新常态下市场调节和宏观调控的关系等,学生很难从微观上理解和把握各个知识点之间的内在逻辑和联系。

以上几个方面的特点,首先集中体现了学生对国家发展的关注,体现了学生的爱国情怀,对于激发学生的学习自主性具有积极作用;其次体现了学生在学习过程中存在的问题,这对于教师调整教学任务、教学方向,提高学生的理论水平和学习能力具有重要意义。

(二)教师层面

由于对重点问题的选择与学生的兴趣点有所差异,所以授课中没有特别着重解决学生的疑惑。比如,在分析解读当前我国经济发展现状及走向时,应将着力点放在新发展理念集中体现了我国的发展思路、发展方向和发展着力点以及新发展理念统领发展全局上。深刻把握新发展理念,对于深入了解当前我国经济发展现状、实现经济高质量发展等问题有着重要意义。

针对以上问题及学生在该部分的学习过程中的特点,教师可以对教学工作做出以下调整。

1.针对学生疑惑解决重难点问题

深化重难点问题研究，是化解教学内容和教育对象之间矛盾的必然选择，亦是反哺大学生思想政治理论课教学的重中之重，对于思想政治理论课内涵式发展、思想政治理论课教学改革创新有着巨大的推动作用。

由于学生与教师在知识储备等方面存在差距，所以对于重难点问题的把握也有所出入。为了解决这一问题，首先应该从多渠道多方面了解学生的疑惑并及时解决；其次，必须要深钻教材、准确定位，并考虑到不同学生认知结构的差异，抓住各章节和每节课的重点和难点，把握好教学重点和难点。

2.开展时政热点教学

时政热点不仅能够激发学生的学习兴趣和学习热情，还能让学生了解更多的时事新闻，所以在课程的开头或结尾引入时政热点，对于提高学生上课积极性以及升华课堂具有重要的作用。例如，在课堂结尾引入与课程相关的案例——中美贸易摩擦，让学生以本节课的知识点为本，发表自己的看法及观点。这不仅有利于打破课堂沉寂的氛围，激发学生的爱国精神，而且为后续的教学做好铺垫，要求学生课下搜集材料，提高教学质量。

3.重视讲解理论的内在逻辑

当前学生对理论内部联系的把握极度欠缺，因此巩固学生知识点，进一步加强对理论内部的讲解尤为重要。例如，习近平新时代中国特色社会主义经济思想是习近平新时代中国特色社会主义思想的重要组成部分，具有内在的逻辑结构：其“基本目标”是实现中华民族伟大复兴的中国梦，其“根本使命”是推进新时代中国特色社会主义经济持续健康发展，其“方向保障”是加强和完善党对经济工作的集中统一领导，其“主要内涵”是一系列新发展理念，其“基本范畴”是发展，其“基本主线”是新时代社会经济的全面创新发展，其“核心”是转型创新，其“价值目的”是人民利益，其“主要路径”是深化供给侧结构性改革、发展生产力、全面深化改革、科技创新、国内外区域联动发展、开创我国全方位对外开放新格局等，其“策略方法”即为稳中求进、务求扎实有效。

综上，基于学情分析，对学生的实际需要、能力水平和认知倾向进行研究，从而优化教学的设计和过程，可以更有效地达成教学目标，提高教学效率。

综合以上情况，将“如何认识党的十八大以来的新发展理念?”和“如何理解中国经济实现高质量发展的潜力与动力?”作为本章的教学重点问题，将“如何理解‘以经济建设为中心’和‘以人民为中心’的辩证关系?”和“如何构建市场机制有效、微观主体有活力、宏观调控有度的市场经济体制?”作为本章的教学难点问题。

二、重难点问题解析

(一)如何认识党的十八大以来的新发展理念?

党的十八大以来,以习近平同志为核心的党中央解放思想、锐意进取,以实践创新推动理论创新,又以创新理论指导实践创新,形成了创新、协调、绿色、开放、共享的新发展理念。新发展理念开辟了党治国理政的新境界,开拓了科学发展的新路径,开创了改革开放发展的新天地。新发展理念强调通过创新发展解决发展动力问题,通过协调发展解决发展不平衡问题,通过绿色发展解决人与自然和谐问题,通过开放发展解决发展的内外联动问题,通过共享发展解决社会公平正义问题;强调以人民为中心的发展思想,加快转变经济发展方式,加快推进供给侧结构性改革,坚定走生产发展、生活富裕、生态良好的文明发展道路,努力实现更高质量、更有效率、更加公平、更可持续、更为安全的发展。新发展理念体现了党对发展问题和发展规律的新认识。

1.彰显了人民至上的价值取向

新发展理念在强调坚持以经济建设为中心和坚持以人为本的基础上,第一次明确提出了以人民为中心的发展思想。创新、协调、绿色、开放、共享五大发展理念,每一个都贯穿着以人民为中心的发展思想,彰显了人民至上的价值取向。创新发展的最终主体是人民,最终目的是要提供更好的产品和服务,满足人民日益增长的美好生活需要;协调发展强调正确处理发展中的重大关系,让城乡、不同区域的人民享有更加公平的发展机会和生活条件;绿色发展体现了人民对美好生活的追求,强调要为人民提供更好的生存环境和更多的优质生态产品;开放发展强调互利共赢,更加充分地运用人类社会创造的文明成果造福人民;共享发展强调全民共享、全面共享、共建共享、渐进共享,促进全体人民共享国家经济、政治、文化、社会、生态文明各方面建设成果。把以人民为中心的发展思想贯穿于新发展理念,贯穿于治国理政的全过程各领域,体现了党全心全意为人民服务的根本宗旨,解决了“发展为了谁、发展依靠谁、发展成果由谁享有”三个根本问题,确立了在发展中必须始终坚持的基本原则。

2.体现了对发展规律的新认识

新发展理念是在深刻总结国内外发展经验教训、分析国内外发展大势的基础上形成的,也是针对我国发展中的突出矛盾和问题提出来的,集中反映了党对我国发展规律的新认识。新发展理念强调创新是引领发展的第一动力,抓住了创新就抓住了牵动经济社会发展全局的“牛鼻子”,标志着党对经济社会发展动力认识的深化;强调协调是持续健康发展的内在要求,是发展两点论和重点论的统一、发展平衡和不平衡的统一、发展短板和潜力的统一,体现了党对发展中重大关系的认识水平、把握能力不断提高;强调绿色发展是永续发展的必要条件,揭示了自然规律是人类社会在发展中必须尊重的规律,体现了党对待发展问题的大局观、长远观、整体观;强调开放是国家繁荣发展的必由之路,揭示了开放带来进步、封闭导致落后的发展规律,体现了党对当今世界和当代中国发展大势的科学准确把握;强调共享是中国特色社会主义的本质要求,体现了人民是推动发展的根本力量的唯物史观,标志着党对社会主义本质认识的深化。

3.明确了引领发展的行动指南

新发展理念是针对我国经济发展进入新常态、世界经济复苏低迷形势提出的治本之策,是管全局、管根本、管长远的发展导向和发展要求,是引领经济发展新常态、决胜全面建成小康社会的强大思想武器和行动指南。创新、协调、绿色、开放、共享五大发展理念,各有侧重、各有指向、各有要求,又相互贯通、相互促进、相得益彰,作为一个不可分割的有机整体,共同引领我国发展实践,绘就我国发展蓝图,推动国家治理体系和治理能力现代化迈上新台阶。

新发展理念是马克思主义同当代中国实际和时代特征相结合的重大理论成果,是中国从发展中大国向现代化强国迈进关键时刻的又一次思想解放和理论升华。只要把新发展理念贯穿于中国特色社会主义事业,就一定能够实现“两个一百年”奋斗目标和中华民族伟大复兴的中国梦。

(二)如何理解中国经济实现高质量发展的潜力与动力?

发展问题事关人民群众利益,人的发展离不开经济的发展。中国共产党历来重视经济建设,把经济发展作为重要内容大力推进,历经革命、建设和改革近百年的发展,特别是改革开放以来中国维持了多年的高速增长,经济发展事业取得明显成效。经过40多年的高速发展,追求高质量的发展成为中国经济发展的新战略,经济高质量发展的战略思维凝聚了发展的真谛。习近平总书记在党的十九大报告中指出:“我国经济已由高速增长阶段转向高质量发展阶段,正处在转变发展方式、优化经济结构、转换增长动力的攻关期。”[①]这是对我国经济发展阶段变化和现在所处关口做出的重大历史性判断,表明我国经济发展的环境、条件、任务、要求等发生了一系列新变化,其潜力巨大、动力充足。

① 《习近平谈治国理政》第3卷,外文出版社2020年版,第23页。

1.增强我国经济高质量发展内生动力

首先,全面贯彻新发展理念。发展理念是发展内生动力的先导,是发展思路、发展方向、发展着力点的集中体现。创新、协调、绿色、开放、共享的新发展理念,是以习近平同志为核心的党中央在深刻总结国内外发展经验教训、深刻分析国内外发展大势的基础上形成的,是针对我国发展中的突出矛盾和问题提出来的,集中反映了党对经济社会发展规律认识的深化。所有这些认识上的深化,都是我国经济发展到一定阶段必然会出现的现象,也是我国经济向形态更高级、分工更优化、结构更合理阶段演进的必经过程。

其次,坚持以供给侧结构性改革为主线。推进供给侧结构性改革,是在全面分析我国经济阶段性特征的基础上调整经济结构、转变经济发展方式的治本良方,是培育增长新动力、形成先发新优势、实现创新引领发展的必然要求,是当前和今后一个时期经济发展和经济工作的主线,也是推动经济高质量发展的主线。只有将供给侧结构性改革贯穿于经济发展和经济工作全过程,才能为经济高质量发展提供坚实可靠的体制机制保障。

最后,加快建设现代化经济体系。新的发展阶段需要新的经济体系支撑。新发展理念和供给侧结构性改革,最终都要落实到经济体系建设上,并通过经济体系建设体现出来。党的十九大提出建设现代化经济体系。这既是我国发展的战略目标,也是转变经济发展方式、优化经济结构、转换经济增长动力的迫切要求,还是经济高质量发展的基础工程。将建设现代化经济体系真正落到实处,需要将其作为关系战略目标和主攻方向的基础性、支撑性要素嵌入推动经济高质量发展的制度体系中,并赋予其“四梁八柱”的地位。

全面贯彻新发展理念、坚持以供给侧结构性改革为主线和加快建设现代化经济体系是相互关联的统一体,具有一以贯之的内在逻辑,即坚持以人民为中心的发展思想,推动经济发展质量变革、效率变革、动力变革,满足人民日益增长的对美好生活的需要。以这三个方面为重点构建推动经济高质量发展的基本框架,有利于进一步明确高质量发展的思路、方向和着力点,夯实高质量发展的体制机制基础,推动我国经济在实现高质量发展方面不断取得新进展。

2.发掘我国经济高质量发展强势潜力

我国经济高质量发展是能够更好满足人民日益增长的美好生活需要的发展,是体现创新、协调、绿色、开放、共享发展理念的发展,也应是生产要素投入少、资源配置效率高、资源环境成本低、经济社会效益好的发展。

首先是创新成为第一动力的发展。创新之所以成为发展的第一动力,是因为当今世界经济社会发展越来越依赖于理论、制度、科技、文化等领域的创新,国际竞争力越来越体现在创新能力上。科技创新与经济发展的关系尤为密切。

科学技术是第一生产力，是通过乘数作用到劳动力、资本、技术、管理等生产要素上去的。科技创新的乘数效应越大，对经济发展的贡献率就越大，发展质量也就越高。

其次是经济重大关系协调、循环顺畅的发展。经济出现周期性衰退、危机，是资本主义市场经济的规律，源于重大经济关系严重失调，经济循环阻塞。许多国家受严重经济衰退和金融危机冲击，经济发展长期徘徊不前。过去的几十年我国经济也存在周期性波动，最重要的是要避免经济发展大起大落和防范系统性金融风险。因此，高质量发展必然保持国民经济重大关系协调和空间布局比较合理，生产、流通、分配、消费各环节循环顺畅。

最后是共享成为根本目的的发展。共享是中国特色社会主义的本质要求，是坚持以人民为中心的发展思想的重要体现，也是逐步实现共同富裕的必然要求。改革开放以来，我们已经走在共享发展成果和逐步实现共同富裕的正确道路上，先后使 7 亿多人摆脱贫困，人民生活实现总体小康，正在向更高水平的全面小康迈进。但是，城乡、区域发展差距和居民收入分配差距仍然较大，部分群众生活还比较困难。实现全体人民更加公平地共享发展成果，既是高质量发展的根本目的，也是充分调动绝大多数人积极性、主动性、创造性，形成推动高质量发展强大动力的必要条件。

高质量发展既然是一个阶段，就不是短时间内可以完成的，它是渐进的、积小变为大变、从量变到质变的过程。虽然是长期任务，但应把阶段性目标分解为年度任务，从当前抓起，稳步推进。推动我国经济高质量发展，最根本的是要用习近平新时代中国特色社会主义思想武装头脑、指导实践，全面贯彻落实党的十九大精神，以新时代的高昂精神状态奋力推进各项工作。

（三）如何理解以经济建设为中心和以人民为中心的辩证关系？

以经济建设为中心是我国社会主义初级阶段的根本任务，以人民为中心是新时代坚持和发展中国特色社会主义的基本方法和策略，体现了以经济建设为中心的规定性，服从并服务于以经济建设为中心；同时，基本路线正确与否也要看基本方略最终取得的效果。二者虽然地位不同，时间效力不同，但具有内在统一性。

1.以人民为中心是以经济建设为中心的内在规定

以经济建设为中心是党结合改革开放初期的时代背景对我国社会发展实际情况做出的正确判断，在这一思想的指引下，我国科技创新能力不断提升，生产力水平有了极大的提高，人民生活水平大有改善。经济高质量发展是推动社会进步的关键和前提，实质上，以人民为中心体现了以经济建设为中心的内在规定性。基本路线的提出与长期实施，始终包含着“人民”这一发展主体的要求与期望，始终把经济的发展与人民生活水平的提高相结合。要坚持以人民为中心，就不能止步于思想层面，要落实到人民生活的方方面面，搞好经济建设，为党各项事业的发展提供物质保障，进而满足人民对美好生活的需要。这不仅是马克思主义生产力决定生产关系、经济基础决定上层建筑的题中应有之义，而且表明了以经济建设为中心内含以人民为中心的本质要求。

2.以人民为中心凸显了以经济建设为中心的价值遵循

首先，发展为了人民，不断增强人民群众的获得感、幸福感。要坚持以人民为中心的价值引领，把人民的利益放在首位，从人民群众的实践中总结经验来推动全面发展；保障改善民生，抓住群众最关心、最直接、最现实的利益问题，重点解决我国社会发展过程中不平衡不充分的问题。

其次，发展依靠人民，发挥人民群众的首创精神。正如人民群众需要的满足必须紧紧依靠经济的进步，经济的发展也必须紧紧依靠人民群众，人民群众不仅是物质财富、精神财富的创造者和享有者，也是和谐社会建设的主力军和最广大的受益者，发展要紧紧依靠人民，努力调动广大人民群众的积极性和创造性，使之成为推动我国社会发展的根本动力。

最后，发展成果由人民共享，满足人民对未来生活的需求。人民群众是我国社会发展的最大推动者，理应成为发展成果的最大受益者。要求我们把人民的满意度作为检验工作的第一标准。同时，也要看到人民共享改革成果的过程中我国社会发展的不足，这为下一阶段经济社会的健康发展提供了努力的方向。任何社会发展的主体力量都是人民，人民是社会生产的真正源泉，社会主义经济建设只有做到发展成果由人民共享，不断促进人的自由全面发展，才能真正做到以人民为中心，经济建设才有最根本的出发点与落脚点。

综上，坚持以人民为中心和以经济建设为中心的有机统一，始终坚持以人民为中心的基本方略和以经济建设为中心的基本路线是社会发展的必然，二者相互联系，不可分割。

（四）如何构建市场机制有效，微观主体有活力、宏观调控有度的市场经济体制？

构建市场机制有效、微观主体有活力、宏观调控有度的经济体制，本质是要正确处理好政府、市场、企业之间的科学联系。构建“三有”经济体制是新时代经济体制改革深化的必然要求。当前，在构建“三有”经济体制方面还存在许多亟待解决的问题。为此，要抓住两大改革重点，推进市场机制有效运行；要以新旧动能转换为抓手，增强微观主体活力；要处理好三大关系，推进实现宏观调控

"有度"。

1.抓住两大改革重点,推进市场机制有效运行

党的十八届三中全会指出:"经济体制改革是全面深化改革的重点,核心问题是处理好政府和市场的关系,使市场在资源配置中起决定性作用和更好发挥政府作用。"而党的十九大报告特别强调"经济体制改革必须以完善产权制度和要素市场化配置为重点,实现产权有效激励、要素自由流动、价格反应灵活、竞争公平有序、企业优胜劣汰"。讲了两个重点:一是加强产权制度的完善。完善社会主义市场经济体制必须加快完善现代产权制度。比如知识产权,在特别重视创新的当今社会,加强知识产权保护并健全相关制度十分重要,而且在严格依法保护的同时还要实施好产权激励。例如,加快"实行以增加知识价值为导向的分配政策,提高科研人员成果转化收益分享比例"等政策,就能在很大程度上对科技创新和成果转化起到长期激励作用。二是深化要素市场化配置。党的十九大闭幕后不久,2017 年 11 月 10 日,国家发改委发布《关于全面深化价格机制改革的意见》,目的是着力破除限制资源要素自由流动的价格机制障碍,提高资源配置效率。这次机构改革有两个新机构:一个是国家市场监督管理总局,一个是国家知识产权局。这两个机构,一个保护竞争,一个保护产权。

2.以新旧动能转换为抓手,增强微观主体活力

加快新旧动能转换的中心任务可以归纳为以"四新"促"四化",所谓的"四新"即新技术、新产业、新业态、新模式,所谓的"四化"即产业智慧化、智慧产业化、跨界融合化、品牌高端化。其中,产业智慧化是突出传统产业升级换代,智慧产业化就是突出新兴产业培育壮大。为此,重点要抓好以下三方面。

一是改造提升传统动能。一要大力破除无效供给,坚持用市场化、法治化手段,化解过剩产能、淘汰落后产能。要发挥好政府的调节作用,整合无效资源,盘活无效资源,提高资源的利率效率。二要让新生产要素进入传统产业,以知识、技术、数据等新生产要素,激发传统产业发展活力。要推动传统产业向高端化、智能化、绿色化、服务化转型发展,向产业链、价值链的中高端集中,促进传统产业从规模数量型向质量效益型转变。三要适应需求升级新趋势,提升产品供给质量和层次,研发和生产拥有自主知识产权、有市场竞争力的新产品。四要推动实现品牌高端化,扩大品牌知名度和影响力。

二是培育壮大新动能。一要加快壮大战略性新兴产业。战略性新兴产业对经济社会全局和长远发展具有重大引领和带动作用。二要积极培植特色新兴产业。就是要实施新业态、新模式培育工程,形成新动能主力体量,如大数据、云计算、物联网、工业设计等,促进分享经济、网络经济等新的业态与模式健康成长。

三是实施跨界融合。跨界融合就是行业领域交叉渗透、跨界发展,这是适应三次产业之间、产业内部、行业之间的融合趋势,培育挖掘新增长点的需要。包括农业"新六产"、制造业与互联网融合、服务业与先进制造业融合、旅游业与上下游产业融合、产城融合、军民融合等。当前,跨界融合大有作为。

3.处理好三大关系,推进实现宏观调控"有度"

一是把握好市场与政府关系的"度"。这要求建立"有效市场"、构建"有为政府",并将二者有机结合起来,尤其要规范和优化政府职能,并将政府职能制度化,以此主要运用市场化和法治化的政策工具对经济运行实施调控。二是把握好长期和短期调控之间的"度"。目前重点解决的问题是由长期以来注重短期调控转向重点对长期性、结构性问题的调控。要做好稳增长、调结构和防风险的统筹和协调。三是把握好内部和外部之间的"度"。在我国正在推动形成全面开放新格局,因此,宏观调控必须着眼全球视野,平衡和协调国家利益和全球责任,特别要采取有效措施加强国际宏观政策协调。

(五)如何理解扎实推动共同富裕?

1.科学理解共同富裕的内涵

共同富裕是社会主义的本质要求,是中国特色社会主义现代化的重要特征。我们所说的共同富裕,是"全民共富",不是少数人的富裕,也不是整齐划一的平均主义;是"全面富裕",既包括物质生活富裕,也包括精神生活富裕;是"共建共富",需要全体人民辛勤劳动和相互帮助,共建美好家园,共享美好生活;是"逐步共富",是一项长期艰巨的任务,要脚踏实地、逐步推进。共同富裕的内涵十分丰富,可以从以下几方面来理解。

(1)共同富裕的经济基础是社会生产力高度发达,没有国家富强就谈不上全体人民共同富裕

实现共同富裕是改革开放以来中国共产党确定的"三步走"战略和"两个一百年"奋斗目标的逻辑必然。

(2)共同富裕是全体人民的富裕,不是少数人的富裕

我们绝不允许贫富差距越来越大、穷者愈穷富者愈富,绝不允许在富人和穷人之间出现一道不可逾越的鸿沟。

(3)共同富裕是仍然存在一定差距的共同富裕,不是平均主义的同等富裕、同步富裕

共同富裕是一种理想状态,既要达到社会整体收入水平较高,又要把分配差距缩小到合理范围。同时,必须明确共同富裕绝不是把社会成员的收入和财富搞成整齐划一,平均主义有害无益,也不现实。共同富裕是一个先富带动后

富的渐进过程。

(4)共同富裕是人民群众物质生活和精神生活双富裕,不能物质上富裕而精神上匮乏

共同富裕首先是指物质层面的富裕,通常用收入和财富的水平及分配状况加以衡量。但把共同富裕单纯理解为物质生活的共同富裕是片面的、狭隘的,纯粹的物质生活或纯粹的精神生活都是不存在的。从全面富裕的宽阔视野看,共同富裕是物质富裕和精神富足的统一。

2.把握共同富裕的实践途径

幸福生活是奋斗出来的,共同富裕要靠勤劳智慧来实现。实现共同富裕目标,首先要通过全国人民共同奋斗把“蛋糕”做大做好,然后通过合理的制度安排把“蛋糕”切好分好。

(1)通过高质量发展实现共同富裕

“富裕”体现效率,要求做大“蛋糕”;“共同”体现公平,要求分好“蛋糕”。我们追求共同富裕是统筹效率和公平,在不断做大“蛋糕”的过程中分好“蛋糕”。

(2)通过勤劳创业创新实现共同富裕

“民生在勤,勤则不匮。”劳动是财富的源泉、幸福的源泉,也是推动人类社会进步的根本力量。人世间的美好梦想,只有通过诚实劳动才能实现;发展中的各种难题,只有通过诚实劳动才能破解。改革开放以来,从提出允许一部分人、一部分地区先富起来,到搞活乡镇企业和私营经济,从实行按劳分配为主体、多种分配方式并存的分配制度,到建立社会主义市场经济体制,一系列改革举措为经济快速增长创造了条件,激发了创造热情、点燃了创业激情,为更多人创造了致富机会。共同富裕应该由全体人民共同努力、共同创造、共同享有。

(3)通过促进人的全面发展实现共同富裕

马克思早就提出了人的自由全面发展思想,深刻阐述了社会生产力发展中人作为目的与手段的辩证关系。人是生产力诸要素中最活跃、最能动的因素,人的全面发展是最高境界,最终实现人的全面发展是一个极为长远的历史过程。同时,促进人的全面发展也是逐步的、渐进的,人的全面发展的每一个阶段性进展,包括社会成员体力、智力和思想道德素质的整体性提高,都会增加勤劳致富的公平机会,增强人们发展生产力、创造社会财富的主观能动性,从而有力地促进实现共同富裕。

(4)通过基本公共服务均等化推动实现共同富裕

要坚持尽力而为、量力而行,完善公共服务政策制度体系,在教育、医疗、养老、住房等人民群众最关心的领域精准提供基本公共服务。按照党的十九届五中全会确定的目标,“十四五”时期基本公共服务均等化水平将明显提高;到

2035年，基本公共服务实现均等化，城乡区域发展差距和居民生活水平差距显著缩小，在此基础上，到21世纪中叶，还要推动基本公共服务实现优质化发展、普惠化发展、均衡化发展。

（5）通过优化分配制度和政策推动实现共同富裕

共同富裕的基本前提是社会生产力极大发展、社会财富极大创造和积累。同时，收入和财富的分配结构直接关系到共同富裕的实现，关系到社会公平正义，并对社会生产和效率具有反作用。经过多年改革，我们已经初步建立起包括三次分配在内的收入分配制度框架。下一步，在高质量发展的基础上，构建初次分配、再分配、三次分配协调配套的基础性制度安排，坚持按劳分配为主体，完善按要素分配政策，加大税收、社保、转移支付等的调节力度，处理好公平和效率的关系，形成有利于全体人民共同奋斗实现共同富裕的分配格局。

3.认清共同富裕的未来征程

不积跬步，无以至千里。收入分配问题是一个世界性难题，把“富裕”和“共同”两方面问题都解决好，对任何国家而言都绝非易事。在我国这样一个拥有14亿多人口的发展中大国实现共同富裕，面临更多的挑战和困难，涉及一系列复杂因素和深刻利益调整，必然需要经历一个长期过程，不可能一蹴而就。

（1）充分认识到实现共同富裕的长期性、艰巨性、复杂性

现在的发达国家很早就实现了现代化，可以视为富裕国家，但另有相当多的国家长期以来贫富悬殊、两极分化，社会处于撕裂状态，很多教训值得引为鉴戒。

（2）坚定不移推动共同富裕取得更为明显的实质性进展

根据中央分阶段促进共同富裕的目标：到“十四五”末，全体人民共同富裕迈出坚实步伐，居民收入和实际消费水平差距逐步缩小；到2035年，全体人民共同富裕取得更为明显的实质性进展；到21世纪中叶，全体人民共同富裕基本实现。一诺既出，万山无阻。在新发展阶段，推动全体人民共同富裕取得更为明显的实质性进展，成为推进中国式现代化、实现第二个百年奋斗目标的一项重大战略性任务。

以史为鉴，开创未来，要始终坚持以人民为中心的发展思想，在高质量发展中促进共同富裕，充分激发人民群众的热情，以实干创实绩、以奋斗促富裕，我们就一定能汇聚起14亿多中国人民的磅礴力量，实现共同富裕的美好愿景。

三、教育教学建议

（一）教学目标

改革开放以来，中国取得了重大的经济发展成就，彰显了中国特色社会主义道路和制度的巨大优越性，但是40多年来国际经济和政治格局都发生了重大改变，第四次工业革命带来生产力的巨大进步、生产方式的极大改变以及国际合作与交流格局和模式的改变。面对百年未有之大变局，这些既是挑战也是机遇，我们要实现中华民族伟大复兴中国梦，就必须首先转变自身发展理念。要提高我国产业在全球价值链中的位阶，就必须在关键节点产业的核心技术的研发上取得自主性突破。要增强抵御国际经济波动的能力，就必须走在时代前列，理顺构建现代化经济体系的体制机制，畅通国内国际双循环格局。

（二）教学基本要求

1.理解贯彻新发展理念。

2.建立现代化经济体系。

3.把握新阶段、新格局与实现我国经济高质量发展。

4.理解共同富裕的科学内涵。

（三）教学方法

在讲授新发展理念的内涵及内在逻辑时，基于历史与逻辑相统一，采用讲授的方法。

在讲授现代化经济体系时，选取2～3个典型案例，采取讨论与讲授相结合的方法，先通过讨论回应学生的现实关切，让学生谈谈对现代化与经济体系的理解，对本来较少接触实际经济交易、对宏观经济概念相对陌生的学生进行沉浸式引导。再针对学生的思想困惑进行本章内容的讲授，引导学生全面掌握新发展理念、现代化经济体系的科学内涵、提出依据和实现路径，以及新时代中国共产党新的历史使命，从而激发学生为全面建成社会主义现代化强国、实现中华民族伟大复兴的中国梦而奋斗的积极性、主动性和自觉性。

在讲授新阶段、新格局与实现我国经济高质量发展时，采用历史回溯、典型案例分析、理论分析相结合的方法。通过带领学生回顾新中国改革开放史，让学生明白实现新阶段、新格局、经济高质量发展的科学内涵，以及新阶段的判断的历史与现实依据，新格局判断的理论与现实意义；让学生能透过历史、现实的纵向比较，以及国内、国际的横向比较深刻理解新时代中国特色社会主义现代化的内涵逻辑。

在讲授共同富裕时，通过阐释共同富裕的科学内涵，澄清模糊的认识，引导学生树立“幸福生活都是奋斗出来的，共同富裕要靠勤劳智慧来创造”的理念，反对不劳而获和“躺平”。通过阐述共同富裕的实践途径，让学生深刻理解，只有在更高水平上做大“蛋糕”和分好“蛋糕”，才能让所有人感受到实实在在的获得感、幸福感、安全感。通过阐述实现共同富裕的长期性、艰巨性、复杂性，引导学生既要有信心又要有耐心，充分认识到我们所具有的优势条件、强大动力、光明前景，从而增强信心，持之以恒，与全体人民共同奋斗，稳步朝着这个目标迈进。

参考文献

[1]《习近平谈治国理政》，外文出版社2014年版。

[2]《习近平谈治国理政》第2卷，外文出版社2017年版。

[3]《习近平谈治国理政》第3卷，外文出版社2020年版。

[4]《中国共产党第十九届中央委员会第五次全体会议文件汇编》，人民出版社2020年版。

[5]中共中央文献研究室编：《习近平关于社会主义经济建设论述摘编》，中央文献出版社2017年版。

[6]习近平：《扎实推动共同富裕》《求是》2021年第20期。

第四章　新时代中国特色社会主义政治建设

历经四十余年波澜壮阔的改革开放实践，中国共产党团结带领全国各族人民成功开辟和坚持了中国特色社会主义政治发展道路，创造了经济快速发展、社会长期稳定的人类发展奇迹，这与政治建设的伟大成就是分不开的。随着全面建设社会主义现代化国家新征程的开启，进一步推进中国特色社会主义政治建设，依然是提升国家治理效能、全面建设社会主义现代化国家的重要支撑和保障。

一、学生和教师的认知状况

从全体学生数据统计来看，本章中被学生列为最感兴趣问题占比前三位的分别是“如何理解中国特色社会主义政治制度的独特性与优势所在?”(24.56%)、“怎样理解中国特色社会主义政治理论的内涵?”(23.11%)、“怎样把握党的领导、人民当家作主、依法治国之间的有机统一?”(20.42%)；最困惑问题占比位居前三位的是：“为什么说协商民主深深嵌入中国社会主义民主政治的全过程?”(22.79%)、“为保障人民当家作主，我国实行了哪些政治制度安排?”(19.85%)、“如何理解人民民主是一种全过程民主?”(19.77%)。

从对不同学科学生最感兴趣问题、最感困惑问题的比较来看，最感兴趣的问题，在文科学生的选择中占比前三位的分别是“如何理解人民民主是一种全过程民主?”(22.65%)、“如何理解中国特色社会主义政治制度的独特性与优势所在?”(22.17%)、“怎样理解中国特色社会主义政治理论的内涵?”(20.98%)；在理科学生的选择中占比前三位的分别是“如何理解中国特色社会主义政治制度的独特性与优势所在?”(25.92%)、“怎样理解中国特色社会主义政治理论的内涵?”(24.32%)、“坚持走中国特色社会主义政治发展道路的历史必然性?”(20.53%)。最困惑的问题，在文科学生的选择中占比前三位的分别是“为什么说协商民主深深嵌入中国社会主义民主政治的全过程?”(23.14%)、“如何理解人民民主是一种全过程民主?”(20.44%)、“为保障人民当家作主,我国实行了哪些政治制度安排?”(20.66%);在理科学生的选择中占比前三位的分别是“为什么说协商民主深深嵌入中国社会主义民主政治的全过程?”(22.6%)、“为保障人民当家作主,我国实行了哪些政治制度安排?”(19.73%)、“如何理解人民民主是一种全过程民主?”(19.39%)。以上情况表明,对本章涉及的问题,文科学生和理科学生最感兴趣的前三个问题中有两个问题相同,但排序有所差别;最困惑的前三个问题相同,但排序略有差别。

从对不同层次高校学生最感兴趣问题、最感困惑问题的比较来看,最感兴趣的问题,在重点高校学生的选择中占比前三位的分别是“如何理解中国特色社会主义政治制度的独特性与优势所在?”(26.05%)、“怎样理解中国特色社会主义政治理论的内涵?”(24.07%)、“怎样把握党的领导、人民当家作主、依法治国之间的有机统一?”(20.58%);在其他高校学生的选择中占比前三位的分别是“如何理解中国特色社会主义政治制度的独特性与优势所在?”(22.55%)、“怎样理解中国特色社会主义政治理论的内涵?”(21.81%)、“坚持走中国特色社会主义政治发展道路的历史必然性?”(20.62%)。最困惑的问题,在重点高校学生的选择中占比前三位的分别是“为什么说协商民主深深嵌入中国社会主义民主政治的全过程?”(23.73%)、“如何理解人民民主是一种全过程民主?”(20.34%)、“为保障人民当家作主,我国实行了哪些政治制度安排?”(19.49%);在其他高校学生的选择中占比前三位的分别为“为什么说协商民主深深嵌入中国社会主义民主政治的全过程?”(21.54%)、“为保障人民当家作主,我国实行了哪些政治制度安排?”(20.34%)、“如何理解人民民主是一种全过程民主?”(19.01%)。对本章涉及的问题,重点高校学生和其他高校学生最感兴趣占比前三位问题中有两个问题相同且排序一致;最感困惑的问题,占比前三位问题相同,但排序略有差别。

从任课教师部分统计数据来看,在第四章任课教师选择中占比第一和第三的重点问题分别为“如何理解中国特色社会主义政治制度的独特性与优势所在?”、“怎样理解中国特色社会主义政治理论的内涵?”,与学生最感兴趣的第一、第二个问题分别相同;难点问题上,任课教师选择中占比第一的难点问题为“如何理解人民民主是一种全过程民主?”,与学生最困惑的第三个问题相同,但其他两个难点问题与学生最困惑的问题差异较大。

综合以上情况,将“怎样理解中国特色社会主义政治理论的内涵?”、“如何理解中国特色社会主义政治制度的独特性与优势所在?”作为本章的教学重点问题;结合任课教师数据和学生反馈数据,为解决学生困惑,将“如何理解人民民主是一种全过程民主?”作为本章的教学难点问题。

二、重难点问题解析

(一)怎样理解中国特色社会主义政治理论的内涵?

“如何理解中国特色社会主义政治理论的内涵?”这一问题是深入学习和掌握中国特色社会主义理论与实践相关问题的关键所在,对于培养青年学生树立理论自信有着深远意义。

理论源于实践,又用来指导实践,并且随着时间的推移而不断发展。中国共产党作为马克思主义执政党,始终坚持将马克思主义基本原理同中国具体实际相结合,无论是革命时期还是社会主义建设时期,实事求是都是中国共产党制定正确路线方针政策的根本出发点。改革开放以来,特别是党的十八大以来,中国共产党在深入总结国内外社会主义建设经验和教训的基础上,更加自觉地运用马克思主义的立场、观点、方法,认真观察、分析、总结中国的政治生活和政治实践,并在此基础上不断推进马克思主义理论创新,进而形成并发展了中国特色社会主义政治理论。中国特色社会主义政治理论是对中国特色社会主义政治建设经验的科学总结和归纳,是一套科学、系统地指导我国社会主义政治建设的理论体系,具体包括关于党的集中统一领导的理论、关于全过程人民民主的理论、关于政治制度的理论、关于中国特色社会主义政治发展道路的理论、关于中国特色社会主义法治的理论、关于推进国家治理体系和治理能力现代化的理论、关于新时期爱国统一战线的理论、关于尊重和保障人权的理论八个方面。对于中国特色社会主义政治理论内涵,我们可以从对以上八个方面具体理论的解读来把握。

1.关于党的集中统一领导的理论

自中国共产党成立以来的百年历程当中,无论是在革命时期取得的胜利,还是在社会主义建设、改革时期取得的辉煌成就充分表明,没有共产党、没有党的集中统一领导就没有新中国、就没有发展的中国,更不可能有逐渐强大的中国。

首先,党的领导是中国特色社会主义的最本质特征,是中国特色社会主义制度的最大优势。中国共产党是最高政治领导力量。只有坚持党的集中统一领导,既不走封闭僵化的老路,也不走改旗易帜的邪路,才能确保国家始终沿着社会主义方向前进。进入新时代,我们要推进各方面制度建设、推动各项事业发展、加强和改进各方面工作,都必须坚持党的集中统一领导这个政治前提和保证，更好发挥党总揽全局、协调各方的领导核心作用。

其次，党的领导制度是我国的根本领导制度。正是我们始终坚持党的集中统一领导，才确保了我国虽历经各种风险挑战仍然能够持续发展壮大，并且在实现快速发展的同时始终保持政治稳定，实现了活力与秩序、发展与稳定的平衡。在我国的治理体系和治理实践中，“党中央始终是坐镇中军帐的帅，车、马、炮各展其长，全国一盘棋大局分明”①。中国共产党总揽全局、同向发力的治理效率，高度的组织力、号召力、动员能力，科学的决策力和坚定的执行能力等治理优势在推进我国全面建设社会主义现代化的实践中得到充分展现。

最后，坚持党的领导首要的是要维护党中央的权威和集中统一领导，关键是要做到“两个维护”。新时代，面对世界百年未有之大变局，中国社会主义现代化建设事业不可能一帆风顺，会遇到各种风险和挑战。在风险和挑战面前，坚决维护党中央权威和集中统一领导是全党全国各族人民能够凝心聚力、迎难而上战胜困难和挑战的基本依靠。在重大历史关头、重大考验面前，党中央的判断力、号召力、决策力、行动力更是具有决定性作用。正如习近平总书记强调：“要顺利推进新时代中国特色社会主义各项事业，必须完善坚持党的领导的体制机制，更好发挥党的领导这一最大优势，担负好进行伟大斗争、建设伟大工程、推进伟大事业、实现伟大梦想的重大职责。”②

中国共产党是领导我们事业的核心力量。中国人民和中华民族之所以能够扭转近代以后的历史命运、取得今天的伟大成就，最根本的是有中国共产党的坚强领导。历史和现实都证明，没有中国共产党就没有新中国，就没有中华民族伟大复兴。要治理好我们这个世界上最大的政党和人口最多的国家，必须坚持党的全面领导特别是党中央集中统一领导，坚持民主集中制，确保党始终总揽全局、协调各方。只要我们坚持党的全面领导不动摇，坚决维护党的核心和党中央权威，充分发挥党的领导政治优势，把党的领导落实到党和国家事业各领域各方面各环节，就一定能够确保全党全军全国各族人民团结一致向前进。

2.关于全过程人民民主的理论

在庆祝中国共产党成立100周年大会上的重要讲话中，习近平总书记首次提出：“践行以人民为中心的发展思想，发展全过程人民民主。”③在2021年10月的中央人大工作会议上，习近平总书记对全过程人民民主进行了最为权威的科学阐释，强调：“我国全过程人民民主不仅有完整的制度程序，而且有完整

---

① 习近平：《中国共产党领导是中国特色社会主义最本质的特征》，《求是》2020年第14期。

② 《习近平治国理政》第3卷，外文出版社2020年版，第89页。

③ 本书编写组：《中华人民共和国简史》，人民出版社、当代中国出版社2021年版，第271页。

的参与实践。我国全过程人民民主实现了过程民主和成果民主、程序民主和实质民主、直接民主和间接民主、人民民主和国家意志相统一，是全链条、全方位、全覆盖的民主，是最广泛、最真实、最管用的社会主义民主。”①对于全过程人民民主，可以从以下几个方面来理解。

首先，要坚持以人民为中心的发展思想，发展全过程人民民主。我国宪法明确规定，“中华人民共和国的一切权力属于人民”。因此，人民性是全过程人民民主的本质属性。全过程人民民主的人民性体现在我国发展社会主义民主过程中，始终坚持人民至上，践行以人民为中心的思想；坚持人民既是民主模式的设计者、民主渠道的开拓者、民主手段的创新者，亦是民主过程的实践者、民主权利的享受者、民主成果的受益者；坚持由人民选举，由人民协商，为人民服务，受人民监督，对人民负责，体现人民当家作主的本质要求，表现为多数人的民主。中国共产党作为马克思主义执政党始终高举人民民主的旗帜，始终在为实现和保证人民民主不懈奋斗。

其次，人民是人民民主的主体。没有民主就没有社会主义，就没有社会主义现代化，就没有中华民族伟大复兴。中国式民主坚持“以人民为中心”，而不是围绕少数人、为特定利益集团服务。尽管世界上很多国家都将“实现民主”作为执政口号，但实际情况却大不一样。这些国家民主的运行本质上就是人民在投票时被唤醒、投票后就进入休眠期，竞选时被刻意讨好、竞选后却毫无发言权，是一种形式主义的民主。可见，我国的全过程人民民主与这些形式主义的民主存在根本性差别。党领导人民治理国家，最根本的就是保证和支持人民当家作主，就是从各个层次、各个领域扩大公民有序政治参与，发展更加广泛、更加充分、更加健全的人民民主，是人民真实体验到的全面、真实、有效的全过程人民民主。

最后，实现民主的形式是丰富多样的。民主没有统一的模式和标准，适用于一国的民主形式，不一定适用于另一国。正所谓“鞋子合不合脚，只有穿的人才知道”。我国推行的全过程人民民主保证了人民通过选举、投票行使民主权利和人民内部各方面在重大决策之前进行充分协商，尽可能就共同性问题取得一致意见。选举民主与协商民主是中国社会主义民主的两种重要形式。这两种民主形式不是相互替代、相互否定的，而是相互补充、相得益彰的，共同构成中国特色社会主义民主政治的制度特点和优势。

“民主不是装饰品，不是用来做摆设的。”全过程人民民主是由完整的制度程序和完整的参与实践构成的一个完整的制度体系框架。这一制度体系框架

---

① 习近平：《在中央人大工作会议上的讲话》，《求是》2022 年第 5 期。

不仅包括人大制度、基层民主制度、协商民主制度三项民主政治制度，而且包括民主选举、民主协商、民主决策、民主管理和民主监督五个民主过程环节和选举权、知情权、表达权、参与权以及监督权五项民主权利。完善的民主体系框架和完整的民主过程有效确保了全过程人民民主在运行中充分展现中国式民主的优势。

3.关于政治制度的理论

在一个国家的各种制度中，政治制度是关键，它是用来调节政治关系、建立政治秩序、推动国家发展、维护国家稳定的。这样的性质和功能，决定了不同的国家在不同的历史发展阶段，其政治制度的实现形式和途径也不相同。因此，对于政治制度的评判不可能脱离特定社会政治条件，更不可能千篇一律，归于一尊，每个国家的政治制度都是根据自身国情设计和完善的，都是由这个国家的人民决定的，都是在这个国家历史传承、文化传统、经济社会发展的基础上长期发展、渐进改进、内生性演化的结果。

正所谓“鞋子合不合脚，只有穿的人才知道”，政治制度合不合适，只有这个国家的人民才清楚。世界上不存在完全相同的政治制度，也不存在适用于一切国家的政治制度模式；同一政治制度也不是一成不变的，而是随着现实条件变化而不断发展的。因此，习近平总书记针对评价一个国家政治制度是不是民主的、有效的，提出了“八个能否”的标准，即主要看国家领导层能否依法有序更替，全体人民能否依法管理国家事务和社会事务、管理经济和文化事业，人民群众能否畅通表达利益要求，社会各方面能否有效参与国家政治生活，国家决策能否实现科学化、民主化，各方面人才能否通过公平竞争进入国家领导和管理体系，执政党能否依照宪法、法律规定实现对国家事务的领导，权力运用能否得到有效制约和监督。这“八个能否”是对世界各国政治制度特别是我国政治制度发展规律的深刻总结，是对马克思主义国家学说的重要发展，具有深远的理论与实践意义。

中国特色社会主义政治制度是中国共产党在执政过程中始终坚持把党的领导、人民当家作主、依法治国有机统一起来，坚持和完善人民代表大会制度这一根本政治制度不动摇，坚持中国共产党领导的多党合作和政治协商制度、民族区域自治制度、基层群众自治制度这些基本政治制度不动摇，坚持围绕这些政治制度运行建立的一整套政治体制。这样一套制度安排是经过我国长期政治发展特别是改革开放以来政治发展得来的宝贵经验的总结，也是被实践证明了的行得通、有生命力、有效率的正确制度。因此，进入新时代，在新形势下我们要更加坚定中国特色社会主义政治制度自信，不断发展和完善我国政治制度，确保我国的国家治理体系和治理能力既符合中国国情，又与人类政治文明大道相向而行。

4.关于中国特色社会主义政治发展道路的理论

坚持正确的政治发展道路，是关系根本、关系全局的重大问题。中国共产党领导人民所开辟出的中国特色社会主义道路是符合中国国情和中国人民利益的正确道路。中国能够走上这条正确的道路，是近代以来中国人民长期奋斗历史逻辑、理论逻辑、实践逻辑的必然结果。

首先，中国特色社会主义政治发展道路深深扎根于中国社会土壤之中。世界上任何一个国家正确的政治发展道路都是在其特定社会政治条件下、历史文化传统基础上长期发展演化形成的。选择中国特色社会主义道路是近代以来中国人民长期奋斗的必然结果，是中国共产党团结带领中国人民立足中国实际和中国革命、建设、改革的实践进程做出的必然选择。

其次，中国特色社会主义政治发展道路是在马克思主义指引下开创并不断拓展的。正如习近平总书记指出的："中国特色社会主义，是科学社会主义理论逻辑和中国社会发展历史逻辑的辩证统一。"①马克思主义是人类历史上第一个站在人民立场上探求人类自由解放的道路的思想体系。这一理论体系为最终建立一个没有压迫、没有剥削、人人平等、人人自由的理想社会提供了科学指南。中国共产党正是以马克思主义为指导，以实现最广泛、最全面、最真实的人民民主为政治追求，在立足中国革命和建设实践的基础上，成功开辟了符合中国国情的中国特色社会主义政治发展道路。

最后，坚持中国特色社会主义政治发展道路，关键是坚持党的领导、人民当家作主、依法治国有机统一。其中，最根本的是坚持党的领导，本质要求是人民当家作主，基本保障是依法治国，三者相互配合、相辅相成，统一于中国特色社会主义政治发展道路的伟大实践之中。

历史证明，中国特色社会主义政治发展道路是历史的选择、人民的选择，是符合中国国情、实现人民当家作主的唯一正确道路。

5.关于中国特色社会主义法治的理论

党的十八大以来，以习近平同志为核心的党中央站在党和国家工作全局高度，着眼实现"两个一百年"奋斗目标，立足推进国家治理体系和治理能力现代化的实践，提出了一系列关于法治的新理念新思想新战略，创造性地发展了中国特色社会主义法治理论，形成了习近平法治思想，开启了全面依法治国的新征程。

习近平法治思想主要内容包括坚持党对全面依法治国的领导，坚持以人民

① 习近平：《关于坚持和发展中国特色社会主义的几个问题》，《求是》2019年第7期。

为中心,坚持中国特色社会主义法治道路,坚持依宪治国、依宪执政,坚持在法治轨道上推进国家治理体系和治理能力现代化,坚持建设中国特色社会主义法治体系,坚持依法治国、依法执政、依法行政共同推进,坚持法治国家、法治政府、法治社会一体建设,坚持全面推进科学立法、严格执法、公正司法、全民守法,坚持统筹推进国内法治和涉外法治,坚持建设德才兼备的高素质法治工作队伍,坚持抓住领导干部这个"关键少数"。这"十一个坚持"是建设中国特色社会主义法治体系、建设社会主义法治国家的重大战略思想,是全面依法治国的根本遵循和行动指南。

进入新时代,中国特色社会主义法治理论的创新性发展是以习近平同志为核心的党中央对于全面推进依法治国实践的科学总结和理论深化,是对马克思主义经典作家关于国家与法学说的继承和发展,是传承中华法律文化精华、汲取世界法治文明精髓的最新理论成果,也是中华民族为推动当代世界法治文明的进步做出的原创性贡献。

6.关于推进国家治理体系和治理能力现代化的理论

党的十八届三中全会指出,全面深化改革的总目标是完善和发展中国特色社会主义制度,推进国家治理体系和治理能力现代化。适应国家现代化总进程,推进国家治理体系和治理能力现代化,是全面建设中国特色社会主义现代化国家的必然要求,也是关系党和国家事业兴旺发达、国家长治久安、人民幸福安康的重大问题。

中国特色社会主义制度是党和人民在长期实践探索中形成的科学制度体系,我国国家治理一切工作和活动都依照中国特色社会主义制度展开,我国国家治理体系和治理能力是中国特色社会主义制度及其执行能力的集中体现。因此,实现国家治理体系和治理能力现代化理论强调对于中国特色社会主义制度的完善和发展。改革开放以来我国经济快速发展、社会长期稳定,靠的就是制度优势。新冠肺炎疫情防控取得重大成效,也进一步彰显了我国的制度优势。党的十九届四中全会提出了坚持和完善中国特色社会主义制度、推进国家治理体系和治理能力现代化的总体目标:到建党百年时,在各方面制度更加成熟更加定型上取得明显成效;到 2035 年,各方面制度更加完善,基本实现国家治理体系和治理能力现代化;到新中国成立一百年时,全面实现国家治理体系和治理能力现代化,使中国特色社会主义制度更加巩固、优越性充分展现。

因此,在实现国家治理体系和治理能力现代化的征程中,我们要在巩固已经建立起来并经过实践检验的国家根本制度、基本制度、重要制度的基础上继续加强制度创新,加快健全推进国家治理现代化急需的制度、满足人民群众日益增长的美好生活需要所必备的制度,使各方面制度更加科学、更加完善,为党和政府治理国家提供基本制度遵循。在完善的制度体系保障之下，党、国家、社会各项事务的治理更加制度化、规范化和程序化，党的科学执政、民主执政、依法执政水平也得到极大提升。

7.关于新时期爱国统一战线的理论

统一战线作为党的总路线总政策的重要组成部分，是中国共产党凝聚各方面力量，促进政党关系、民族关系、宗教关系、阶层关系、海内外同胞关系的和谐的政治优势和战略方针，是夺取革命、建设、改革事业胜利的重要法宝，是夯实党的阶级基础、扩大党的群众基础、巩固党的执政地位的重要法宝，是全面建设社会主义现代化国家、实现中华民族伟大复兴的重要法宝。

2020 年 12 月 21 日，中共中央发布《中国共产党统一战线工作条例》。条例指出，统一战线是指中国共产党领导的、以工农联盟为基础的，包括全体社会主义劳动者、社会主义事业的建设者、拥护社会主义的爱国者、拥护祖国统一和致力于中华民族伟大复兴的爱国者的联盟。

新时代统一战线工作的指导思想和主要任务是：在中国共产党领导下，以马克思列宁主义、毛泽东思想、邓小平理论、“三个代表”重要思想、科学发展观、习近平新时代中国特色社会主义思想为指导，坚定不移走中国特色社会主义道路，增强“四个意识”、坚定“四个自信”、做到“两个维护”，深入学习贯彻习近平总书记关于加强和改进统一战线工作的重要思想，围绕统筹推进“五位一体”总体布局、协调推进“四个全面”战略布局，积极促进政党关系、民族关系、宗教关系、阶层关系、海内外同胞关系和谐，巩固和发展最广泛的爱国统一战线，为全面建设社会主义现代化国家、实现中华民族伟大复兴服务，为坚持和完善中国特色社会主义制度、推进国家治理体系和治理能力现代化服务，为维护社会和谐稳定、维护国家主权安全发展利益服务，为保持香港、澳门长期繁荣稳定、实现祖国完全统一服务。

新形势下做好统一战线工作的具体要求是：做好民主党派和无党派人士工作，做好党外知识分子工作，做好民族工作，做好宗教工作，做好非公有制经济领域统一战线工作，做好新的社会阶层人士统一战线工作，做好港澳台统一战线工作，做好海外统一战线工作和侨务工作，做好党外代表人士队伍建设工作等，同时加强统战部门建设，尤其是要强化对统战工作的保障和监督。

总而言之，进入新时代，做好新形势下统战工作就是要高举爱国主义旗帜、社会主义旗帜，牢牢把握大团结大联合的主题，正确处理一致性和多样性的关系，不断巩固共同理想的政治基础，同时要充分发扬民主、尊重包容差异，尽可能通过耐心细致的工作找到最大公约数，画出最大同心圆。

8.关于尊重和保障人权的理论

尊重和保障人权是发展社会主义民主政治、建设社会主义政治文明的内在要求。习近平总书记在主持中共中央政治局第三十七次集体学习时强调:尊重和保障人权是中国共产党人的不懈追求。党的百年奋斗史贯穿着党团结带领人民为争取人权、尊重人权、保障人权、发展人权而进行的不懈努力。同时,习近平总书记在总结我国人权事业发展实践的基础上,指出尊重和保障人权理论的六大特征。

(1)坚持中国共产党的领导

中国共产党领导和我国社会主义制度,决定了我国人权事业的社会主义性质,决定了我们能够保证人民当家作主,坚持平等共享人权,推进各类人权全面发展,不断实现好、维护好、发展好最广大人民根本利益。

(2)坚持尊重人民主体地位

人民性是中国人权发展道路最显著的特征。我们保障人民民主权利,充分激发广大人民群众积极性、主动性、创造性,让人民成为人权事业发展的主要参与者、促进者、受益者,切实推动人的全面发展、全体人民共同富裕取得更为明显的实质性进展。

(3)坚持从中国实际出发

我们把人权普遍性原则同中国实际结合起来,从我国国情和人民要求出发推动人权事业发展,确保人民依法享有广泛充分、真实具体、有效管用的人权。

(4)坚持以生存权、发展权为首要的基本人权

生存是享有一切人权的基础,人民幸福生活是最大的人权。我们完整、准确、全面贯彻新发展理念,坚持以人民为中心的发展思想,坚持发展为了人民、发展依靠人民、发展成果由人民共享,努力实现更高质量、更有效率、更加公平、更可持续、更为安全的发展,在发展中使广大人民群众的获得感、幸福感、安全感更加充实、更有保障、更可持续。

(5)坚持依法保障人权

我们坚持法律面前人人平等,把尊重和保障人权贯穿立法、执法、司法、守法各个环节,加快完善权利公平、机会公平、规则公平的法律制度,保障公民人身权、财产权、人格权,保障公民参与民主选举、民主协商、民主决策、民主管理、民主监督等基本政治权利,保障公民经济、文化、社会、环境等各方面权利,不断提升人权法治化保障水平。

(6)坚持积极参与全球人权治理

我们弘扬全人类共同价值,践行真正多边主义,积极参与包括人权在内的全球治理体系改革和建设,推动构建人类命运共同体。

人权是历史的、具体的、现实的，不能脱离不同国家的社会政治条件和历史文化传统空谈人权。评价一个国家是否有人权，不能以别的国家标准来衡量，更不能搞双重标准，甚至把人权当作干涉别国内政的政治工具。以上六个方面的特征充分表明，在推进我国人权事业发展的实践中，我们把马克思主义人权观同中国具体实际相结合，同中华优秀传统文化相结合，总结党团结带领人民尊重和保障人权的成功经验，借鉴人类优秀文明成果，走出了一条顺应时代潮流、适合本国国情的人权发展道路。

（二）如何理解中国特色社会主义政治制度的独特性与优势所在？

“如何理解中国特色社会主义政治制度的独特性与优势所在？”这一问题是深入学习和掌握中国特色社会主义理论与实践相关问题的关键所在，对于青年学生树立制度自信有着深远意义。

习近平总书记指出：“世界上不存在完全相同的政治制度，也不存在适用于一切国家的政治制度模式。‘物之不齐，物之情也。’各国国情不同，每个国家的政治制度都是独特的，都是由这个国家的人民决定的，都是在这个国家历史传承、文化传统、经济社会发展的基础上长期发展、渐进改进、内生性演化的结果。”因此，“设计和发展国家政治制度，必须注重历史和现实、理论和实践、形式和内容有机统一。要坚持从国情出发、从实际出发，既要把握长期形成的历史传承，又要把握走过的发展道路、积累的政治经验、形成的政治原则，还要把握现实要求、着眼解决现实问题，不能割断历史，不能想象突然就搬来一座政治制度上的‘飞来峰’”。①

中国特色社会主义政治制度正是新中国成立以来中国共产党领导全国各族人民历经70余年的不断探索、发展和创新建立的世界上独一无二的政治制度体系，包括人民代表大会制度、中国共产党领导的多党合作和政治协商制度、民族区域自治制度以及基层群众自治等基本政治制度，还包括我国独特的国家元首制度、选举制度、行政制度、监察制度、司法制度、军事制度、特别行政区制度等构成的具体政治制度。中国特色社会主义政治制度的独特性源自中国独特的国情基础、文化传统、历史积淀以及发展道路，其核心是中国共产党的领导和人民当家作主。在推进社会主义现代化建设事业的奋斗过程中中国特色社会主义政治制度的独特性在政治、经济、文化、军事、外交等方方面面得以充分展现。正因其具有的独特性，中国特色社会主义政治制度也具备了一系列十分重要的比较优势。

---

① 习近平：《在庆祝全国人民代表大会成立60周年大会上的讲话》，人民出版社2014年版，第16、15页。

1.局面稳定体现治理优势

政治制度对一个国家稳定局面的形成和维护具有十分重要的意义。稳定局面主要涵盖政治稳定和社会稳定，其中政治稳定主要体现在党和国家政治生活的制度化，以及党的执政理念、国家发展目标、发展规划和重大政策的连续性；而社会稳定主要体现在社会规范的广泛有效性和社会冲突的高可控性，其直接体验就是社会公道正义的实现感和人民生命财产的安全感。可以说政治稳定和社会稳定是保障经济社会发展的基石，稳定就如同与我们生命息息相关的空气，虽然摸不到，但是时刻离不开。当今世界面临百年未有之大变局，威胁国家发展和世界安定的因素依然存在。在这种局面下，和平稳定成为世界各国人民共同期盼的全球治理的公共产品。

在世界大国及主要政党中，中国共产党尤其珍视制度治理下的政治稳定和社会稳定。在中国现代化建设推进过程中，中国共产党始终从国家发展的实际需要出发进行制度选择和制度建设，以制度的有效性增进制度的合理性，并且在制度建设与发展中始终坚持稳定是大局、稳定压倒一切的总方针，不断将制度优势转化为治理优势，与全国人民一道共同维护我国的稳定大局，全力保障社会的安定团结和政治的民主有序，为全体中国人民营造出了安定的生存环境，为经济社会的发展创造良好的社会秩序，使人民的安全感、获得感和幸福感在稳定的环境中得到全面提升。这种稳定的局面源自中国共产党的历史担当，源自全体人民在中国共产党领导下对于中国特色社会主义政治制度的不断探索和发展，这既体现了中国共产党对人民的责任心，也体现了中国共产党对于推进人类社会文明进步的公益心。相比于世界上许多国家的社会撕裂与对立、社会动荡和冲突、混乱与战争给人民造成的安全威胁和生存挑战，我们更能深刻认识到“我们生存在一个稳定的国家，而不是生存在一个稳定的世界”。新中国成立70多年尤其是改革开放40多年我国社会主义现代化建设取得的辉煌成就充分验证了中国特色社会主义政治制度的先进性和优越性。

中国的发展是在中国特色社会主义政治制度下执政党激发和汇聚民智民力，合理调配资源，有效组织、推动和保障国家经济社会发展取得的伟大成果。习近平总书记指出：“这样一套制度安排，能够有效保证人民享有更加广泛、更加充实的权利和自由，保证人民广泛参加国家治理和社会治理；能够有效调节国家政治关系，发展充满活力的政党关系、民族关系、宗教关系、阶层关系、海内外同胞关系，增强民族凝聚力，形成安定团结的政治局面；能够集中力量办大事，有效促进社会生产力解放和发展，促进现代化建设各项事业，促进人民生活质量和水平不断提高；能够有效维护国家独立自主，有力维护国家主权、安全、发展利益,维护中国人民和中华民族的福祉。”[①]在中国特色社会主义政治制度框架下所形成的稳定的治理环境为中国人民逐步确立制度自信奠定了坚实基础。

2.人民真正当家作主体现制度优势

尊重人民主体地位,保证人民当家作主,是中国共产党的一贯主张,也是中国特色社会主义政治制度的核心精神。2012 年 12 月 4 日,习近平总书记在首都各界纪念现行宪法公布施行 30 周年大会上的讲话中指出:“改革开放以来,我们党团结带领人民在发展社会主义民主政治方面取得了重大进展,成功开辟和坚持了中国特色社会主义政治发展道路,为实现最广泛的人民民主确立了正确方向。”[②]在中国特色社会主义制度体系中,根本政治制度和基本政治制度作为当代中国政治制度最主要的构成、中国特色社会主义政治制度的主体部分,广泛代表社会不同阶层、不同群体的利益。人民代表大会制度是根本政治制度,也是坚持党的领导、人民当家作主、依法治国有机统一的根本制度安排和载体,其宗旨是人民当家作主,核心精神是民主。在基本政治制度中,中国共产党领导的多党合作和政治协商制度是我国民主的特有形式,其关键是党的领导,其核心精神是党的领导与协商合作;民族区域自治制度的宗旨是国家统一与少数民族同胞当家作主的平衡,其核心精神是民族团结;基层群众自治制度的宗旨是人民在生活中当家作主,其核心精神是民主和参与,其政治保障是党的坚强领导。总的来说,中国特色社会主义政治制度在制度设计和运行当中都充分体现了对人民当家作主地位的尊重和保障。

同时,中国也用民主实践证明中国特色社会主义政治制度是人类政治制度史上的伟大创造,是中国共产党以人民中心思想在政治上的深刻反映。在中国特色社会主义政治制度框架下,中国共产党不断扩大和巩固执政基础,兼顾群众性、阶层性,代表中国最广大人民的整体利益、根本利益、长远利益,在协调不同社会群体利益诉求、整合兼顾不同社会群体利益中发挥了领导与引导作用,真正做到了来自人民、依靠人民、全心全意为了人民。中国特色社会主义政治制度的优势反映在重大决策中,就是决策科学化民主化水平的提高,既通过汇集众思、广纳群言提高了决策的科学性,也保证了议而能决、决而能行的决策效率,避免了竞争性政治体制下决策效率低下、权力各方掣肘的弊端。中国用政治实践向世界证明,中国特色社会主义政治制度是“符合中国国情和实际、体现

① 习近平:《在庆祝全国人民代表大会成立 60 周年大会上的讲话》,人民出版社 2014 年版,第 18 页。

② 习近平:《在首都各界纪念现行宪法公布施行 30 周年大会上的讲话》,人民出版社 2012 年版,第 6 页。

社会主义国家性质、保证人民当家作主、保障实现中华民族伟大复兴的好制度”[①],中国式民主行得通、很管用。再看一些宣扬所谓“民主”的资本主义国家,受资本主义政治制度的影响,广大基层民众的利益在执政党代表的利益集团面前被忽略,民众因权利得不到有效保障和尊重反抗情绪不断高涨,不同社会群体之间的对立和分化日益严重,种族矛盾、阶级矛盾、贫富差距等社会问题引发的骚乱此起彼伏,甚至引发与政府的冲突,这为那些所谓“民主国家”的持续发展埋下了隐患。

3.政治认同体现思想优势

政治认同是一种心理现象,它在与政治权利发生关系的过程中产生。政治认同不仅可以使公民认同本国执政者的政治思想,使公民树立共同的政治信仰、共同的政治目标,有利于政治体制的维护和巩固,而且也有利于该国执政政治权力的政治组织及政治制度获得合法性,提高执政政治权力组织的制度化程度。政治认同是合法性的前提,有了政治认同,合法性才能存在,政治过程才能得到公民的积极参与和支持,方针政策也能够得到更好的贯彻落实。而意识形态是政治认同的意识性资源,它能够潜入人们心底,使人们承认某种政治权力,并将该政治权力的存在与权威视为当然。因此,意识形态是政治认同最初的构成因素,也是影响政治认同的持久因素,其在政治认同中具有不可或缺性,意识形态安全关系到政权的合法性和执政基础。

中国共产党自成立之日起就重视社会主义意识形态安全,在革命、建设和改革等不同时期面对复杂的意识形态安全形势,始终坚持马克思主义在意识形态领域的指导地位,不仅在实践中不断推进马克思主义与中国国情结合、与时代结合,发展当代中国的马克思主义,特别是新时代背景下诞生了习近平新时代中国特色社会主义思想,使社会主义意识形态始终牢牢占据社会意识形态的主流,广大人民群众在思想上和行动上高度统一,在党的坚强领导下创造了一个又一个奇迹,成功抵御了西方颠覆势力对中国意识形态发起的攻击,成功应对了来自意识形态领域的挑战和考验。面对意识形态领域的斗争,中国共产党始终高举共产主义远大理想和中国特色社会主义共同理想旗帜,在以人民为中心执政理念的指导下不断完善和发展中国特色社会主义政治制度,使其在推进国家治理体系和治理能力现代化的进程中充分彰显中国特色社会主义的政治制度优势和治理优势,进而在全体人民中不断巩固对党的领导与社会主义政治制度的政治认同,巩固中国经济社会持续发展和民生福祉不断改善的利益追求,巩固国家富强之梦和个人幸福之梦有机统一的行动准则,使社会主义的意

---

① 习近平:《在庆祝全国人民代表大会成立60周年大会上的讲话》,人民出版社2014年版,第5页。

识形态牢牢占据主流，对团结社会、凝聚人心发挥了至关重要的作用，维护了中国社会思想上的团结统一。

4.集中力量办大事体现组织优势

当前，世界很多国家都在感叹在中国共产党的领导下中国完成了抗击新冠肺炎疫情等很多几乎不可能完成的大事。中国之所以能办成这么多大事，能够让其他国家敬佩，从根本上说是因为中国具有集中力量办大事的组织优势。习近平总书记强调："我们最大的优势是我国社会主义制度能够集中力量办大事。这是我们成就事业的重要法宝。"①

在中国特色社会主义政治制度框架下，中国社会的组织化水平得以全面提升，中国近代史上"一盘散沙，各自为战"的混乱局面得以彻底终结，中国社会正朝着有序化、组织化的方向前进。中国社会之所以能够在革命、建设以及改革等不同时期得以有效组织、凝心聚力干事业，能够在面临复杂局面时从容有效应对，根本上得益于有一个强有力的组织核心——中国共产党。中国共产党自成立之日起，就尤为重视组织力建设，并将党的组织建设作为党的核心工作常抓不懈。革命时期，中国共产党依托强大的组织力将受压迫的人民群众组织起来，将一切能够联合的力量团结起来，将各方力量凝聚在一起来对抗共同的敌人帝国主义、封建主义和官僚资本主义，最终取得了新民主主义革命的胜利。新中国成立后，我国作为后发国家要实现对先进国家的追赶，首先需要组织动员全国人民齐心协力搞建设、一心一意谋发展。在根本政治制度和基本政治制度的框架下，中国共产党通过不断吸纳中华民族先进分子来推进组织建设、保持自身的先进性，通过党的先进思想理论体系和推进政治、思想建设来保证全党在思想上团结统一，重点强化政治纪律和组织纪律，带动廉洁纪律、群众纪律、工作纪律、生活纪律严起来，使全体党员、党的中央机构、党的地方组织和基层组织共同构成有机的统一整体，使党具备强大政治领导力、思想引领力、群众组织力、社会凝聚力，中国共产党也成为工人阶级的先锋队、中国人民和中华民族的先锋队以及中国特色社会主义事业的领导核心和组织核心。

"党政军民学，东西南北中，党是领导一切的。"党的领导制度是我国的根本领导制度，能够确保党始终发挥总揽全局、协调各方的领导核心作用，避免各自为政、各行其是。到2021年底，中国共产党已经由成立之初仅有50多名党员的一个小党成长为拥有9600多万名党员、490多万个基层党组织的世界第一大政党，党与国家机构、与中国社会方方面面的组织之间建立起紧密的联系，从国家层面一直延伸至基层，强大的组织能力和凝聚力将推动经济社会发展的各方

① 《习近平谈治国理政》第2卷，外文出版社2017年版，第274页。

面力量充分整合在党的领导下，形成全国一盘棋的局面，这为中国共产党担负起领导中国人民实现社会主义现代化和中华民族伟大复兴的历史使命奠定了坚实的组织基础。与此同时，民主集中制作为党的根本组织原则和领导制度，强调民主基础上的集中和集中指导下的民主相结合，为在充分发扬民主的基础上集中各方面力量、调动各方面积极性创造了条件。人民代表大会制度、中国共产党领导的多党合作和政治协商制度等营造的民主氛围更能统筹兼顾不同利益群体的合理诉求，避免党派纷争掣肘，防止特殊利益集团干扰。正是在中国特色社会主义政治制度的框架下，党才能够带领人民群众集中力量办大事。反观一些多党制国家，受制于政党背后的利益集团，在选举过程中各个政党打着民主的旗号为各自利益集团服务，广大人民群众的利益往往被忽视。这样一来，执政党非但不能够有效地组织、动员民众集中力量做一件事情，反而会导致社会矛盾不断加剧，国家的发展也因此停滞不前。

习近平总书记指出："中国特色社会主义政治制度之所以行得通、有生命力、有效率，就是因为它是从中国的社会土壤中生长起来的。"①中国特色社会主义政治制度是在充分适应中国国情的基础上形成的，其具备的制度优势为中国共产党担当起历史和人民所赋予的伟大使命，继续推进现代化强国建设和推动构建人类命运共同体的历史任务的完成，进而使中国能够在激烈的国际竞争和风云变幻的国际环境中立于不败之地提供了坚实的政治保障。因此，我们要毫不动摇地走中国特色社会主义政治发展道路，推进党的领导、人民当家作主和依法治国的有机统一，长期坚持、全面贯彻、不断发展人民代表大会制度、中国共产党领导的多党合作和政治协商制度、民族区域自治制度、基层群众自治制度，发展社会主义协商民主，巩固和发展最广泛的爱国统一战线，扩大人民群众有序政治参与，保证人民广泛有序参与国家治理和社会治理，进而形成生动活泼、安定团结的政治局面。

（三）如何理解人民民主是一种全过程民主？

2019 年 11 月 2 日，习近平总书记在上海长宁区虹桥街道考察全国人大常委会法制工作委员会基层立法联系点时指出："我们走的是一条中国特色社会主义政治发展道路，人民民主是一种全过程的民主，所有的重大立法决策都是依照程序、经过民主酝酿，通过科学决策、民主决策产生的。"②这是习近平总书记第一次做出人民民主是一种全过程民主的重要论断。2021 年 7 月 1 日，习近

① 习近平：《在庆祝全国人民代表大会成立 60 周年大会上的讲话》，人民出版社 2014 年版，第6 页。

② 习近平：《中国的民主是一种全过程的民主》，http://www.xinhuanet.com/politics/leaders/2019—11/03/c_1125186412.htm。

平总书记在纪念中国共产党成立100周年庆祝大会上的讲话中又进一步强调："践行以人民为中心的发展思想，发展全过程人民民主。"[①]这一重要论断是对中国特色社会主义民主政治理论的重大创新。深入学习和领会这一重大创新观点，对于学生科学认识我国全过程人民民主的内涵、理解全过程人民民主与资产阶级民主的区别，进而引导学生增强道路自信具有重要意义。

1.人民民主是一种全过程人民民主

民主不是抽象的，而是具体的、历史的。资产阶级民主是建立在生产资料私有制的基础上，是少数拥有生产资料的资产阶级所享有的民主，主要体现在周期性的选举实践中。因此，西方一些理论家也将资产阶级民主的内涵归结为选举。比如熊彼特将民主定义为"民主方法就是那种为作出政治决定而实行的制度安排，在这种安排中某些人通过争取人民选票取得作决定的权力"。这一观点实质上是将民主和选举等同起来，所以在这样的制度安排下，选票成为资本、权力争夺的关键，这也使各政党不得不暂时喊出迎合部分民众的利益诉求的口号。但这些附带前提条件的宣传口号在本质上并不能说明由选举产生的政权真正能够代表广大人民群众的利益，因为那些为获得选举胜利而被迫做出的有利于民生的政策主张只是资本拥有者不得不付出的代价，其真正目的是借助暂时的妥协获得更多的选票，并由此获取政治权力。资产阶级在掌握政治权力以后，便让权力更好地为资本服务，以获取更多的利益，而当初投票的民众即使对执政党的政策存疑，也只能接受"选"出来的政府，并进入等待被下一次投票唤醒的政治休眠期。这种在资本主义国家推行的选举的时候被激活，选举结束之后便进入休眠期的民主实践形式，可以称为"休眠式民主"或者"间歇式民主"。这种看似热闹的民主其本质只是建立在少数人利益基础上的"民主"，整个民主过程并未真正回应人民需要解决的问题。

相比之下，全过程人民民主是建立在以生产资料公有制为主体的经济基础上的民主，是为绝大多数人所享有的真实的、广泛的民主，是不同于西方民主的新型民主形态，其本质是人民当家作主。习近平总书记指出："民主不是装饰品，不是用来做摆设的，而是要用来解决人民要解决的问题的。"[②]因此，评判一种民主制度的标准在于实效。民主不仅表现为形式上的民主生活方式或民主程序，更重要的是要落实在回应人民诉求、解决人民困难上。只有人民群众切实从民主过程中切实获得益处，只有人民意志和利益诉求通过民主过程得到有效回应和满足，才能证明这种民主是一种有真实有效的民主，是"管用"而且"好

---

① 习近平：《在庆祝中国共产党成立100周年大会上的讲话》，人民出版社2021年版，第12页。

② 习近平：《在庆祝中国人民政治协商会议成立65周年大会上的讲话》，人民出版社2014年版，第18页。

用”的民主。我国的全过程人民民主更加强调民主实效，切实维护人民群众根本利益。为有力保障人民真正行使当家作主的权利，全过程人民民主通过一系列制度创新、法律修订和程序完善，真正使民主选举、民主协商、民主决策以及民主管理、民主监督等各个政治参与环节形成闭环，贯穿整个政治生活的全过程，民主原则在政治生活中得以全面展现。在民主实践中，借助这一中国特色的民主形式，人民群众围绕涉及自身利益的实际问题发表意见建议，并借助广泛协商使各方面的制度和国家治理能更好地体现人民意志、保障人民权益、激发人民创造热情，同时这种和谐的民主氛围也使不同利益得到协调，社会矛盾得到化解，人民当家作主的社会主义民主理念也得以真正落到实处。

在我国，人民是国家的主人，也是国家权力合法性与神圣性的来源。我国宪法规定，中华人民共和国的一切权力属于人民。人民依照法律规定通过各种途径和形式管理国家事务，管理经济和文化事业，管理社会事务。“一切”和“各种”这两个关键词进一步明确了我国的社会主义民主具有“参与过程的完整性”“参与主体的人民性”以及“参与领域的全面性”的属性，这三个属性有效确保了我国的各项权力源自人民、服务人民并且保障人民，全过程人民民主是真实管用的民主。

2.中国共产党的领导是全过程人民民主的根本保证

自 1921 年中国共产党诞生之日起，中国便点亮了民主之光。新民主主义革命时期，党领导人民为争取民主、反抗压迫进行了艰苦卓绝的斗争，直到新中国成立，中国人民真正成为国家的主人，中国民主发展进入了新纪元。1954 年 9 月，新中国第一部宪法颁布，宪法确立了人民代表大会制度、中国共产党领导的多党合作和政治协商制度、民族区域自治制度，为人民当家作主的落实构筑起法律原则、制度框架，中国的民主大厦初步建成。进入改革开放和社会主义现代化建设新时期，党领导人民坚定不移推进社会主义民主法治建设，坚持中国特色社会主义政治发展道路，坚持党的领导、人民当家作主、依法治国有机统一，积极稳妥推进政治体制改革，巩固和发展人民代表大会制度，进一步完善中国共产党领导的多党合作和政治协商制度、民族区域自治制度、基层群众自治制度等基本政治制度，民主发展的政治制度保障和社会物质基础更加坚实。党的十八大以来，以习近平同志为核心的党中央立足新的历史方位，深刻把握中国社会主要矛盾发生的新变化，积极回应人民对民主的新要求新期盼，深刻吸取古今中外治乱兴衰的经验教训，全面总结中国民主发展取得的显著成就，团结带领人民发展全过程人民民主，中国的民主发展进入历史新时期。全过程人民民主展示出勃勃生机和强大生命力，中国人民的民主自信更加坚定，中国的民主之路越走越宽广。全过程人民民主是中国共产党百年征程上矢志追求民主、发展民主、实现民主的伟大创造，是党不断推进中国民主理论创新、制度创新、实践创新的经验的结晶。因此，坚持党的领导是发展全过程人民民主的根本政治保证，也是确保全过程人民民主顺利运行的主轴。

坚持党的领导才能确保全过程人民民主始终沿着正确方向发展。中国共产党自成立之日起，便将人民民主写在自己的旗帜上。早在 1945 年 7 月，毛泽东在回答黄炎培关于跳出历史周期律的问题时便指出："我们已经找到新路，我们能跳出这周期率。这条新路，就是民主。只有让人民来监督政府，政府才不敢松懈。只有人人起来负责，才不会人亡政息。"[①]在不同历史时期，中国共产党始终坚持以人民为中心，制定一切路线方针政策都坚持充分发扬民主，注重调查研究，坚持从群众中来到群众中去的工作路线，把人民群众满意不满意、高兴不高兴、答应不答应作为工作的出发点和落脚点，真正做到为人民执政、靠人民执政。在治国理政的过程中，党充分发挥总揽全局、协调各方的领导核心作用，将人民群众有效组织起来，依法有序参与全过程人民民主实践，切实保证人民有效参与国家治理活动，保证人民民主的理念贯彻到国家政治生活和社会生活的方方面面，进而密切同人民群众的联系，凝聚起最广大人民的智慧和力量。同时，党坚持党内民主，实行民主选举、民主决策、民主管理、民主监督，积极以党内民主带动和促进人民民主的发展。正是在党的坚强领导下，我们才成功走出一条符合中国国情和人民期盼的全过程人民民主之路。因此，只有始终不渝地坚持党的领导，才能确保全过程人民民主在运行实践中不跑偏、不走样、不变形，才能更好地展现全过程人民民主的优越性。

3.全过程人民民主具有科学的制度安排

民主是一种理念，也是政治文明进步的重要体现，要使美好的民主理念转变为现实，离不开一套完整的制度规范。民主制度程序能否有效保障人民切实有效参与政治生活是衡量一个国家的民主真伪的重要标准。中国共产党自成立以来，为将人民当家作主的民主理念真正落到实处，进行了艰辛的探索和努力，保障人民当家作主的制度体系不断完善，使人民民主真正发展成为真实有效的全过程民主。

历经百年探索，当前我国已构建起由人民代表大会制度、中国共产党领导的多党合作和政治协商制度、民族区域自治制度以及基层群众自治制度等共同构成的一整套全面、广泛、有机衔接的人民当家作主制度体系，构建了多样、畅通、有序的民主渠道，有效保证了党的主张、国家意志、人民意愿相统一，有效保

① 中共中央文献研究室编：《毛泽东年谱（一八九三——一九四九）》中册，中央文献出版社 2013 年版，第 611 页。

障全过程人民民主在民主实践中真实有效。

首先，人民代表大会制度是发展全过程人民民主、保证中国人民当家作主的重要途径和最高实现形式。我国宪法规定，全国人民代表大会和地方各级人民代表大会，都由民主选举产生，对人民负责，受人民监督。国家行政机关、监察机关、审判机关、检察机关都由人民代表大会产生，对它负责，受它监督。透过宪法内容，可见人民代表大会制度承载着党的初心和使命，是发展全过程人民民主、落实人民当家作主的最有力的支持。在中国共产党的领导下人民代表大会发挥了民主主渠道的作用，在选举、协商、决策、管理、监督的各个政治活动环节都强调坚持民主原则，人大各项工作都能体现人民意志、维护人民利益、激发人民创造。由此可见，人民代表大会制度是实现我国全过程人民民主的重要制度载体，为发展和践行全过程人民民主提供了可靠制度保障，也为其他制度建设提供了根本政治制度基础和指明了正确方向。

其次，中国共产党领导的多党合作和政治协商制度是推动全过程人民民主的中国新型政党制度。在人民民主的旗帜下，中国共产党与八个民主党派长期共存、互相监督、肝胆相照、荣辱与共。在中国共产党的领导下，各民主党派同中国共产党紧密合作并成为中国共产党的好参谋、好帮手、好同事。中国共产党和各民主党派、无党派人士以会议协商、约谈协商、书面协商等形式，就国家和地方重大政策和重要事务进行协商，充分体现了中国特色社会主义民主有事多商量、遇事多商量、做事多商量的特点和优势。通过民主协商，使民主党派参与国家重大方针、政策、法律、法规的制定和执行，参与国家重大政治问题和国家机构领导人选的协商，全过程参与国家事务的管理，并对中国共产党及其领导下的国家机关工作进行监督。这一系列程序化、规范化的制度设计不仅能够把各个政党和无党派人士紧密团结起来，而且能够真实、广泛、持久代表和实现最广大人民根本利益、全国各族各界根本利益。

再次，民族区域自治制度是我国全过程人民民主制度体系中的重要一环。民族区域自治制度是指在国家统一领导下，各少数民族聚居的地方实行区域自治，设立自治机关，行使自治权的制度。这项基本政治制度既符合我国多民族国家的国情，也符合各族人民根本利益，是现代国家处理民族关系的一种创新性民主制度实践。实行民族区域自治，从制度和政策层面保障了少数民族公民享有平等自由权利以及经济、社会、文化权利，极大增强了各族人民当家作主的自豪感、责任感，极大调动了各族人民共创中华民族美好未来、共享中华民族伟大荣光的积极性主动性创造性。在这一制度框架下，中华民族大团结的局面不断巩固，各族人民交往交流交融日益广泛深入，平等团结互助和谐的社会主义民族关系不断发展，56 个民族像石榴籽一样紧紧抱在一起，中华民族共同体意识日益增强。

最后，基层群众自治制度为我国民主发展注入活力。针对人口多、地域广，基层治理差异大的具体实际，我国构建起了以村民自治制度、居民自治制度和职工代表大会制度为主要内容的基层群众自治制度。在这一制度的保障下，人民群众在基层党组织的领导和支持下，能够依法直接行使民主权利，实现自我管理、自我服务、自我教育、自我监督，能够直接参与涉及切身利益的各项管理和决策，并在参与过程中充分行使民主权利、表达合理诉求。这一制度设计有效避免了人民形式上有权、实际上无权的现象，极大地增强与提升了基层群众的民主意识和民主能力，增强了基层的民主活力，充分彰显了中国民主的广泛性和真实性。基层群众自治制度的推行，唤醒了基层群众的政治参与热情，使基层治理更加富有活力、更有效率，为建设人人有责、人人尽责、人人享有的基层治理共同体提供了坚实的制度保障。

4.全过程人民民主具有实践支撑

我国发展全过程人民民主，不但有一套完整的制度体系作为保障，而且也有完整的民主实践作为支撑。全过程人民民主实现了选举民主与协商民主有机结合以及民主选举、民主协商、民主决策、民主管理、民主监督的过程相互贯通，参与领域涵盖经济、政治、文化、社会、生态文明等各个方面，民主过程实现了时间上的连续性、内容上的整体性、运行上的协同性以及人民参与上的广泛性和持续性，有效保障了国家政治生活和社会生活各环节、各方面都能体现人民意愿、听到人民声音。

首先，民主选举是实现人民当家作主的重要体现。民主选举是人民通过选举、投票行使权利，选出能够代表自己意愿的人来掌握并行使权力，这是我国民主的一种重要形式。我国的选举具有选举领域的广泛性、参与主体的平等性、选举结果的真实性等特征。因此，我国的民主选举是从我国国情出发，在维护人民当家作主地位的基础上，随着经济社会的发展而不断发展的一种真实有效的民主实践形式。

其次，民主协商是全过程民主的真谛。协商民主是中国共产党在人民民主实践的探索中创造出来的适合中国国情的民主形式，是社会主义民主政治优越性的重要体现。习近平总书记指出："保证和支持人民当家作主，通过依法选举、让人民的代表来参与国家生活和社会生活的管理是十分重要的，通过选举以外的制度和方式让人民参与国家生活和社会生活的管理也是十分重要的。"①

① 中共中央文献研究室编：《十八大以来重要文献选编》(中)，中央文献出版社 2016 年版，第 74 页。

“有事好商量，众人的事情由众人商量，是人民民主的真谛。”①协商民主在实践中引导参与主体在重大决策前和决策过程中进行充分协商，尽可能就共同性问题取得一致意见，这不仅能够保障人民群众有序行使当家作主的权利、促进决策的科学化、民主化，也有利于化解社会矛盾冲突、维护社会和谐稳定，进而巩固和扩大党的执政基础。

再次，民主决策是全过程民主的重要一环。民主决策就是在人民民主根本原则的指导下，人民内部各个利益群体针对特定议题开展广泛商讨、集思广益的过程，也是统一思想、凝聚共识的过程。民主决策作为全过程民主的重要一环，一方面能够广泛吸纳社会公众特别是利益相关方参与决策过程，增强决策的针对性，各方有序、有效的利益表达有益于分散意见的整合，进而在公开、透明的民主氛围下制定出更加科学、合理的决策；另一方面可以让各利益群体借助制度化的协商渠道充分表达利益诉求后达成统一思想，提高决策质量和决策执行效率。

复次，民主管理是全过程民主的有效实现形式。民主管理指的是广大人民弘扬主人翁精神，发挥主体作用，在民主、公平、公开的原则下积极行使民主权利，通过各种政治参与渠道依法有序参与各个层级、各个领域的国家政治生活和社会生活的管理以及城乡社区民主管理、企事业单位民主管理、社会组织民主管理。人民有效参与民主管理推动了人民民主权利落实，保障了人民群众的民主实践，展现了全过程人民民主的现实性。

最后，民主监督是保证全过程民主运行有力保障。权力是一把双刃剑，只有在有效制约和监督下运行才能实现民主、造福人民，如果权力失去约束、恣意妄为必然破坏民主、危害人民。解决权力滥用、权力腐败等问题，关键是要靠科学有效的民主监督。我国从自身国情出发，经过多年的探索，构建起了由人大监督、政协监督、行政监督、监察监督、司法监督、审计监督、财会监督、同级监督、群众监督、舆论监督等组成的有机贯通、相互协调的监督体系。这一监督体系实现了对公权力的无死角监督，有效确保了公权力能够在民主、透明、开放的政治环境下有效运行。

全过程人民民主是党领导人民对中国走什么样的民主道路不断探索与实践的结果，是党领导人民基于自身国情所创建的新型政治文明形态。我国民主政治实践充分表明，中国共产党领导下的全过程民主是最广泛、最真实、最管用的民主，是中国共产党人为推动人类社会政治文明的进步探索出的中国方案。

---

① 习近平：《决胜全面建成小康社会　夺取新时代中国特色社会主义伟大胜利——在中国共产党第十九次全国代表大会上的报告》，人民出版社 2017 年版，第 37～38 页。

三、教育教学建议

（一）教学目标

通过本章节内容学习，使学生能够更加深刻地认识中国特色社会主义政治制度所具备的独特性和制度优势，尤其是对于全过程人民民主有系统的把握，并在此基础上能够真正理解中国特色社会主义政治发展道路是在坚持我国社会主义国家性质，遵循我国作为世界上最大发展中国家的基本国情的基础上，结合以实现人民当家作主为目标做出的正确选择。为实现上述目标，本章教学要以重难点问题为抓手，通过中西方不同政治制度下带来的“中国之治”与“西方之乱”对比案例来全面阐释中国特色社会主义政治道路的优越性以及全过程人民民主的深刻内涵。

（二）教学基本要求

1.理解走中国特色社会主义政治发展道路的历史必然性。
2.把握如何利用制度体系保障人民当家作主。
3.理解人民民主是一种全过程民主。
4.把握走中国特色社会主义法治道路的必然性和科学内涵。

（三）教学方法

在讲授“如何理解中国特色社会主义政治理论的内涵”时，主要采用理论阐释与学生讨论相结合的方法。课堂上，先让学生谈谈对政治理论的理解，并参照政治实践举例说明。之后介绍中国特色社会主义政治理论的形成背景和形成过程和八个方面的具体内容。然后再将中国特色社会主义政治理论八个方面的内容安排学生进行小组讨论，使学生对这一系统理论有初步的理论认知。最后，在前面的基础上，分点讲述中国特色社会主义政治理论的具体内涵，在讲授过程中通过引用大量案例来增强吸引力，提升学习效果。通过学习，使学生能够对中国特色社会主义政治理论有一个全面系统的认知。

在讲授“中国特色社会主义政治制度的独特性与优势”时，采用课堂讨论与教师引导相结合的方法。教师要坚持以学生为中心、课堂为载体，抛出具体案例（比如，抗击疫情中所彰显的中国制度优势）来引导学生参与讨论，以此来提高学生课堂参与度和学习积极性，并且通过中西方在抗击疫情方面取得的具体效果的对比来增强学生对于政治制度独特性与优势的理解和掌握，进而增强青年学生树立制度自信的主动性和自觉性。

在讲授“理解人民民主是一种全过程民主”时，主要采取理论讲授与课堂讨论相结合的方法。在开始讲授前，教师可以设置关于民主对于现代文明的价值等相关问题，引导学生查询资料和思考相关问题。在实际教学过程中，通过设置“全过程民主”与“票选民主”的差异以及中西方民主的对比讨论来提高学生参与度和积极性，进而提升学生对相关知识的学习和理解。最后，通过阐述当今世界的民主发展的整体环境，讲述全过程人民民主这一全新的民主模式与西方传统民主概念的差异，进而认识到全过程人民民主对于推动人类政治文明进步的重要作用。

参考文献

[1]习近平：《决胜全面建成小康社会　夺取新时代中国特色社会主义伟大胜利——在中国共产党第十九次全国代表大会上的报告》，人民出版社 2017 年版。

[2]人民日报评论部：《坚持党的集中统一领导——让我们的制度更加成熟更加定型》，《人民日报》2019 年 11 月 8 日。

[3]求是编辑部：《新时代坚持和完善人民代表大会制度的光辉文献》，《求是》2019 年第 18 期。

[4]《中国共产党统一战线工作条例》，人民出版社 2021 年版。

[5]《中共中央关于党的百年奋斗重大成就和历史经验的决议》，人民出版社 2021 年版。

[6]中华人民共和国国务院新闻办公室：《中国的民主》，人民出版社 2021 年版。

[7]习近平：《坚定不移走中国人权发展道路　更好推动我国人权事业发展》，《人民日报》2022 年 2 月 27 日。

[8]《习近平谈治国理政》，外文出版社 2014 年版。

[9]《习近平谈治国理政》第 2 卷，外文出版社 2017 年版。

[10]《习近平谈治国理政》第 3 卷，外文出版社 2020 年版。

[11]房宁、郭静：《中国特色社会主义政治制度展现独特优势和魅力》，《人民日报》2017 年 3 月 15 日。

[12]胡鞍钢、杨竺松：《中国特色社会主义政治制度的比较优势》，《红旗文稿》2017 年第 21 期。

[13]姜淑萍：《“改革是社会主义制度的自我完善”——对邓小平关于如何

坚持和完善中国特色社会主义制度论述的思考》,《党的文献》2018 年第 3 期。

[14]李章程:《如何理解“众人的事情由众人商量”》,《学习时报》2018 年 5 月4 日。

[15]洪晓楠:《集中力量办大事的显著优势》,《人民论坛》2020 年第 Z2 期。

[16]肖立辉:《全过程人民民主的理论逻辑与体系框架》,《人民论坛》2022 年第 1 期。

第五章　新时代中国特色社会主义文化建设

习近平总书记指出："在5000多年文明发展中孕育的中华优秀传统文化，在党和人民伟大斗争中孕育的革命文化和社会主义先进文化，积淀着中华民族最深层的精神追求，代表着中华民族独特的精神标识。"①如何进一步讲解阐释新时代中国特色社会主义文化建设问题，必须讲清楚中华文化积淀的精神追求和丰厚滋养，讲清楚中国特色社会主义文化为什么有理由自信，讲清楚如何坚持马克思主义基本原理同中华优秀传统文化的结合，讲清楚社会主义核心价值观"一元主导"与多元化思潮的关系。

一、学生和教师的认知状况

在对本章重点难点问题的调查分析报告中，发放问卷5213份，回收问卷5213份（回收率100%），回收有效问卷5213份（有效率100%）。其中，教师版问卷发放115份，回收115份（回收率100%）；回收有效问卷115份（有效率100%）。学生版问卷发放5098份，回收5098份（回收率100%）；回收有效问卷5098份（有效率100%）。使用的统计工具为国内外社会调查界通用的SPSS22.0高级统计分析软件。

任课教师选择中，"如何认识社会主义核心价值观'一元主导'与多元化思潮的关系？"作为重点问题占比为13.04%，作为难点问题占比24.35%。"如何坚持马克思主义基本原理同中华优秀传统文化相结合？"作为重点问题占比为6.09%，作为难点问题占比为24.35%。"中国特色社会主义文化为什么有理由自信？"作为重点问题占比为6.96%，作为难点问题占比为15.65%。

任课学生选择中，"如何认识社会主义核心价值观'一元主导'与多元化思

① 习近平：《坚定文化自信，建设社会主义文化强国》，《求是》2019年第12期。

潮的关系?"作为重点问题占比为14.52%,作为难点问题占比为19.6%。"如何坚持马克思主义基本原理同中华优秀传统文化相结合?"作为重点问题占比12.75%,作为难点问题占比为17.03%;"中国特色社会主义文化为什么有理由自信?"作为重点问题占比为11.67%,作为难点问题占比为13.38%。

不同学科学生最感兴趣占比前三的问题中有两个问题相同,其中一个问题与任课教师选择中占比第二的难点问题相同,即"新时代中国特色社会主义文化理论与制度如何为建设文化强国提供理论指南与制度保障?";最困惑占比前三的问题相同,但排序略有差异,其中有两个问题与任课教师选择中占比并列第一的两个难点问题相同,即"如何认识社会主义核心价值观'一元主导'与多元化思潮的关系?"、"如何坚持马克思主义基本原理同中华优秀传统文化相结合?"。

不同层次高校学生最感兴趣占比前三的问题中有两个问题相同,即"新时代中国特色社会主义文化理论与制度如何为建设文化强国提供理论指南与制度保障?"、"为什么要坚持马克思主义在意识形态领域的指导地位?",这与任课教师选择中占比前二的两个问题一致;最困惑占比前三的问题相同,但排序略有差异,其中有两个问题与任课教师选择中占比并列第一的两个难点问题相同,即"如何认识社会主义核心价值观'一元主导'与多元化思潮的关系?"、"如何坚持马克思主义基本原理同中华优秀传统文化相结合?"。

综合以上情况,将"中国特色社会主义文化为什么有理由自信?"、"如何认识社会主义核心价值观'一元主导'与多元化思潮的关系?"、"如何坚持马克思主义基本原理同中华优秀传统文化相结合?"作为本章的教学重难点问题。

二、重难点问题解析

(一)中国特色社会主义文化为什么有理由自信?

在多元文化的相互激荡中,大学生如果缺乏文化自信就可能在价值取向、政治认同、伦理规范上出现偏差,进而极大地影响大学生的行为选择。因此,在多元文化背景下增强大学生的文化自信,是大学生思想政治理论课理论育人的必然选择。自信出凝聚力,自信出感召力,自信出战斗力,"没有高度的文化自信,没有文化的繁荣兴盛,就没有中华民族伟大复兴"①。文化自信是党的重要的创新话语,彰显了中国共产党人的发展底气、创新锐气、文化志气,这是中国

① 中共中央党史和文献研究院编:《十九大以来重要文献选编》(上),中央文献出版社2019年版,第29页。

特色社会主义文化体系发展历程中里程碑式的最强音，让中国特色社会主义文化在现实呼应、时代召唤、未来观照中历久弥新。全面建设社会主义现代化国家需要坚定中国特色社会主义文化自信，实现中华民族伟大复兴的中国梦需要我们胸怀理想信念，不动摇、不懈怠、不折腾，要切实发挥中国特色社会主义文化自信的精神内核作用，在中国特色社会主义文化自信中走近中华民族伟大复兴的中国梦。

相比于具体的民族精神、时代精神，中国特色社会主义文化自信作为精神动力具有相对的特殊性，这种特殊性根源于中国特色社会主义文化体系作为党长期指导思想的文化地位。从全面建设社会主义现代化国家的精神动力构成的逻辑关系看，文化自信与民族精神、时代精神相互关联和影响，共同发挥精神动力的实效性，而中国特色社会主义文化自信又成为精神动力的内核和灵魂。“文化自信”简言之就是对中国特色社会主义文化体系的认同和坚信，包含“什么文化给予人自信”和“文化自信给予人什么”两个基本问题，在文化创新发展基础上，文化自信最终应被学生内化为自觉的精神动力。

全面建设社会主义现代化国家的实现离不开文化指导，离不开文化自信生成的精神动力。中国特色社会主义文化自信的精神动力贯穿于中国特色社会主义文化实践——认识——再实践的发展历程，根源于中国特色社会主义文化体系的科学性、实践性、传承性、认同性，彰显于文化对中国特色社会主义规律的深化认识、对国内外现实的动态观照、对本民族历史和文化的包容吸纳以及被群众自觉地学习运用。随着对中国特色社会主义认识的深化和中国特色社会主义实践的推进，中国特色社会主义文化自信不断增强。“一个民族想要站在科学的最高峰，就一刻也不能没有理论思维。”[①]文化自信给予人们文化观点和文化发展的坚定不移的信念，这种自信转化为精神力量助推实现整个民族的宏伟理想。要清醒地认识到文化自信在广度和强度层面仍存在较大的提升空间，要坚定中国特色社会主义文化自信，推动全面建设社会主义现代化国家实现。

1.讲清楚文化自信要厘清文化认同与文化自觉的关系

社会的良性运行离不开一套成熟的价值标准，同时价值标准要成为人们的外在约束和行动指南，从而有效预防和解决价值错乱引发的社会不稳定和活力缺失。“价值所反映的是每个人所需求的东西……或者反映的是人们心中关于美好的和正确事物的观念，以及人们‘应该’做什么而不是‘想要’做什么的观

① 《马克思恩格斯选集》第3卷，人民出版社2012年版，第9页。

念。”[①]中国特色社会主义文化自信建立的前提就是价值标准差异性的弱化，在中国特色社会主义文化体系的学习和熏陶中，大学生群体对主流意识形态的认知不断强化，趋同性的价值理念不断增强。文化自信会为大学生提供一整套成熟的价值体系，这套价值体系也由于自身的完备和党的领导地位而居于优势地位，能很好地发挥现实的功效。

精神动力的发挥需要价值引领，而文化自信很好地承担起这一功能。我国正处于社会变革的关键时期，同时外部世界的纷繁复杂与信息化大数据时代的到来也给现实社会带来巨大冲击，经济体制、社会结构、利益格局、人们的生活方式都在发生着深刻而迅速的变化，大学生群体的思想不再单一化，而是变得更加复杂多样。我们必须清醒地认识到，社会思潮如果失去有效的控制，将会激化社会潜在矛盾，给国家稳定埋下隐患。中国特色社会主义文化体系作为精神动力，要规避可能的思想风险，要以文化自信影响人，使文化更好地发挥价值引领功能，从而渐进培养大学生群体的核心价值观。

要坚持中国特色社会主义文化体系的科学性，全面建成社会主义现代化国家离不开文化本身对社会发展内在规律的深化认识。“世界的真正的统一性在于它的物质性。”[②]认识把握人、自然、社会、世界，就要按照它们本身所呈现的样子来理解，从事物本身的联系来把握其背后的规律。中国特色社会主义文化体系的科学性，体现在对中国共产党执政规律、社会主义建设规律、人类社会发展规律的认识总结，是中国特色社会主义文化体系永葆生命力的根本所在。坚持以实事求是的态度来认识社会发展的内在规律，才能切实显示中国特色社会主义文化体系的科学价值。全面建设社会主义现代化国家，离不开文化对中国特色社会主义规律的遵循。其一，围绕“建设什么样的党，怎样建设党”的主题，深化认识中国共产党执政规律。中国共产党的执政地位是历史和人民的选择，其包含党对“对内—自身建设”和“向外—依法执政”两个关联性维度的规律性认识，具体表现在执政主体与客体关系、执政目标理念与贯彻落实关系、执政规范运行与保障机制关系、执政自身能力与外部环境关系等方面。其二，围绕“建设什么样的社会主义，怎样建设社会主义”“实现什么样的发展、怎样发展”等主题，加深对社会主义建设规律的认识。社会主义建设规律是社会主义国家立足初级阶段国情，逐步向共产主义社会高级阶段迈进的规律，具体包括：社会形态——普遍性与特殊性相统一；目标指向——科学性与价值性相统一；贯通全程——连续性与阶段性相统一；现实推进——前进性与曲折性相统一；推动力量——客观必然性和主体能动性相统一；实现结果——社会发展与人的发展相

① ［美］杰克·普拉诺等：《政治学分析辞典》，胡杰译，中国社会科学出版社1986年版，第187页。

② 《马克思恩格斯选集》第3卷，人民出版社2012年版，第419页。

统一。其三，围绕社会主义与资本主义的关系以及对共产主义的再认识，深化认识人类社会发展规律。内容包括人类社会是社会化生产不断发展的历史、以科学技术为代表的先进生产力是人类社会发展的动力、经济全球化是人类社会发展的必然趋势、政治民主化是人类社会发展的客观规律等内容。

分析文化自觉和文化自信的关系，要看到二者在推动全面建设社会主义现代化国家中的统一性。这可从两个方面理解，一方面，文化自觉是文化认知和运用转化过程中的基础环节，只有充分的文化自觉才能形成十分的文化自信，要在文化自觉的实践基础上建立起真正的文化自信。一个民族的自觉，首要的是文化的自觉；一个民族文化自信的增强，必然伴随着文化自觉的提升。另一方面，有了文化自信的建立，文化认知和运用中的自觉性才能得到进一步提升，文化自信对文化自觉起到助推的反作用。文化自觉的程度是不断变化的，文化自信的增强会使文化自觉的程度大大提升。依靠高度的文化自觉和文化自信，中国共产党把马克思主义基本原理同中国革命和建设、改革的具体实际相结合。文化自觉和文化自信的结合对于推动实现中华民族伟大复兴的中国梦起着重要作用，要在文化自觉的基础上坚定中国特色社会主义文化自信。文化自觉和文化自信内含着对中国特色社会主义文化体系的自我觉醒、反思与创新性建设的内在要求，中华民族一旦有了文化自信和文化自觉，就能形成无穷无尽的感召力、凝聚力、整合力，在文化自信中走近伟大复兴的中国梦。

2.讲清楚文化自信要厘清内化践行与外化传播的关系

要增强中国特色社会主义文化体系的认同性，全面建设社会主义现代化国家离不开文化被大学生群体自觉地学习运用。文化认同是增强文化说服力的基础和前提，文化只有讲清楚、讲彻底，才能被广大人民群众所认同。文化认同的程度是一个国家和民族文化自信的重要体现。文化认同程度通常包含两个方面：广度，即文化认同的人数分布比例；强度，即文化认同的自觉度和持续性。增强中国特色社会主义文化体系的认同性，要做到广度和强度两个维度的有机统一。在放大影响中国特色社会主义文化体系认同的积极因素基础上，切实有效规避影响中国特色社会主义文化体系认同性的消极因素，包括国外意识形态和文化的渗透、非马克思主义思潮的抬头、改革开放中的各种矛盾等。

要增强对中国特色社会主义文化体系的认同，全面建设社会主义现代化国家离不开文化被群众自觉地学习运用。改革开放新时期，文化认同要始终以中国问题为中心，要求大学生把马克思主义的立场、观点和方法以及变化的中国实际内化为自觉的态度和意识，并将其在现实社会问题的解答中外化为行为表现和行为习惯。但由于受到自身主观条件（信仰信念、知识结构、情感欲望、潜意识等）和复杂系统社会客观条件的制约，人民群众对文化的认同会呈现阶段性的反复。“批判的武器当然不能代替武器的批判，物质力量只能用物质力量来摧毁；但是理论一经掌握群众，也会变成物质力量。”[①]增强文化认同，使这一体系由抽象理性转变为生动具体、由深奥思辨转变为通俗易懂、由被少数人理解和掌握转变为被公众所理解和掌握。

中国特色社会主义文化自信存在对内和向外两个维度，这两个维度贯穿于文化自信的始终，在内化教育和对外传播中增强文化自信。坚持不懈用中国特色社会主义文化体系教育人、感染人、鼓舞人，这是增强文化自信的重要任务。“深化中国特色社会主义和中国梦宣传教育，弘扬民族精神和时代精神”[②]，中国特色社会主义文化体系只有为中国共产党人和人民群众所理解、所掌握，才能在实践中发挥巨大的精神力量。同时，要针对当前大学生群体出现的一些思想困惑和疑虑，针对大学生关心的重大文化和现实问题，深入研究阐释，帮助党员和群众明辨是非、澄清认识，把思想统一到中央精神上来，统一到推动全面建设社会主义现代化国家上来。要用群众喜闻乐见的形式和各种现代化的传播方式宣传党的最新文化成果，不断增强中国特色社会主义文化体系的说服力和感召力。

文化自信不仅是对文化自身的肯定，更是一种深层次的信仰体系，反映了特定阶级的信念追求，勾画了未来奋斗的社会蓝图，具有超越理性的情感意志的功效，因而具有强烈的激励功能和动员功能。对于个人而言，文化就是一面旗帜、一种力量，也是社会成员的精神支柱，一方面有效地激发社会成员的激情、热情和信心，激发他们为社会主义而努力的决心、毅力和斗志；另一方面使国家的决策更具吸引力、说服力，以获得全体成员衷心的支持和拥护。

人民群众是历史的创造者，文化自信要建立在尊重人民群众主体地位的基础上。“无论历史的结局如何，人们总是通过每一个人追求他自己的、自觉预期的目的来创造他们的历史，而这许多按不同方向活动的愿望及其对外部世界的各种各样作用的合力，就是历史。”[③]要让人民群众热情百倍和信心高涨地投入整个社会主义现代化建设的过程，中国特色社会主义文化的创新发展就要始终尊重人民群众的主体地位，一切从人民群众的利益出发。文化自信会对大学生进行情感培育、观念塑造以及思维影响，使大学生遵循文化所传递的“要不要做”和“如何做”的价值要求，在尊重自然界客观规律基础上改造自然、利用自然，在平等、协作、尊重的理念下开展各种社会活动，在自由、开放、活泼的社会

① 《马克思恩格斯选集》第1卷，人民出版社2012年版，第9页。

② 中共中央党史和文献研究院编：《十九大以来重要文献选编》（上），中央文献出版社2019年版，第30页。

③ 《马克思恩格斯文集》第4卷，人民出版社2009年版，第302页。

环境下更好地全面自由发展。

努力构建具有中国特色、中国风格、中国气派的话语体系，在对外传播中坚定中国特色社会主义文化自信。要对全球化、多极化、生态文明等人类发展共同面对的重大问题做出回答，定位好中国角色；要用中国文化和话语体系阐释中国道路、中国精神、中国力量；要运用国外受众易于理解和接受的形式讲好、讲活、讲深中国故事，增强中国特色社会主义文化体系的解释力、影响力、感召力。随着对外传播的深入，中国特色社会主义因其对中国社会乃至世界历史进程发挥的重大影响，已从中国走向世界。国外学界对中国特色社会主义文化和实践问题的研究逐渐升温。近十几年里，在中国道路、中国模式、中国崛起及外交、中共执政的经验与教训等领域，展开了较为深入和广泛的讨论。从总体上看，尽管存在地域、社会、文化背景等差异，但众多国外学者本着尊重史实的治学精神，采取比较客观公正的态度，对中国特色社会主义的认识和评价较为客观。国外关于中国特色社会主义的特征、发展模式及未来走向问题的讨论，也从侧面指出了中国特色社会主义文化自信的一个重要原因。

文化自信能增强社会向心力，发挥文化的社会协调功能。文化自信具有无形性和同化性的基本特征，可以整合各个行为主体的精神追求和行为规范，是维系一个国家、一个民族生存和发展的重要精神前提。马克思主义唯物史观认为人是社会的人，人本质上是一切社会关系的总和。社会整合的出发点是结构复杂、利益多元、思想交锋的开放社会，关键点是促进社会成员的利益追求与整个社会的和谐进步一致，落脚点是人的全面发展和社会的良性运行。文化自信能增强社会成员的政治认同，有利于进一步整合文化精神，能更好地发挥文化内核精神的向心力和凝聚力，促进人的全面发展和社会和谐。一方面，文化自信是人自身文化精神提升的重要表现。文化自信对人的塑造，关键是对人的文化精神的塑造，推动自身文化素养的提升，实现精神内驱力的有效凝聚。文化自信最为深层的意义是使人成为自由全面发展的人，使每个人形成认同意识、法律意识、文化意识、整合意识等，从而增强全社会的向心力。另一方面，文化自信推动人自觉地协调自己与自然、他人、社会的关系。社会整合在很大程度上体现为各种关系的和谐，文化自信使社会成员能遵循文化规范而实现个人利益与国家利益的一致性，协调人与自然、人与人以及人与社会各种关系，促进社会发展。文化自信在对社会成员的行为进行引导的同时也对其行为进行调节，防止其偏离文化体系的核心价值理念的基本架构。在文化自信的推动下，整个社会多一些和谐理念和整合意识，可以少一些碰撞和冲突。

3.讲清楚文化自信要厘清批判继承与开放吸纳的关系

要增强中国特色社会主义文化体系的传承性，全面建设社会主义现代化国家离不开文化本身对民族历史和传统文化的包容吸纳。每一个民族都有自己特定的历史和文化，其必然会带有各自民族的独特风格和精神烙印。鲁迅先生指出："有地方色彩的，倒容易成为世界的，即为别国所注意。"①因此，要增强中国特色社会主义文化体系的传承性，必须保持中国特色社会主义文化体系的独立性，使根深蒂固的民族文化和悠久历史能在纷繁复杂的形势中得到一以贯之的内聚与沉积。本民族的历史和文化是一个民族的基因，只有植根于本民族的历史和文化，才能使中国特色社会主义文化体系始终内聚民族的风格、特点和精神实质。

中华民族历史悠久，中华文化光辉灿烂，全面建设社会主义现代化国家的实现离不开文化本身对本民族历史和文化的包容吸纳。中华民族是一个历史悠久的伟大民族，有着五千多年的璀璨文化。中华民族文化源远流长、绚丽多彩、博大精深、内容丰富，虽然有一些因社会与时代变化而存有局限性，但是其文化内核和主体内容是合理的。中华民族的历史和文化是凝聚和团结全国各族人民的重要基础根基和精神纽带。中国特色社会主义文化体系与中华民族的历史休戚相关，对中华民族文化做出科学梳理、现代诠释和发展完善，找到民族历史和文化与中国梦的契合点。

文化自信过程要处理好继承与发展的关系，继承和发展所对应的是对"既往"和"开来"的基本态度。"批判性继承"讲的是对我国社会主义建设以及世界社会主义运动特别是东欧剧变、苏联解体经验教训的批判性总结反思，对优秀传统文化特别是儒家文化的辩证取舍的结合，对马克思主义基本立场、观点和方法始终如一的坚持。"开放性发展"讲的是在开放借鉴中对文化进行丰富完善，扩大中国特色社会主义文化体系的包容性，在现实变化基础上对文化的创造性超越。继承是发展的前提，发展是继承的必然要求；在继承基础上发展，在发展过程中继承；要不断革除过时的、落后的旧文化，推出体现时代发展的新文化；批判地继承固有文化，不断推陈出新，革故鼎新，才能做出正确的文化选择。坚持继承和发展相统一，在批判继承和创造性发展中坚定中国特色社会主义文化自信。

一方面，在批判性继承中坚定中国特色社会主义文化自信。中国特色社会主义文化体系具有与时俱进的品质，要处理好"源"与"流"的关系，特别是要理清楚马克思主义基本原理哪些不适应时代发展，哪些有待于进一步完善，哪些有必要创造性提出，更好地坚持和运用马克思主义基本立场、观点和方法。同时，现代文明必须首先立足于传统文化，以此为自己的前进基地，去创造、去更

---

① 《鲁迅全集》第13卷，人民文学出版社2005年版，第81页。

新。[1] 批判继承中的一个重要问题就是要立“本”——植根于传统文化，早期中国共产党人深受传统文化特别是儒家文化的教育，只有在传统文化基础上进行马克思主义中国化才不会失去文化的本色。此外，绝不能忽视对中国社会主义建设经验教训，以及世界社会主义运动特别是东欧剧变、苏联解体经验教训的批判性反思总结，批判是文化发展完善的有力武器。另一方面，在开放性发展中坚定中国特色社会主义文化自信。“开放”的内涵十分丰富，包括对世界一切文明成果的开放、中国特色社会主义实践的开放、人民群众的开放等。中国特色社会主义文化体系是开放性发展的系统，处理好本国文化与世界优秀文明成果借鉴学习的关系，在博采众长中坚定文化自信；处理好马克思主义基本原理与中国特色社会主义实践的关系，文化要在实践的推动下丰富、发展和完善；处理好领袖群体与人民群众的关系，在人民群众的创造性发展中总结提炼。努力扩大中国特色社会主义文化体系的包容性，推动文化创新发展，相互借鉴、取长补短、博采众长。

（二）如何认识社会主义核心价值观“一元主导”与多元化思潮的关系？

社会主义核心价值观是以习近平同志为核心的党中央从新时代坚持和发展中国特色社会主义、实现中华民族伟大复兴的中国梦出发提出的重大战略思想。党的十八大报告对社会主义核心价值体系建设做出新部署、提出新要求，强调要深入开展社会主义核心价值体系学习教育，倡导富强、民主、文明、和谐，倡导自由、平等、公正、法治，倡导爱国、敬业、诚信、友善，积极培育社会主义核心价值观。党的十九大报告深刻阐述了社会主义核心价值观的丰富内涵和实践要求，对培育和践行社会主义核心价值观做出许多新的重大部署，充分反映了中国共产党在价值理念和价值实践上达到了一个新的高度。这在社会结构深刻变动、经济体制深刻变革、利益格局深刻调整及思想观念深刻变化的新背景、新形势及新情况下具有重大的理论价值和实践意义。自提出后，社会主义核心价值观便成为学界、思想界及相关政策机构研究的热点和探讨的焦点。

1.社会主义核心价值观“一元主导”内涵

社会主义核心价值观的一个首要前提便是“社会主义”的价值观，因此“社会主义”四个字放在核心价值观前面并非多余，恰恰相反，而是“画龙点睛”。自从社会主义理论诞生起，社会主义价值体系的目标就是为无产阶级服务，为最广大的劳动人民群众服务，就是要通过解放生产力、发展生产力来消除阶级、消灭剥削以及两极分化现象，进而实现共同富裕的经济发展目标和人的自由全面

---

① 参见俞思念：《社会主义现代化与文化创新》，人民出版社 2006 年版。

发展的共产主义理想。

核心价值观的“核心”主要有两层意思：一是核心价值观主要是在多元价值观并存的情况下，与其他价值观相互依存、互相联系，主导、引领其他价值观且处于核心地位的一种价值观，但这种主导性并不否定价值观的差异性和多样性；二是核心价值观是一种对各种不同甚至相互矛盾、冲突的基本价值观进行整合甚至融合的价值观。核心价值观承载着一个民族、一个国家的精神追求，体现着一个社会评判是非曲直的价值标准，是决定文化性质和方向的最深层次要素。

社会主义核心价值观具有历史性、具体性和现实性：其历史性表现为它不仅是中华民族5000多年的文化历史浓缩的智慧结晶和思想宝库，而且是中华民族在漫长演进的历史进程和经济发展过程中所创造的辉煌文明的缩影；其具体性表现为它的意识形态性、制度性、社会性、民族性和文化习俗、精神实质、价值判断标准的具体性；其现实性主要是指它旨在解决中国社会转型过程中出现的文化价值观缺乏认同、道德迷失与滑坡、思想价值观失衡以及理想失落等问题。社会主义核心价值“一元主导”，是中国特色社会主义的价值表达，是中国社会共同的思想道德基础。

社会主义核心价值观是宣扬社会本位的爱国主义、集体主义价值观。社会本位是指以国家、社会、集体的价值满足为衡量价值和判断道德的准绳。社会主义核心价值观隐含社会主义（共产主义）、集体主义和爱国主义思想，认为个人价值的满足必须以社会的富强、民主、文明、和谐的发展为前提和基础。这要求任何公民均要以国家、民族、集体利益为重，而国家、民族、社会的发展归根结底是为了个人的发展和幸福，因为个人无论能力多强，总要以国家、民族、社会作为生存、生活、发展的空间，若国家落后、民族贫弱、社会发展停滞不前，那么个人的利益也将无法得到保证。国家主义和集体主义是社会主义本质中“共同富裕”的典型体现和基本特征，正是国家主义和集体主义的热切召唤和深情激励，才促使无数仁人志士不畏牺牲，排除万难，为争取民族的独立和解放而终生奋斗，才促使最广大的人民群众紧密团结在中国共产党的周围，互帮互助、团结协作、攻克艰难，不断地创造奇迹，为建设有中国特色的社会主义现代化和共产主义的目标而奋斗。爱国主义、集体主义是社会主义核心价值观的重要内涵，是民族精神的核心基石，是中华民族历经五千多年沧桑岁月而不倒的精神基石。建设社会主义必须发扬爱国主义和集体主义，增强民族自信心、自尊心、自豪感。

社会主义核心价值观坚持人民群众是历史创造者和真正英雄的根本立场，字里行间贯穿着全心全意为人民服务的根本追求。倡导富强、民主、文明、和谐，强调的是没有国就没有家，建设一个现代化的国家，是人民幸福之源；倡导自由、平等、公正、法治，强调的是建设一个秩序井然、富有活力的社会，是人民幸福的条件；倡导爱国、敬业、诚信、友善，强调的是每个人都是目的和手段的统一，只有人人胸怀报国理想、坚持道德操守、激扬蓬勃朝气，从自己做起，才能积小我为大我，进入更高的幸福境界。不难看出，社会主义核心价值观是以实现好、维护好、发展好最广大人民群众的根本利益为出发点和落脚点的价值观，是以最大限度地满足人民群众日益增长的物质文化需要为根本目的的价值观。这是中国共产党性质宗旨的体现，是中国革命、建设和改革成功的保证，也是马克思主义理论与一切非马克思主义理论相区别的一个鲜明特色。

2.多元化思潮

当今世界各种观念碰撞激荡不断加剧，各种文化交流交锋日益频繁。特别是一些西方国家利用长期积累的经济科技优势和话语权，对外推销各种反马克思主义思潮。尤其是对外推销以“普世价值”为内核的思想文化，企图诱导人们“以西为美”“唯西是从”，淡化乃至放弃对本民族精神文化的认同。除了“普世价值”，反马克思主义思潮还有历史虚无主义、新自由主义、民主社会主义、宪政民主等。这些错误思想并不是彼此孤立的，而是相互联系、交织在一起的。虽然它们反马克思主义的侧重点不同，但其实质和目的是一致的。[①]

各种反马克思主义思潮的历史观都是唯心主义的，如对于人性、价值观等问题，反马克思主义思潮不能进行客观的历史的分析。通过完全抹杀人性和价值观的阶级性和历史性，将人性与价值观放到一个特定的历史的境域，这个境域就是资本主义，所以资本主义将是历史的终结点。基于这种思维，它们否认社会主义的人性论和价值观，而把资本主义的人性论和价值观高高举起，奉为神明，让人们来膜拜。

各种反马克思主义思潮在方法论上是形而上学的。历史虚无主义对待历史人物和历史问题不能辩证地看待，而是采取二元对立的态度，认为非好即坏、非此即彼。新自由主义主张彻底的资本主义市场化、私有化，片面地认为国家调控得越少对国家经济发展越有利。新自由主义对市场自由的极端强调，正是其形而上学的集中表现。新自由主义者认为国家调控与市场经济是不相容的，尤其是共产党领导的政府，是市场经济发展的阻碍。然而，中国经济的高速发展，恰是在中国共产党领导下实现的市场决定资源配置与更好发挥政府作用相结合的结果。

---

① 参见王雪冬：《认清反马克思主义思潮的实质——兼论马克思主义话语体系建设》，《红旗文稿》2016年第11期。

各种反马克思主义思潮在战略上是政治和文化霸权主义。反马克思主义思潮强行向中国以及其他国家推行西方经济思想、政治制度和文化价值观。以民主、自由、平等、博爱、法制、人权等为代表的“普世价值”是目前我国蔓延范围较广、影响程度较深的一种西方政治社会思潮。“普世价值”的本质是推行以美国为首的西方发达资本主义国家的政治制度、民主体制以及文化、道德观念和精神信仰,诋毁、否认民主的具体性和多样性,企图用“美式”“欧式”“西式”民主改造世界。宪政民主大肆鼓吹西方的民主宪政思想,美化西式民主并将其普世化,向世界其他国家尤其是不发达国家进行推广。一些反马克思主义思潮肆意攻击和诋毁中国的民主制度,目的就是要把西方的宪政民主强加给中国,这便是政治霸权主义。

各种反马克思主义思潮在心态上是西方中心主义。从历史上看,现代化的道路率先从西方国家开始并取得巨大进步,开始于西方国家的现代化进程也极大地推动了人类历史的发展。正因为此,一些西方大国便自生一种天然的优越感,以现代化的先驱和鼻祖的面目出现,要求其他国家都效仿它们的现代化模式,走西式现代化道路。一些西方学者甚至公然宣称历史将终结于资本主义,此后再无更高水平的人类社会形态。这种盲目的乐观主义,便是心态上西方中心主义的集中体现。事实上,中国经过 40 多年的改革开放创造了人类历史上的奇迹,西方多次预言的“中国崩溃”并没有出现,而且中国创造的发展奇迹成为不争的事实。

多元化思潮源于价值主体意识的多元化和价值追求目标(即价值客体)的多元化。改革开放和社会主义市场经济的发展,要求个体既要承担整体的要求和义务,又要最大限度地发挥个体主观能动性。丰富多彩的物质世界和精神世界为多元价值追求提供了多姿多彩的客体。随着改革开放、社会主义市场经济的推进和发展,我国的经济成分、生活方式、就业方式等日趋多样化,社会的思想也随之多元化。教育背景、认知水平、社会角色与职业、生活习惯、心态、行为准则等的不同,导致了个体价值观念的差异,使价值观呈现出多元化取向。

随着改革开放的不断深入,我国经济体制、社会结构、利益格局发生深刻变化,导致了利益主体多元化,人们关注和重视个体利益,并以此作为价值评判标准。在社会主义市场经济条件和多元化思想影响下,人们的价值取向逐渐多元化。这其中既有包含符合社会主义核心价值观的积极因素,也有逐利、拜金等消极因素。当今社会,中西文化交流和融合不断向纵深拓展,各种文化思潮涌入我国,客观上又促进了价值取向的多元化。思想观念和价值取向的多元化不可避免。

为此,我们应该趋利避害,取其精华去其糟粕,对于有利于我国社会发展的社会思潮应该加以利用并不断发展，同时也要始终保持清醒的头脑，敢于斗争、敢于亮剑，坚决抵制各种反马克思主义思潮，抵制其抹黑中国共产党、中国社会主义制度和文化传统的行为。我们要看到，价值观之争的背后是制度之争、道路之争，实质是人心之争，必须增强主动性、掌握主动权、打好主动仗。只有持续培育和践行根植于中华文化沃土又具有当代中国特色的社会主义核心价值观，坚定道路自信、理论自信、制度自信、文化自信，才能使中华民族以更加昂扬的姿态屹立于世界民族之林。

3.社会主义核心价值观引领多元化思潮

当前，各种社会思潮此起彼伏、相互交织，人们思想活动的独立性、选择性、多变性、差异性日渐增强。社会思潮越是纷繁复杂，越需要主旋律，越需要用社会主义核心价值观引领社会思潮、凝聚社会共识。社会主义核心价值观是中国多元价值观中的核心价值观，是推动经济社会发展的强大精神动力。用社会主义核心价值观引领社会思潮，必须尊重差异、包容多样，在尊重差异中扩大社会认同，在包容多样中形成思想共识，提高整合社会思想文化和价值观念的能力，扩大主流价值观念的影响力，有力抵制各种错误思想和腐朽文化的影响，引导社会思潮朝着积极健康的方向发展，为向着第二个百年奋斗目标进军、为实现中华民族伟大复兴的中国梦不断积蓄正能量。

以社会主义核心价值观引领多元化思潮，目的是要形成相对统一的指导思想、强大的精神力量、共同的理想信念、基本的道德规范。在全面深化改革过程中，坚持以社会主义核心价值为引领，凝聚社会各界形成对主流思想舆论的共识、对坚持正确价值取向的共识、对服务国家大局的共识、对整合社会思潮的共识，引领社会思潮朝着正确、健康的方向发展。

坚持社会主义核心价值观引领多元化思潮，必须坚定不移地以习近平新时代中国特色社会主义思想为指导。“要把习近平新时代中国特色社会主义思想作为主心骨、定盘星、度量衡，贯彻到培育和践行社会主义核心价值观全过程、各方面，切实增强干部群众的政治认同、思想认同、情感认同，不断巩固马克思主义在意识形态领域的指导地位、巩固全党全国人民团结奋斗的共同思想基础。”①

面对多元化思潮，我们必须把社会主义核心价值体系建设作为长期的战略任务和现实的紧迫工作，积极探索有效途径，大力创新方式方法，努力在多元化思潮中确立社会主义核心价值观的主导地位。

---

① 黄坤明:《培育和践行社会主义核心价值观》,《人民日报》2017 年 11 月 17 日。

社会主义核心价值观引领社会思潮、凝聚社会共识落到实处。[①] 首先，要用制度来引领。要在完善和发展中国特色社会主义制度的过程中嵌入社会主义核心价值观，自觉地把社会主义核心价值观融入推动根本政治制度与时俱进、社会主义基本经济制度和基本政治制度不断发展、中国特色社会主义法律体系完善进步的过程。为此，就要建立完善相应的政策评估和纠偏机制，防止在制度建设过程中出现具体政策措施与社会主义核心价值观相背离的现象。我们的法律应该在培育和践行社会主义核心价值观过程中发挥更加积极主动的作用。

其次，要用组织来引领。充分发挥各级党组织的作用，在组织活动中善于培育和践行社会主义核心价值观。还要探索社会主义核心价值观教育进入社会组织的途径，使中介组织和社会团体在社会主义意识形态的建设中起到积极作用。在新的历史条件下，新的社会阶层不断涌现，社会组织作为政府和社会之间重要的沟通桥梁，在社会主义核心价值观培育和践行过程中具有重要作用。社会组织的从业人员大多是自由职业者，有知识有文化，积累了一定的财富。如何对这部分人士进行价值观的培训和教育是一个很重要的课题。

最后，要用榜样来引领。榜样的力量是无穷的。在培育和践行社会主义核心价值观的工作中，榜样的作用十分重要。我们既有为实现国家富强、民主、文明、和谐不懈奋斗的模范人物，也有为实现自由、平等、公正、法治孜孜以求的典型人物，还有践行爱国、敬业、诚信、友善公民基本道德准则的社会群体。要不断挖掘这些人物和群体的价值追求，使广大群众感觉到社会主义核心价值观就在自己身边，就在自己的生活中。

（三）如何坚持马克思主义基本原理同中华优秀传统文化相结合？

近些年来，随着“国学热”“传统文化热”的兴起，马克思主义基本原理与中华优秀传统文化的关系这一问题再次成为备受人们关注的热点问题。应该如何理解二者的关系呢？大学生思想政治理论课必须对这一难点问题做出深入的讲解，使大学生更准确地把握二者之间的关系。坚持以历史思维认识传统文化，“重视历史、研究历史、借鉴历史”[②]；历史、现实、未来是相通的，不能割断历史去孤立地谈传统文化。现阶段，在大力弘扬中华优秀传统文化的新形势下，要坚持以历史唯物主义为指导，深化对传统文化合理因子的认识理解，学习汲

---

① 张贺：《引领社会思潮 凝聚社会共识——访中国社科院马克思主义研究院研究员辛向阳》，《人民日报》2014 年 1 月 21 日。

② 《习近平致信祝贺第二十二届国际历史科学大会开幕》，《人民日报》2015 年 8 月 24 日。

取和创造转化传统文化的合理内涵。“历史是最好的教科书”[①]，要在把握中国共产党对待传统文化的历史经验教训的基础上，讲清楚马克思主义基本原理与中华优秀传统文化的辩证关系。

1.要讲清楚坚持马克思主义的指导地位

意识形态作为一种价值观念体系，由一定的经济基础决定，反映执政者的思想意图和利益要求，并体现在社会各种制度当中，通过执政者的宣传灌输，为人们所接受并进而形成人们的情感、意识和观念的综合，是一种观念上层建筑。[②] 马克思主义作为19世纪中叶形成的科学理论，是影响中国社会的思想武器，统领党的传统文化观的形成发展过程。

一方面，党的传统文化观要坚持以马克思主义为指导。马克思主义揭示了人类社会的本质和发展的一般规律，涵盖经济、政治、文化、社会等诸多领域，是科学的世界观和方法论的统一。任何理论和社会实践活动，都离不开马克思主义世界观和方法论的指导。同时，在文化史上，马克思、恩格斯建构以马克思主义世界观和方法论为基础的马克思主义文化理论，列宁继承并发展了马克思主义文化理论。马克思主义文化理论既是文化发展的基本理论和原理，也是党的传统文化观的根本理论基础。党的传统文化观要坚持以马克思主义为指导，正确处理“一”与“多”的关系。一方面，事物是一元化的，讲的是事物的统一性，包含的是事物内部相对稳定的特性和状态；另一方面，具体事物和相关事物又是多元的，呈现出事物的多样性。“一”和“多”相互依存、不可分离，既相互对立、又相互统一。必须坚持马克思主义意识形态一元主导，在一元主导意识形态的约束和指导下，传统文化具有整合性和一致性。

另一方面，党的传统文化观要以人民利益考量为出发点。马克思和恩格斯以“现实的人”为文化发展的前提和出发点，从人的生存方式出发来阐发马克思主义文化观，实现了理论和现实、历史与逻辑、辩证唯物主义与历史唯物主义的有机统一，使马克思主义文化观有了相对严密的理论体系，从而实现马克思主义文化观的历史嬗变。马克思和恩格斯认为“现实的人”不是苍白的抽象概念，而是现实的、活生生的、现实的个人。文化发展要关注“现实的人”，马克思、恩格斯鲜明地指出：“我们开始要谈的前提不是任意提出的，不是教条，而是一些只有在臆想中才能撇开的现实前提。这是一些现实的个人，是他们的活动和他们的物质生活条件，包括他们已有的和由他们自己的活动创造出来的物质生活

---

① 习近平：《在对历史的深入思考中更好走向未来 交出发展中国特色社会主义合格答卷》，《人民日报》2013年6月27日。

② 参见敖带芽：《社会主义意识形态建设：热问题与冷思考》，人民出版社2011年版。

条件。”[①]党的传统文化观，就是为了实现人民群众的利益，都必须从人民群众的需要出发，适合人民群众的要求，绝不能脱离人民群众。凡是背离人民群众利益，甚至损害人民群众利益的具体举措，都是错误的，也是毫无意义的。党的传统文化观要从人民群众的利益出发，牢固树立一切为人民群众的思想，自觉地为人民群众服务，真正赢得人民群众的信任、拥护和支持，始终做到党的传统文化观一切为了人民群众。

2.要讲清楚掌握对待传统文化的科学方法

方法论从根本上讲是一个哲学范畴，它是关于认识世界和改造世界的根本方法。方法论与世界观是统一的[②]。所谓“中国共产党与传统文化关系的方法论”，是指关于如何正确认识和处理二者关系的根本方法。任何方法论都要坚持实践第一的观点，“生活、实践的观点应该是认识论的首要的和基本的观点”[③]。中国共产党以主体实践为基础来解释党与传统文化的关系，方法论必须扎根于民主革命实践中，客观分析传统文化在党内的正面和负面价值。从方法论解读中国共产党与传统文化的关系，具体方法包括历史分析基础上的“古为今用”法、阶级分析基础上的“批判继承”法、系统分析基础上的“综合创新”法。

恩格斯指出：“马克思的整个世界观不是教义，而是方法。它提供的不是现成的教条，而是进一步研究的出发点和供这种研究使用的方法。”[④]掌握发展党的传统文化观的科学方法不是关于某个问题的现成答案或者最终真理，而是最基本的思想武器。要坚持辩证唯物主义和历史唯物主义的根本世界观和科学方法论，具体包括共产党人学儒、知儒、批儒、用儒的统一，“古为今用”与“批判继承”的有机结合以及创造性转化与创新性发展传统文化三个方面，深入理解传统文化观的性质、出发点、基本条件以及由此产生的意义，立足现实、面向世界、在实践中去开拓创新党的传统文化观。

中国共产党和中国人民所做的一切都遵循了马克思的辩证唯物主义和历史唯物主义，遵循了理论和实践相结合的基本原则。中国共产党是不断学习的政党、善于学习的政党，在解放思想、实事求是的路线指引下，坚持在理论和实践相结合中不断学习进步。党要在实践中向广大人民群众学习，向源远流长的中国历史学习，向博大精深的传统文化学习。

要继承中华优秀传统文化，对其进行创造性转化与创新性发展。除了民族性和地域性外，开放性也是文化的重要特征之一。正是由于民族性和地域性，

① 马克思：《德意志意识形态（节选本）》，人民出版社 2018 年版，第 10～11 页。

② 参见辞海编辑委员会编：《辞海》，上海辞书出版社 1980 年版。

③ 《列宁选集》第 2 卷，人民出版社 2012 年版，第 3 页。

④ 《马克思恩格斯全集》第 39 卷，人民出版社 1974 年版，第 406 页。

所以文化是多种多样的，是丰富多彩的。不同民族或者不同地区都会形成独具特色的文化，而根植于中华文明的中华文化之所以能够源远流长，开放性是重要因素之一，开放性为马克思主义同中华优秀传统文化更好地结合提供了良好的前提和基础。创新性是党的传统文化观的一个特点，同时也是其富有生命力的表现。中国共产党对中国优秀传统文化结合的立场以及根基均已明确，实现将优秀的文化继承下来，同时在更高层次上赋予文化更多的生机和活力，使文化能够得到创造性转化和发展，更加符合实际形势，为社会服务。正如习近平总书记所讲："要坚持古为今用、以古鉴今，坚持有鉴别的对待、有扬弃的继承，而不能搞厚古薄今、以古非今，努力实现传统文化的创造性转化、创新性发展，使之与现实文化相融相通，共同服务以文化人的时代任务。"①

要在系统思维中审视中华优秀传统文化。系统分析是将社会视作一个客观的系统整体进行研究，探究社会系统内部多重复杂的关系和系统与外部环境的相互关系，进而揭示社会有机体的内在结构、功能和运行规律。马克思、恩格斯认为整个社会是系统要素关联构成的有机体，即"一切关系在其中同时存在而又互相依存的社会机体"②。同时，整个社会是动态发展变化的，系统要素与外部环境保持着关联性，要素与要素、要素与系统、系统与系统、系统与环境之间处于相互作用、相互影响、相互制约、彼此关联的关系之中。"一切发展，不管其内容如何，都可以看做一系列不同的发展阶段，它们以一个否定另一个的方式彼此联系着。"③列宁指出："马克思和恩格斯称之为辩证方法（它与形而上学方法相反）的，不是别的，正是社会学中的科学方法，这个方法把社会看做处在不断发展中的活的机体（而不是机械地结合起来因而可以把各种社会要素随便配搭起来的一种什么东西），要研究这个机体，就必须客观地分析组成该社会形态的生产关系，研究该社会形态的活动规律和发展规律。"④整个社会是动态发展的有机体，中国共产党坚持以系统思维分析认识中国社会，把握社会及其组成要素发展、变化的性质。"今世是今人创造的"，文化的发展要立足当下和人民的第一需要，在借鉴中厘清继承、发展、创新的关系，切实重视创新对于社会发展的意义。

3.要讲清楚正确认识传统文化的合理内涵

中华民族五千多年的奋斗史就是中国传统文化的演进史，记载着这个过程

---

① 习近平：《在纪念孔子诞辰2565周年国际学术研讨会暨国际儒学联合会第五届会员大会开幕会上的讲话》，人民出版社2014年版，第11页。

② 《马克思恩格斯文集》第1卷，人民出版社2009年版，第604页。

③ 《马克思恩格斯全集》第4卷，人民出版社1958年版，第329页。

④ 《列宁专题文集·论辩证唯物主义和历史唯物主义》，人民出版社2009年版，第185页。

中所形成的绚丽多彩的中华文明。儒家、墨家、道家、法家等各个文化流派共同组建起了中国传统文化体系，而其中优秀文化与当时国情相结合，共同推动中华文明的进步。在整个传统文化体系中，优秀的部分使中国文化源远流长，如“仁”“和”“信”“民本”等思想在今天仍有十分重要的影响。在承认中国传统文化优秀部分存在的同时，也应该看到其也有糟粕，古代的“三纲五常”“亲亲尊尊”等思想对现代社会也有着不好的影响。

（1）批判和剔除传统文化中的糟粕

作为封建社会的主流意识形态，传统文化的深层结构有其历史局限性，批判和剔除传统文化中的糟粕是中国共产党的重要任务。其一，传统文化在“义利之辨”上的基本倾向是重义轻利，“虽然没有排斥公共利益，但也不重视道德理想与公共利益的必然联系，其结果未免脱离实际，陷于空疏。这种倾向在宋明理学中更明显地表现出来”，“董仲舒以及程、朱、陆、王诸学派，忽视了公利与私利的区别，专门强调道义，表现了脱离实际的倾向……明代中期以后，中国文化停滞不进，在世界范围内逐渐落后，既有其社会经济的原因，也有其思想的根源”。其二，在“理欲之辨”上，宋儒虽不是禁欲主义，却“忽视了物质生活需要的重要性。这些思想在一定程度上确实起了阻碍社会发展的反动作用”。其三，在德力问题上崇德轻力，“中国传统文化在儒学所表现的偏向的影响下，忽视生命力的培育，这不能不说是一个严重的缺欠”。发展党的传统文化观，要剔除这些落后的成分。

（2）以宽广视野认识传统文化的合理内涵

反对历史虚无和文化虚无主义，用宽广视野认识中国传统文化，传统文化中含有一些跨时空、超阶级的合理因素。要坚持马克思主义的立场，在甄别中国传统文化的过程中去粗取精、去伪存真，用科学的标准去衡量中国传统文化。同时，要坚持国际眼光，放眼世界，把中国文化放在世界文化中进行分析，吸收世界各国优秀文化。“我们不仅要了解中国的历史文化，还要睁眼看世界，了解世界上不同民族的历史文化，去其糟粕，取其精华，从中获得启发，为我所用。”① 中华民族五千多年发展过程中形成了中国传统文化，中华优秀传统文化是在中国历史发展中形成的影响中华儿女的精神内涵。以传统祭祀文化为例，祭祀可以从两个方面理解，既有国家祭祀（政治使命），也有家庭祭祀（文化使命），要寻求二者的有机结合。祭祀不同于封建迷信，不要把祭祀片面理解为迷信。当然，对于祭祀要考虑实际情况，不要用完全传统的形式，要运用现代形式，也就是文明祭祀。通过祭祀，我们知道我们从哪里来，通过祭祀我们知道我们终将

---

① 习近平：《在中央党校建校 80 周年庆祝大会暨 2013 年春季学期开学典礼上的讲话》，人民出版社 2013 年版，第 10 页。

走向何方。祭祀是神圣的,哲学的追问中如何证明我存在过,祭祀以一种现实的仪式证明它存在过。当然,根本的存在还要是内心的存在、思想的存在,有时祭祀不是给"故人"看的,而是给活的人看的,让人们能够彻底知道过往与未来。我们要适当地区分家祭和国祭,使两种形式相得益彰,最终发挥其对社会发展的现实价值。

习近平总书记在中央党校建校80周年庆祝大会上指出,领导干部要学习中国优秀传统文化,"各种文史知识,中国优秀传统文化,领导干部也要学习,以学益智,以学修身。中国传统文化博大精深,学习和掌握其中的各种思想精华,对树立正确的世界观、人生观、价值观很有益处。古人所说的'先天下之忧而忧,后天下之乐而乐'的政治抱负,'位卑未敢忘忧国'、'苟利国家生死以,岂因祸福避趋之'的报国情怀,'富贵不能淫,贫贱不能移,威武不能屈'的浩然正气,'人生自古谁无死,留取丹心照汗青'、'鞠躬尽瘁,死而后已'的献身精神等,都体现了中华民族的优秀传统文化和民族精神,我们都应该继承和发扬"[①]。的确,优秀传统文化典籍闪烁着跨越时空、穿透历史的智慧光芒,含金量极高,一定要认真研读。

4.要讲清楚推动马克思主义与传统文化的融合

马克思主义中国化的内涵是马克思主义与中国革命和建设的实际、中国传统文化相结合。但是目前国内有关马克思主义中国化含义的总倾向是:重视马克思主义的"实践背景"而忽视"文化背景"。但中国传统文化也是中国马克思主义的一个重要来源,马克思主义能在相对落后的中国取得实践的成功,与中国拥有五千多年丰富的文化遗产是分不开的。中国的历史、文化、传统是复杂的,要一分为二地看待。马克思主义要立足现实,用马克思主义的科学方法进行具体分析,防止中国传统文化中腐朽、消极的东西渗透到马克思主义中去。在总结和继承历史遗产、借鉴历史经验、"古为今用"时要防止实用主义。

(1)历史发展维度下审视二者的关系融合

"人们的社会存在决定人们的意识",文化要建立在经济、社会物质生产活动基础之上。马克思在《〈政治经济学批判〉序言》中深刻地指出:"人们在自己生活的社会生产中发生一定的、必然的、不以他们的意志为转移的关系,即同他们的物质生产力的一定发展阶段相适合的生产关系。这些生产关系的总和构成社会的经济结构,即有法律的和政治的上层建筑竖立其上并有一定的社会意识形式与之相适应的现实基础。物质生活的生产方式制约着整个社会生活、政治生活和精神生活的过程。不是人们的意识决定人们的存在,相反,是人们的

① 《习近平谈治国理政》,外文出版社2014年版,第405～406页。

社会存在决定人们的意识。"[①]唯物史观认为，社会存在和社会意识是辩证统一的，二者存在决定和反作用的相互关系。立足发展的向度思考儒学与马克思主义的关系，实践检验并发展完善党的传统文化观。儒学与马克思主义的关系就是中国现代化过程中的诸多环节的一个节点，立足发展的向度探索如何实现中国的现代化，是思考马克思主义与传统文化关系的出发点和动力之所在。立足当代中国和世界的现实，用马克思主义的科学方法，批判地总结和继承中华民族的优秀遗产，将中国几千年的历史经验、民族智慧、民族精神融入马克思主义，丰富和发展马克思主义。

(2)社会有机体维度下审视二者的关系融合

整个社会是一个系统，系统就是由相互联系的诸要素所组成的具有特定性能的整体。所谓"系统方法"，就是把认识对象作为系统，注重从整体与部分以及各部分之间的相互联系、相互作用的角度出发，通过分析和综合方法的辩证结合，从整体上正确认识对象或合理解决问题的方法。[②] 充分尊重中国社会特殊的经济、政治与文化的演变过程，立足社会有机体的向度来审视马克思主义与传统文化的关系。马克思主义与传统文化关系是中国现代化进程中遇到的问题，要遵循历史发展的规律，从社会有机体的向度来把握马克思主义与传统文化的关系，反对"独线演进论"或"单线历史观"。

(3)文化传承维度下审视二者的关系融合

世界各国各民族在发展过程中都积累了大量的优秀文化，必须加以整理、消化、吸收，将其融入本民族的时代精神里与文化建设。区别对待中国传统文化的意识形态身份和文化身份，从文化传承的向度处理传统文化与马克思主义的关系。马克思主义在传入中国之初与传统文化的冲突和斗争主要是意识形态之争：马克思主义是以指导中国救亡图存的面貌传入中国，这就决定了从进入中国的第一天开始，其使命就在于颠覆传统文化的意识形态主导地位，解构传统文化的政治伦理和社会功能，培养和确立马克思主义的思想文化和社会功能。但是，传统文化既是在中国两千多年封建社会中长期占统治地位的意识形态，又是对中华民族民族精神、民族性格和民族心理产生重要影响的传统文化。马克思主义可以动摇传统文化意识形态主导地位，但是不能根除作为文化的儒学。马克思主义和儒学作为新旧意识形态之间的斗争不能否定二者作为文化身份发生的联系。不能混淆传统文化的双重身份，因而要反对全盘否定中国传统文化这样一种中断文化连续性的激烈方式。

历史实践证明，研究、宣传、发展马克思主义要加强对传统文化的关注研究

---

① 《马克思恩格斯选集》第 2 卷，人民出版社 1995 年版，第 2～3 页。

② 参见韩树英等编著：《谈改革中的若干哲学问题》，中共中央党校出版社 1985 年版。

及转化结合，“无论过去、现在还是将来，马克思主义中国化已经、正在和必将从传统文化中汲取营养”[①]。要始终坚持以马克思主义的立场、观点、方法对传统文化进行甄别，借用传统文化加强马克思主义阐释的感染力，以开放态度汲取传统文化跨越时空的合理内涵，有效推动马克思主义与中华优秀传统文化的融合及创新发展。近代中国，传统文化遭到严重的冲击和挑战，严峻的社会现实引起中国人开始深刻反思中国传统文化。传统文化既有与封建主义相联系的糟粕，也有超越时代、跨越时空的合理精华，中国共产党人不可能也不能完全割断与传统文化的联系，传统文化基因是不会随时代发展而被轻易地彻底遗忘。在我们今天推进全面建设社会主义现代化国家新征程中，进一步总结共产党人认识传统政治伦理和传统文化的历史经验教训，结合人民需要、社会发展、党的建设全面、辩证、深化认识传统文化，在处理好历史与现实、精华与糟粕、批判与继承、转化与发展等关系中发挥好传统文化的现代价值，正确对待历史，正确对待中华传统文化，处理好政治和文化的关系，加强正能量，具有重要的现实借鉴意义。随着时代和社会的发展，对传统文化的认识也要与时俱进，否则就可能出现对传统文化时而打翻在地、时而奉若神明的怪象。

三、教育教学建议

（一）教学目标

【知识目标】

1.正确理解中国特色社会主义文化为什么有理由自信。

2.厘清文化认同与文化自觉的统一关系，整体把握文化自信。

3.明确弘扬中华优秀传统文化过程中必须坚持马克思主义的指导地位。

4.明确社会主义核心价值观“一元主导”与多元化思潮的根本区别。

【能力目标】

通过学习自觉运用马克思主义观点及立场，坚持与发展新时代中国特色社会主义文化，坚定文化自信和文化自觉，践行社会主义核心价值观。

【情感态度与价值观目标】

了解新时代中国特色社会主义文化是以马克思主义为指导，是对中国传统文化、革命文化的继承和发展；明确社会主义核心价值观，做到内化于心、外化于行；树立高度的文化自觉与文化自信，坚定走新时代中国特色社会主义文化

---

① 周秀红：《马克思主义中国化对传统文化的汲取》，《理论探索》2015年第2期。

发展道路。

(二)教学基本要求

坚持以学生为本,从学生的特点和需要出发,尊重学生、理解学生、关心学生,充分激发学生的积极性和创造性,促进学生的全面发展。坚持问题导向,紧密联系改革开放和现代化建设实际,紧密联系丰富多彩的现实生活,紧密联系学生思想实际,敢于直面和正确回答学生关心的重大理论和实际问题,注重发掘和培养学生的问题意识,提高学生运用马克思主义立场、观点、方法分析、解决问题的能力。坚持师生互动,发挥教师教学主导和学生学习主体作用,切实改变"满堂灌"的教学模式,精心设计和组织教学活动,鼓励学生积极参与教学过程,营造民主平等的教学氛围。坚持知识传授、能力培养、价值观培育紧密结合,坚持正确的政治方向,把社会主义核心价值体系内化为学生的价值取向,外化为学生的行为准则。

(三)教学方法

多媒体教学法是教师根据教学目标,合理利用现代教学媒体与传统教学手段相结合的一种教学方法。多媒体器材的合理利用能够提高学生注意力,丰富课堂形式,拓宽学生的思维模式。

1.情景设置法

情景设置法是教师根据教学目标和教学重难点有意识创造一个教学情景,从学生兴趣出发点对问题进行情景设置,辅之以生动的文学语言,再现课件中描绘的情景表象,对培养学生感情、启迪思维,发挥想象、开发智力有独到之处。

2.小组讨论法

讨论法是在教师的指导下,学生以全班或小组为单位,围绕教材的中心问题各抒己见,通过讨论或辩论活动,获得知识或知识巩固的一种方法。这种方法可以培养学生的学习兴趣,增强学生学习的独立性。

3.讲授法

讲授法是最基本的教学方法,教师科学合理地利用讲授是课堂教学必不可少的。教师有效的讲授可以引导学生理解重难点知识,启发学生思维,激发学生学习动力,对课堂教学起到画龙点睛的作用。

参考文献

[1]《马克思恩格斯选集》第1卷,人民出版社2012年版。

[2]《马克思恩格斯选集》第2卷,人民出版社2012年版。

[3]《马克思恩格斯选集》第3卷,人民出版社2012年版。

[4]《马克思恩格斯选集》第4卷,人民出版社2012年版。

[5]《列宁选集》第2卷,人民出版社2012年版。

[6]《列宁专题文集·论辩证唯物主义和历史唯物主义》,人民出版社2009年版。

[7]中共中央党史和文献研究院编:《十九大以来重要文献选编》(上),中央文献出版社2019年版。

[8]《习近平致信祝贺第二十二届国际历史科学大会开幕》,《人民日报》2015年8月24日。

[9]习近平:《在对历史的深入思考中更好走向未来　交出发展中国特色社会主义合格答卷》,《人民日报》2013年6月27日。

[10]习近平:《在纪念孔子诞辰2565周年国际学术研讨会暨国际儒学联合会第五届会员大会开幕会上的讲话》,人民出版社2014年版。

[11]习近平:《在中央党校建校80周年庆祝大会暨2013年春季学期开学典礼上的讲话》,人民出版社2013年版。

[12]习近平:《坚定文化自信,建设社会主义文化强国》,《求是》2019年第12期。

第六章 新时代中国特色社会主义社会建设

人民对美好生活的向往是我们的奋斗目标。抓住人民最关心最直接最现实的利益问题，持续保障和改善民生，带领人民创造美好生活，是中国共产党始终不渝的奋斗目标。本章我们主要把握中国社会主要矛盾的变化对民生工作提出了哪些新要求？保障和改善民生的主要内容有哪些？重点把握如何理解推进社会治理现代化与国家治理体系和治理能力现代化之间的逻辑关系。

一、学生和教师的认知状况

从全体学生的统计数据来看，本章中被学生列为最感兴趣问题占比前两位的分别是“中国社会主要矛盾的变化对民生工作提出了哪些新要求？”(26.52%)、“保障和改善民生的主要内容有哪些？”(24.26%)；最困惑问题占比首位的是“如何理解推进社会治理现代化与国家治理体系和治理能力现代化之间的逻辑关系？”(27.29%)。

从对不同学科学生最感兴趣问题、最感困惑问题的比较来看，最感兴趣问题，在文科学生的选择中占比前三位的分别是“保障和改善民生的主要内容有哪些？”(24.06%)、“中国社会主要矛盾的变化对民生工作提出了哪些新要求？”(23.79%)、“打赢脱贫攻坚战的历史意义是什么？”(22.11%)；在理科学生的选择中占比前三位的分别是“中国社会主要矛盾的变化对民生工作提出了哪些新要求？”(28.08%)、“保障和改善民生的主要内容有哪些？”(24.38%)、“中国特色社会主义社会建设理论与制度的实质与根本目的是什么？”(23.77%)。最困惑问题，在文科学生的选择中占比前三位的分别是“如何理解推进社会治理现代化与国家治理体系和治理能力现代化之间的逻辑关系？”(28.21%)、“怎样把握推进社会治理现代化与加强党的领导之间的关系？”(24.27%)、“如何加强和创新社会治理，实现共建共治共享？”(22.65%)；在理科学生的选择中占比前三位的分别是“如何理解推进社会治理现代化与国家治理体系和治理能力现代化之间的逻辑关系？”（26.76％）、“怎样把握推进社会治理现代化与加强党的领导之间的关系？”（23.89％）、“打赢脱贫攻坚战的历史意义是什么？”（20.04％）。以上情况表明，对本章涉及的问题，文科学生和理科学生最感兴趣问题和最困惑问题趋于相似，但存在一定差异。

从对不同层次高校学生最感兴趣问题、最感困惑问题的比较来看，最感兴趣的问题，在重点高校学生的选择中占比前三位的分别是“中国社会主要矛盾的变化对民生工作提出了哪些新要求？”（26.63％）、“保障和改善民生的主要内容有哪些？”（24.96％）、“中国特色社会主义社会建设理论与制度的实质与根本目的是什么？”（23.04％）；在其他高校学生的选择中占比前三位（第三位有并列者）的分别是“中国社会主要矛盾的变化对民生工作提出了哪些新要求？”（26.37％）、“保障和改善民生的主要内容有哪些？”（23.35％）、“中国特色社会主义社会建设理论与制度的实质与根本目的是什么”（21.91％）、“打赢脱贫攻坚战的历史意义是什么？”（21.91％）。最困惑的问题，在重点高校学生的选择中占比前三位的分别是“如何理解推进社会治理现代化与国家治理体系和治理能力现代化之间的逻辑关系？”（28.62％）、“怎样把握推进社会治理现代化与加强党的领导之间的关系”（24.55％）、“如何加强和创新社会治理，实现共建共治共享？”（20.72％）；在其他高校学生的选择中占比前三位的分别为“如何理解推进社会治理现代化与国家治理体系和治理能力现代化之间的逻辑关系？”（25.49％）、“怎样把握推进社会治理现代化与加强党的领导之间的关系？”（23.33％）、“如何加强和创新社会治理，实现共建共治共享？”（19.88％）。对本章涉及的问题，重点高校学生和其他高校学生最感兴趣问题占比前三位相同，最困惑问题占比前三相同且排序一致。

本章中，被任课教师列为重点问题占比前三位的分别是“中国社会主要矛盾的变化对民生工作提出了哪些新要求？”（40.87％）、“中国特色社会主义社会建设理论与制度的实质与根本目的是什么？”（37.39％）、“保障和改善民生的主要内容有哪些？”（25.22％）；难点问题占比前三位的分别是“如何理解推进社会治理现代化与国家治理体系和治理能力现代化之间的逻辑关系？”（41.74％）、“如何加强和创新社会治理，实现共建共治共享？”（29.57％）、“怎样把握推进社会治理现代化与加强党的领导之间的关系？”（27.83％）。可见，任课教师所列重点问题与学生最感兴趣问题占比前三位相同，即“中国社会主要矛盾的变化对民生工作提出了哪些新要求？”“中国特色社会主义社会建设理论与制度的实质与根本目的是什么”“保障和改善民生的主要内容有哪些？”，但排序不一致；任课教师所列难点问题与学生最困惑问题占比前三位相同，即“如何理解推进社会治理现代化与国家治理体系和治理能力现代化之间的逻辑关系?”“如何加强和创新社会治理,实现共建共治共享?”“怎样把握推进社会治理现代化与加强党的领导之间的关系?”,而且排序一致。

综合以上情况,将“中国社会主要矛盾的变化对民生工作提出了哪些新要求?”“保障和改善民生的主要内容有哪些?”作为本章的教学重点问题,将“如何理解推进社会治理现代化与国家治理体系和治理能力现代化之间的逻辑关系?”作为本章的教学难点问题。

二、重难点问题解析

(一)中国社会主要矛盾的变化对民生工作提出了哪些新要求?

习近平总书记在党的十九大报告中指出:“经过长期努力,中国特色社会主义进入了新时代,这是我国发展新的历史方位。”[①]中国特色社会主义进入新时代,我国社会主要矛盾已经转化为人民日益增长的美好生活需要和不平衡不充分的发展之间的矛盾。这个新时代,是全国各族人民团结奋斗、不断创造美好生活、逐步实现全体人民共同富裕的时代。中国特色社会主义进入新时代,人民对美好生活的需要日益广泛,对民生工作提出了更高的新要求。要适应中国社会主要矛盾转化,民生工作就要针对性更强、覆盖面更大、效果更明显,以满足人民日益增长的对美好生活的需要。

1.民生工作要针对性更强

以民为本、以人为本是党的执政理念,不断改善民生是发展的根本目的。习近平总书记指出:“以人民为中心的发展思想,不是一个抽象的、玄奥的概念,不能只停留在口头上、止步于思想环节,而要体现在经济社会发展各个环节。”[②]在民生工作中,我们要“抓住人民最关心最直接最现实的利益问题,抓住最需要关心的人群,多做雪中送炭的事情”[③],始终把实现好、维护好、发展好最广大人民根本利益作为一切工作的出发点和落脚点。针对民生领域人民群众急难愁盼的问题,采取针对性举措,切实把改善民生做细、落实,努力让人民过上美好

① 习近平:《决胜全面建成小康社会　夺取新时代中国特色社会主义伟大胜利——在中国共产党第十九次全国代表大会上的报告》,人民出版社2017年版,第10页。

② 中共中央文献研究室编:《习近平关于社会主义社会建设论述摘编》,中央文献出版社2017年版,第13页。

③ 中共中央文献研究室编:《习近平关于社会主义社会建设论述摘编》,中央文献出版社2017年版,第5页。

生活。人民对美好生活的追求,就是我们民生工作的努力目标和前进方向。

(1)重视学生近视和老人养老问题

近年来,我国学生近视呈现高发、低龄化趋势。全国儿童、青少年总体近视率为53.6%(6岁儿童近视率为14.5%,小学生近视率为36%,初中生近视率为71.6%,高中生近视率为81%)。近视严重影响孩子们的身心健康,是一个关系国家和民族未来的大问题,必须高度重视,不能任其发展。经国务院同意,教育部等八部门联合印发了《综合防控儿童青少年近视实施方案》,提出到2023年,力争实现全国儿童、青少年总体近视率在2018年的基础上每年降低0.5个百分点以上。预防近视是一项系统工程,全社会都要行动起来,构筑合力,共同呵护好孩子的眼睛,让他们拥有一个光明的未来。"夫孝,德之本也。"自古以来,中国人就提倡孝老爱亲,倡导"老吾老以及人之老,幼吾幼以及人之幼"。2019年,我国60周岁及以上人口达到2.54亿人,相较于2018年,老年人口增加约439万人,我国已经进入老龄化社会。让老年人老有所养、老有所依、老有所乐、老有所安,关系社会和谐稳定。我们要在全社会大力提倡尊敬老人、关爱老人、赡养老人,大力发展老龄事业,让所有老年人都能有一个幸福美满的晚年。

(2)重视就业优先和药品安全

就业层面坚持就业优先战略,把解决人民群众就业问题放在更加突出的位置,努力创造更多就业岗位。"'快递小哥'工作很辛苦,起早贪黑、风雨无阻,越是节假日越忙碌,像勤劳的小蜜蜂,是最辛勤的劳动者,为大家生活带来了便利。"[①]"快递小哥""外卖小哥""的士小哥"等从事的都是为人民生活提供便利、关系基本民生的工作岗位,要为其提供就业保障和鼓励政策。药品直接关系着人民群众的身体健康和生命安全,确保药品安全就是最大的民生。确保药品安全是各级党委和政府义不容辞之责,要始终把人民群众的身体健康放在首位,以猛药去疴刮骨疗毒的决心,完善我国疫苗管理体制,坚决守住安全底线,全力保障群众切身利益和社会安全稳定大局。

(3)加强老旧小区和棚户区改造

加强老旧小区和棚户区改造是改善居民居住环境、改善民生的重要举措。2020年5月22日,李克强总理在政府工作报告中提到新开工改造城镇老旧小区3.9万个,支持加装电梯,发展用餐、保洁等多样化的社区服务。2020年1~10月,全国新开工改造城镇老旧小区3.7万个,涉及居民687.35万户。新开工改造小区数已经完成年度计划任务的94.6%。2020年7月,国务院办公厅印

① 《习近平谈治国理政》第3卷,外文出版社2020年版,第344页。

发《关于全面推进城镇老旧小区改造工作的指导意见》，明确2020年新开工改造城镇老旧小区3.9万个，涉及居民近700万户。按照党中央、国务院决策部署，全面推进城镇老旧小区改造工作，满足人民群众美好生活需要，推动惠民生、扩内需，推进城市更新和开发建设方式转型，促进经济高质量发展。2021年，全国新开工改造城镇老旧小区5.3万个。棚户区改造事关千千万万群众安居乐业，2018年10月8日李克强总理在国务院常务会议上指出，棚改是重大民生工程，也是发展工程。棚改工作对改善住房困难群众居住条件、补上发展短板、扩大有效需求等发挥了重要作用，可以说是一举多得。棚改要更好体现住房居住属性，要切实把这件好事办好。按照"政府主导、市场运作"的原则，加强棚户区改造。截至2018年底，全国范围内1亿多居民出棚进楼，住房条件得到极大改善。住房城乡建设部数据显示，2020年1～11月，全国各类棚户区改造开工206.9万套，超额完成年度计划任务。"十三五"时期，全国棚改累计开工超过2300万套，帮助5000多万居民出棚进楼。

（4）加强农村地区、民族地区交通通信建设

交通运输部等有关部门和各地区要认真贯彻落实党的十九大精神，从实施乡村振兴战略、打赢脱贫攻坚战的高度，进一步深化对建设农村公路重要意义的认识。聚焦突出问题，完善政策机制，既要把农村公路建好，更要管好、护好、运营好，为广大农民致富奔小康，为加快推进农业农村现代化提供更好保障。"四好农村路"建设取得了实实在在的成效，为农村特别是贫困地区带去了人气、财气，也为党在基层凝聚了民心。同时，加快民族地区交通通信建设。"截至2019年底，民族八省区公路网总里程达122万公里，高速公路通车里程达3.6万公里，二级及以上公路里程达14.2万公里，路网等级结构进一步优化；截至2020年7月，5个自治区行政村通光纤、通4G比例均超过98%，自治县实现光纤、4G网络全通，自治州全部建成'光网城市'。"①

（5）实行垃圾分类，推进厕所革命

实行垃圾分类，关系广大人民群众生活环境，关系节约使用资源，也是社会文明水平的一个重要体现。推行垃圾分类，关键是要加强科学管理、形成长效机制、推动习惯养成。要加强引导、因地制宜、持续推进，把工作做细做实，持之以恒抓下去。要开展广泛的教育引导工作，让广大人民群众认识到实行垃圾分类的重要性和必要性，通过有效的督促引导让更多人行动起来，养成垃圾分类的好习惯，全社会人人动手，共同为改善生活环境努力，共同为绿色发展、可持续发展做贡献。此外，推进"厕所革命"。近年来，以旅游系统为开端，在全国掀

① 闵言平：《谋划好"十四五"时期少数民族和民族地区发展》，《中国民族报》2021年3月16日。

起了“厕所革命”。厕所问题不是小事情，是城乡文明建设的重要方面，是关系民生的大事情，要把“厕所革命”作为改善民生工作的一项具体工作来推进，努力补齐这一影响群众生活品质的短板。在全国范围内坚持不懈推进“厕所革命”，体现了真抓实干、努力解决实际问题的工作态度和作风，对于切实改善生活环境、提升人民生活品质具有重要作用。

2.民生工作要覆盖面更大

习近平总书记指出：“我们的人民热爱生活，期盼有更好的教育、更稳定的工作、更满意的收入、更可靠的社会保障、更高水平的医疗卫生服务、更舒适的居住条件、更优美的环境，期盼孩子们能成长得更好、工作得更好、生活得更好。”[①]教育、就业、社会保障、医疗卫生、居住条件、文化、社会治安等，是民生需求的重要领域。在民生工作中，我们要坚持从维护最广大人民根本利益的高度，多谋民生之利，多解民生之忧，扩大民生覆盖面，在学有所教、病有所医、老有所养、住有所居、娱有所乐上持续取得新进展。

(1)促进教育公平与质量提升，实现学有所教

立德树人是教育的根本任务，要把立德树人贯穿于教育公平与质量提升的全过程，实现学有所教。推动义务教育优质均衡发展和城乡一体化，依据常住人口规模配置教育资源，保障适龄儿童就近入学，解决好进城务工人员子女就学问题。全面落实义务教育教师工资待遇，加强乡村教师定向培养、在职培训与待遇保障。继续做好义务教育阶段减负工作。多渠道增加普惠性学前教育资源。加强县域普通高中建设。办好特殊教育、继续教育、专门教育，支持和规范民办教育发展。提升国家通用语言文字普及程度和质量。发展现代职业教育，改善职业教育办学条件，完善产教融合办学体制，增强职业教育适应性。推进高等教育内涵式发展，优化高等教育布局，分类建设一流大学和一流学科，加快培养理工农医类专业紧缺人才，支持中西部高等教育发展。高校招生继续加大对中西部和农村地区倾斜力度。加强师德师风建设。健全学校、家庭、社会协同育人机制。发展在线教育。完善终身学习体系。倡导全社会尊师重教。2021年，我国有2.91亿名在校学生，要坚持把教育这个关乎千家万户和中华民族未来的大事办好。

(2)提高医疗卫生服务能力，实现病有所医

医疗卫生关系千家万户，是最基本的民生。要提高医疗卫生服务能力，实现病有所医。提高居民医保和基本公共卫生服务经费人均财政补助标准，推动基本医保省级统筹。推进药品和高值医用耗材集中带量采购，确保生产供应。

---

① 《习近平谈治国理政》，外文出版社2014年版，第4页。

强化药品疫苗质量安全监管。深化医保支付方式改革,加强医保基金监管。完善跨省异地就医直接结算办法,实现全国医保用药范围基本统一。坚持预防为主,加强健康教育和健康管理,深入推进健康中国行动。逐步提高心脑血管病、癌症等慢性病和肺结核、肝炎等传染病防治服务保障水平,加强罕见病研究和用药保障。健全疾病预防控制网络,促进医防协同。加强公共卫生队伍建设,提高重大疫情监测预警、流调溯源和应急处置能力。推动公立医院综合改革和高质量发展。规范医疗机构收费和服务,继续帮扶因疫情遇困的医疗机构,补齐妇幼儿科、精神卫生、老年医学等服务短板。坚持中西医并重,加大对中医药振兴发展的支持力度,推进中医药综合改革。落实和完善乡村医生待遇保障与激励政策。持续推进分级诊疗和优化就医秩序,加快建设国家、省级区域医疗中心,推动优质医疗资源向市、县延伸,提升基层防病治病能力,使群众就近得到更好的医疗卫生服务。

(3)加强社会保障和服务,实现老有所养、幼有所育

适应人口老龄化趋势,完善养老服务,实现老有所养。稳步实施企业职工基本养老保险全国统筹,适当提高退休人员基本养老金和城乡居民基础养老金标准,确保按时足额发放。继续规范发展第三支柱养老保险。加快推进工伤和失业保险省级统筹。做好军人军属、退役军人和其他优抚对象优待抚恤工作。积极应对人口老龄化,加快构建居家社区机构相协调、医养康养相结合的养老服务体系。优化城乡养老服务供给,支持社会力量提供日间照料、助餐助洁、康复护理等服务,稳步推进长期护理保险制度试点,鼓励发展农村互助式养老服务,创新发展老年教育,推动老龄事业和产业高质量发展。推进婴幼儿托育服务,实现幼有所育。完善三孩生育政策配套措施,将 3 岁以下婴幼儿照护费用纳入个人所得税专项附加扣除,多渠道发展普惠托育服务,减轻家庭生育、养育、教育负担。强化未成年人保护和心理健康教育。提升残疾预防和康复服务水平。加强民生兜底保障和对遇困群众的救助,努力做到应保尽保、应助尽助。

(4)继续保障好群众住房需求,实现住有所居

习近平总书记在党的十九大报告中指出,房子是用来住的,不是用来炒的,为保障群众住房需求、实现住有所居指明了方向。要落实地方主体责任,继续实行差别化调控,建立健全长效机制,促进房地产市场平稳健康发展;支持居民自住购房需求,培育住房租赁市场,发展共有产权住房。要探索新的发展模式,坚持租购并举,规范发展长租房市场,推进保障性住房建设,支持商品房市场更好满足购房者的合理住房需求,稳地价、稳房价、稳预期,因城施策促进房地产业良性循环和健康发展。坚持房子是用来住的、不是用来炒的定位。解决好大城市住房突出问题,通过增加土地供应、安排专项资金、集中建设等办法,切实

增加保障性租赁住房和共有产权住房供给，降低租赁住房税费负担，尽最大努力帮助新市民、青年人等缓解住房困难。

(5)丰富人民群众精神文化生活，实现娱有所乐

新时代民生工作不仅要满足人民的物质生活需求，更要丰富人民的精神文化生活，实现娱有所乐。培育和践行社会主义核心价值观，深化群众性精神文明创建。繁荣新闻出版、广播影视、文学艺术、哲学社会科学和档案等事业。深入推进全民阅读。加强和创新互联网内容建设，深化网络生态治理。推进公共文化数字化建设，促进基层文化设施布局优化和资源共享，扩大优质文化产品和服务供给，支持文化产业发展。传承弘扬中华优秀传统文化，加强文物古籍保护利用和非物质文化遗产保护传承，推进国家文化公园建设。利用好北京冬奥会、冬残奥会遗产，发展冰雪运动和冰雪产业。建设群众身边的体育场地设施，形成全民健身风气。

总之，要始终把人民利益摆在至高无上的地位，加快推进民生领域发展和改革，尽力而为、量力而行，着力提高保障和改善民生水平，不断完善公共服务体系，不断促进社会公平正义，推动公共资源向基层延伸、向农村覆盖、向困难群体倾斜，着力解决人民群众关心的现实利益问题。

3.民生工作要效果更明显

2019 年 11 月，习近平总书记在上海考察时指出，要"扭住突出民生难题，一件事情接着一件事情办，一年接着一年干，争取早见成效，让人民群众有更多获得感、幸福感、安全感"①。党的十九大以来，深入贯彻以人民为中心的发展思想，一大批惠民举措落地、落细、落实，在居民收入、就业质量、教育体系、社会保障、文体惠民等领域成效显著，人民群众的获得感、幸福感、安全感显著增强。

(1)居民收入逐年增长

收入乃民生之源。提高人民收入水平，改善人民生活品质，反映了人民心声，是新时代社会主要矛盾转化的要求。2018 年，居民可支配收入实际增长 6.5%；2019 年，居民人均可支配收入超过 3 万元；2021 年，居民人均可支配收入实际增长 8.1%。经济发展是居民收入增长之基。实现有质量、有效益的发展，才能把"蛋糕做大"。持续推进一系列举措，以更好推动经济社会发展，为人民群众生活改善打下更为雄厚的基础。增加居民收入，不仅要把"蛋糕做大"，更要把"蛋糕分好"。要高度重视劳动报酬和劳动生产率同步提高，不断健全体制机制和具体政策，调整国民收入分配格局，持续增加城乡居民收入，不断扩大中等收入群体，缩小收入差距，努力推动居民收入增长和经济增长同步。

① 《习近平谈治国理政》第 3 卷，外文出版社 2020 年版，第 346 页。

(2)就业质量不断提高

就业是最大的民生工程、民心工程、根基工程,就业是最大的民生。受疫情和经济压力影响,就业形势较为严峻。在此种形势下,各地加大稳岗扩岗激励力度,企业和员工共同克服困难。多渠道做好重点群体就业工作,支持大众创业万众创新带动就业。新增市场主体恢复快速增长,创造了大量就业岗位。2020 年,城镇新增就业 1186 万人,年末全国城镇调查失业率降到 5.2%;加强生活必需品保供稳价,居民消费价格上涨 2.5%;线上办公、网络购物、无接触配送等业务广泛开展;扩大失业保险保障范围;对因疫情遇困群众及时给予救助,新纳入低保、特困供养近 600 万人,实施临时救助超过800 万人次。作为最大发展中国家,在巨大冲击下能够保持就业大局稳定,尤为难能可贵。

(3)教育事业全面发展

百年大计,教育为本。教育是人类传承文明和知识、培养年轻一代、创造美好生活的根本途径,对实现中华民族伟大复兴具有重要意义。近年来,大力推动义务教育教师工资待遇政策落实,加强乡村小规模学校和乡镇寄宿制学校建设,促进高等教育内涵式发展。2018 年,资助各类学校家庭困难学生近 1 亿人次。2019 年,义务教育阶段学生生活补助人数增加近 40%,高职院校扩招 100 万人。2021 年,加大农村义务教育薄弱环节建设力度,提高学生营养改善计划补助标准,3700 多万名学生受益,国家助学贷款每人每年最高额度增加 4000 元,惠及 500 多万名在校生。同时,减轻义务教育阶段学生作业负担和校外培训负担,超额完成高职扩招三年行动目标。

(4)社会保障更加完善

社会保障发挥着社会稳定器、民生安心丸的作用,与人民美好生活息息相关。深化医疗、医保、医药联动改革。稳步推进分级诊疗。提高居民基本医保补助标准和大病保险报销比例。加快新药审评审批改革,仅 2018 年就有 17 种抗癌药大幅降价并纳入国家医保目录。上调退休人员基本养老金。将低保边缘家庭重病重残人员纳入低保范围,做好困难群众帮扶救助。改革疾病预防控制体系。把更多常见病、慢性病等门诊费用纳入医保报销范围,住院费用跨省直接结算率达到 60%。严格药品疫苗监管。继续提高优抚、低保等标准,使残疾人"两项补贴"惠及所有符合条件人员。加强退役军人服务管理工作,维护退役军人合法权益。实施三孩生育政策。加强养老服务。城镇保障房建设和农村危房改造深入推进。

(5)文体惠民全面推进

加快推进文化惠民工程,持续加强基层公共文化服务。繁荣发展文化事业和文化产业,积极开展全民健身运动。中国体育健儿在东京奥运会、残奥会上勇创佳绩。经过精心筹备，成功举办了简约、安全、精彩的北京冬奥会和冬残奥会，运动健儿大展风采，全民健身蓬勃发展。

（二）保障和改善民生的主要内容有哪些？

习近平总书记在党的十九大报告中指出："增进民生福祉是发展的根本目的。必须多谋民生之利、多解民生之忧，在发展中补齐民生短板、促进社会公平正义，在幼有所育、学有所教、劳有所得、病有所医、老有所养、住有所居、弱有所扶上不断取得新进展，深入开展脱贫攻坚，保证全体人民在共建共享发展中有更多获得感，不断促进人的全面发展、全体人民共同富裕。建设平安中国，加强和创新社会治理，维护社会和谐稳定，确保国家长治久安、人民安居乐业。"①民生是人民幸福之基、社会和谐之本。带领人民群众创造幸福生活，要顺应人民群众对美好生活的向往，坚持以人民为中心的发展思想，以保障和改善民生为重点，发展好教育、就业、医疗、居住、养老等最直接最现实的利益问题，让改革发展成果更多更公平惠及全体人民，朝着实现全体人民共同富裕不断迈进。

保障和改善民生的主要内容包括以下几点。

1.优先发展教育事业

优先发展教育事业是面向新时代的一项重要战略部署。习近平总书记重视教育事业的发展，在党的十九大报告中指出："建设教育强国是中华民族伟大复兴的基础工程，必须把教育事业放在优先位置，深化教育改革，加快教育现代化，办好人民满意的教育。"②教育是国之大计、党之大计，是"功在当代、利在千秋的德政工程"③。旗帜鲜明地优先发展教育事业对于推动民族振兴、实现社会进步，"提高人民综合素质、促进人的全面发展、增强中华民族创新创造活力、实现中华民族伟大复兴具有决定性意义"④。

（1）优先发展教育事业是我国的优良传统

我国历来重视教育，把发展教育摆在突出位置。毛泽东在《论联合政府》中指出，"中国应当建立自己的民族的、科学的、人民大众的新文化和新教育"⑤，为我国教育政策的制定指明了方向、奠定了基础。在改革开放和社会主义现代化建设的进程中，综合分析国内外大势、立足我国发展实际做出了实施科教兴国

---

① 习近平：《决胜全面建成小康社会　夺取新时代中国特色社会主义伟大胜利——在中国共产党第十九次全国代表大会上的报告》，人民出版社 2017 年版，第 23 页。

② 习近平：《决胜全面建成小康社会　夺取新时代中国特色社会主义伟大胜利——在中国共产党第十九次全国代表大会上的报告》，人民出版社 2017 年版，第 45 页。

③ 习近平：《思政课是落实立德树人根本任务的关键课程》，人民出版社 2020 年版，第 1 页。

④ 习近平：《思政课是落实立德树人根本任务的关键课程》，人民出版社 2020 年版，第 1～2 页。

⑤ 《毛泽东选集》第 3 卷，人民出版社 1991 年版，第 1083 页。

战略和人才强国战略的决策。邓小平重视教育在社会主义现代化建设中的重要地位，他指出："实现四个现代化，科学技术是关键，基础在教育。"[①]党的十二大首次把教育提高到现代化建设战略重点之一的地位。江泽民更是把教育放到我国现代化建设蓝图的突出位置，他指出："真正把教育摆在优先发展的战略地位，努力提高全民族的思想道德素质和科学文化素质。这是实现我国现代化的根本大计。"[②]进入新世纪，胡锦涛结合国内外形势的发展，指出："在党和国家工作全局中，必须始终把教育摆在优先发展的战略地位。"[③]实施科教兴国、人才强国战略，是新时代中国特色社会主义事业发展的重要战略部署。习近平总书记在党的十九大报告中指出，"坚定实施科教兴国战略、人才强国战略"[④]，更是从新时代坚持和发展中国特色社会主义的战略高度，做出了优先发展教育事业的重大战略部署。

(2)优先发展教育事业，要以立德树人为导向，加快教育现代化，办好人民满意教育

首先，要以立德树人为导向。要全面贯彻党的教育方针，落实立德树人的根本任务，加强社会主义核心价值观教育，完善中华优秀传统文化教育，解决好"培养什么人、怎样培养人、为谁培养人"[⑤]这一教育的根本问题。

其次，要加快教育现代化。在"互联网＋"的时代背景下，互联网的广泛应用和现代信息技术的发展，使教育与互联网的联系更为紧密。"互联网＋教育"是时代发展的必然趋势，网络信息技术广泛应用于教育领域，为教育插上了腾飞的翅膀。优先发展教育事业，要推进现代信息技术与教育的深度融合，运用信息技术推进教学改革，推动信息化手段服务于教育教学，推进教育现代化。

最后，办好人民满意教育。习近平总书记指出，"我国人口多、国土广、地区差异大"[⑥]，做好教育事业任务艰巨。同时，这也为我国办好人民满意教育指明了方向。要大力促进教育公平，推动城乡义务教育一体化发展，让每个孩子都能享有公平而有质量的教育；完善职业教育和培训体系，深化产教融合、校企合作；健全学生资助制度，使绝大多数城乡新增劳动力接受高中阶段教育，更多接受高等教育；办好继续教育，加快建设学习型社会，大力提高国民素质，真正实

---

① 中共中央文献研究室编：《十四大以来重要文献选编》(上)，人民出版社1996年版，第62页。

② 《江泽民文选》第1卷，人民出版社2006年版，第369页。

③ 《胡锦涛文选》第3卷，人民出版社2016年版，第419页。

④ 习近平：《决胜全面建成小康社会　夺取新时代中国特色社会主义伟大胜利——在中国共产党第十九次全国代表大会上的报告》，人民出版社2017年版，第27页。

⑤ 《习近平谈治国理政》第3卷，外文出版社2020年版，第328页。

⑥ 习近平：《做党和人民满意的好老师：同北京师范大学师生代表座谈时的讲话》，人民出版社2014年版，第12页。

现“幼有所育、学有所教”,切实增强人民的教育获得感。

2.提高就业质量和人民收入水平

“就业是民生之本。”[①]劳动者通过就业,一方面取得劳动报酬,获得生活来源,提高生活水平;另一方面有利于实现自身的社会价值,丰富精神生活,提高精神境界,促进全面发展。就业一头连着民生,一头连着发展,“是最大的民生工程、民心工程、根基工程”[②]。就业关系千家万户幸福,关系社会和谐稳定,对于提高人民幸福感、构建社会主义和谐社会具有重要的意义。

(1)实现更高质量和更充分就业

高校毕业生、农民工和下岗职工就业问题牵动着整个社会的和谐稳定。坚持就业优先战略和积极就业政策,实现高校毕业生、农民工和下岗职工更高质量和更充分就业。解决好高校毕业生就业这个就业中的难点问题。现在,多数高校毕业生都想在大城市就业,找不到工作也在城里漂着,处理不好容易形成社会风险。各级党委和政府要落实已有的政策和措施,努力创造就业岗位,尽力吸纳更多高效毕业生就业创业,同时在政策和资金方面给予支持,引导和鼓励他们到基层和中西部地区就业创业。解决好农民工这个就业中的痛点问题。农民工在我国就业群体中占有较高比重,农民工实现充分就业对于社会稳定具有重要意义。我们要提供全方位公共就业服务,鼓励支持发展乡镇企业,实现农民工多渠道高质量就业。解决好下岗职工再就业问题。要努力化解产能过剩导致部分职工下岗失业的问题,做好社会政策托底工作,保障基本生活,同时谋划在先,加强技能培训,促进转岗就业。鼓励创业带动就业。大规模开展职业技能培训,注重解决结构性就业矛盾,鼓励创业带动就业。

(2)缩小收入分配差距

“收入分配制度改革是一项十分艰巨复杂的系统工程。”[③]从我国经济社会发展的实际出发,确立了按劳分配为主体、多种分配方式并存的分配制度。实践证明,这一制度安排有利于调动各方面积极性,有利于实现效率和公平有机统一。坚持按劳分配原则,完善按要素分配的体制机制,促进收入分配更合理、更有序。鼓励勤劳守法致富,扩大中等收入群体,增加低收入者收入,调节过高收入,取缔非法收入。坚持在经济增长的同时实现居民收入同步增长,在劳动生产率提高的同时实现劳动报酬同步提高。拓宽居民劳动收入和财产性收入

① 《胡锦涛文选》第3卷,人民出版社2016年版,第641页。

② 中共中央文献研究室编:《习近平关于社会主义社会建设论述摘编》,中央文献出版社2017年版,第67页。

③ 中共中央文献研究室编:《习近平关于全面建成小康社会论述摘编》,中央文献出版社2016年版,第131页。

渠道。履行好政府再分配调节职能，加快推进基本公共服务均等化，缩小收入分配差距。

(3)构建和谐劳动关系

破除妨碍劳动力、人才社会性流动的体制机制弊端，使人人都有通过辛勤劳动实现自身发展的机会。增强政府公共就业服务能力，改善就业环境，提高就业质量。要建立健全党和政府主导的维护群众权益机制，抓住劳动就业、技能培训、收入分配、社会保障、安全卫生等问题，关注一线职工、农民工、困难职工等群体，完善制度，排除阻碍劳动者参与发展、分享发展成果的障碍，努力让劳动者实现体面劳动、全面发展。完善政府、工会、企业共同参与的协商协调机制，为劳动者提供及时便捷的服务。加强社会舆论引导，形成劳动光荣、崇尚技能的社会氛围，构建和谐劳动关系。

3.加强社会保障体系建设

社会保障体系是保障公民在年老、疾病、伤残、失业、生育、死亡、遭遇灾害、面临生活困难时的特殊需要，由国家通过立法而制定的社会保险、救助、补贴等一系列制度的总称。社会保障体系包括社会福利、社会保险、社会救助、社会优抚和安置等各项不同性质、作用和形式的社会保障制度。社会保障体系由国家通过国民收入分配和再分配实现，对于保障人民生活、调节社会分配、促进经济发展、维护社会稳定等具有重要作用。加强社会保障体系建设关系经济社会发展，关系社会和谐稳定，关系国家长治久安。

(1)健全多层次社会保障体系

党的十九大报告明确提出“加强社会保障体系建设”[①]，“全面建成覆盖全民、城乡统筹、权责清晰、保障适度、可持续的多层次社会保障体系”[②]。党的十九届五中全会提出“健全多层次社会保障体系”[③]，并指出“健全覆盖全民、统筹城乡、公平统一、可持续的多层次社会保障体系”[④]。从党的十九大报告中的“建成”，到党的十九届五中全会上的“健全”，体现了我国社会保障体系建设的成效。推进社保转移接续，健全基本养老、基本医疗保险筹资和待遇调整机制；实现基本养老保险全国统筹，实施渐进式延迟法定退休年龄；发展多层次、多支柱

① 习近平：《决胜全面建成小康社会　夺取新时代中国特色社会主义伟大胜利——在中国共产党第十九次全国代表大会上的报告》，人民出版社2017年版，第47页。

② 习近平：《决胜全面建成小康社会　夺取新时代中国特色社会主义伟大胜利——在中国共产党第十九次全国代表大会上的报告》，人民出版社2017年版，第47页。

③ 《中共中央关于制定国民经济和社会发展第十四个五年规划和二〇三五年远景目标的建议》，《人民日报》2020年11月4日。

④ 《中共中央关于制定国民经济和社会发展第十四个五年规划和二〇三五年远景目标的建议》，《人民日报》2020年11月4日。

养老保险体系;推动基本医疗保险、失业保险、工伤保险省级统筹,健全重大疾病医疗保险和救助制度,落实异地就医结算,稳步建立长期护理保险制度,积极发展商业医疗保险;健全灵活就业人员社保制度。健全退役军人工作体系和保障制度。健全分层分类的社会救助体系;坚持男女平等基本国策,保障妇女儿童合法权益。健全老年人、残疾人关爱服务体系和设施,完善帮扶残疾人、孤儿等社会福利制度;完善全国统一的社会保险公共服务平台,以健全覆盖全民、统筹城乡、公平统一、可持续的多层次社会保障体系。

(2)完善覆盖全民的社会保障体系

社会保障体系发挥兜底作用,保障全社会成员基本生存需要,要全面完善覆盖全民、城乡统筹、权责清晰、保障适度、可持续的多层次社会保障体系。全面实施全民参保计划。完善城镇职工基本养老保险和城乡居民基本养老保险制度,完善城乡居民基本医疗保险制度和大病保险制度,完善失业、工伤保险制度,建立全国统一的社会保险公共服务平台。统筹城乡社会救助体系,完善最低生活保障制度。完善社会救助、社会福利、慈善事业、优抚安置等制度,健全农村留守儿童和妇女、老年人关爱服务体系。发展残疾人事业,加强残疾康复服务。坚持"房子是用来住的,不是用来炒"的定位,加快建立多主体供给、多渠道保障、租购并举的住房制度,让全体人民住有所居。

经过长期努力,"我国已建成了包括养老、医疗、低保、住房在内的世界最大的社会保障体系,基本养老保险覆盖超过9亿人,医疗保险覆盖超过13亿人。常住人口城镇化率达到58.52%,上升40.6个百分点。居民预期寿命由1981年的67.8岁提高到2017年的76.7岁。我国社会大局保持长期稳定,成为世界上最有安全感的国家之一。粮票、布票、肉票、鱼票、油票、豆腐票、副食本、工业券等百姓生活曾经离不开的票证已经进入了历史博物馆,忍饥挨饿、缺吃少穿、生活困顿这些几千年来困扰我国人民的问题总体上一去不复返!"①

4.坚决打赢脱贫攻坚战

反贫困是古今中外治国理政的一件大事。消除贫困、改善民生、逐步实现共同富裕,是社会主义的本质要求,是中国共产党的重要使命。新中国成立前,党领导广大农民"打土豪,分田地",就是要让广大农民翻身得解放。现在,党领导广大农民"脱贫困、奔小康",就是要让广大农民过上好日子。

(1)坚决打赢脱贫攻坚战

党的十八大以来,我们坚持以人民为中心的发展思想,明确了到2020年我国现行标准下农村贫困人口实现脱贫、贫困县全部摘帽、解决区域性整体贫困

① 习近平:《在庆祝改革开放40周年大会上的讲话》,人民出版社2018年版,第15页。

的目标任务。由此,我国采取了一系列措施,坚决打赢脱贫攻坚战。

第一,加强组织领导。脱贫攻坚是一场必须打赢打好的硬仗,是党向全国人民做出的庄严承诺。党的十八大以来,各级党政干部特别是一把手必须增强政治担当和责任担当,以高度的历史使命感亲力亲为抓。

第二,坚持目标标准。脱贫攻坚的目标就是要做到"两个确保":确保现行标准下的农村贫困人口全部脱贫,消除绝对贫困;确保贫困县全部摘帽,解决区域性整体贫困。要始终坚持"两个确保",不能偏离,既不能降低标准、影响质量,也不要调高标准、吊高胃口。

第三,强化体制机制。要落实好中央统筹、省负总责、市县抓落实的管理体制。要改进考核评估机制,根据脱贫攻坚进展情况不断完善,让省负总责既体现在工作要求和责任上,也体现在考核上。

第四,牢牢把握精准。打好脱贫攻坚战,成败在于精准。精准施策要深入推进,按照因地制宜、因村因户因人施策的要求,扎实做好产业扶贫、易地扶贫搬迁、就业扶贫、危房改造、教育扶贫、健康扶贫、生态扶贫等精准扶贫重点工作。

第五,完善资金管理。要强化监管,做到阳光扶贫、廉洁扶贫。要增加投入,确保扶贫投入同脱贫攻坚目标任务相适应。要加强资金整合,理顺涉农资金管理体系,确保整合资金围绕脱贫攻坚项目精准使用,提高使用效率和效益。

第六,加强作风建设。要坚持问题导向,集中力量解决脱贫领域"四个意识"不强、责任落实不到位、工作措施不精准、资金管理使用不规范、工作作风不扎实、考核评估不严格等突出问题。

第七,组织干部轮训。打好脱贫攻坚战,关键在人,在人的观念、能力、干劲。贫困地区最缺的是人才。在向贫困地区选派大批干部和人才的同时,关键还是要依靠本地干部队伍和人才。要突出抓好各级扶贫干部学习培训工作,中央层面要重点对省级负责同志开展轮训,省、市、县都要加大干部培训力度,分级安排培训活动。

第八,注重激发内生动力。要加强扶贫同扶志、扶智相结合,激发贫困群众积极性和主动性,激励和引导他们靠自己的努力改变命运,使脱贫具有可持续的内生动力。要加强典型示范引领,总结推广脱贫典型,用身边人、身边事示范带动,营造勤劳致富、光荣脱贫氛围。

(2)巩固脱贫攻坚成果

经过持续奋斗,到2021年我们如期完成了新时代脱贫攻坚目标任务,现行标准下农村贫困人口全部脱贫,贫困县全部摘帽,消除了绝对贫困和区域性整体贫困,近一亿贫困人口实现脱贫,取得了令全世界瞩目的重大胜利。但是,我国发展不平衡不充分的问题仍然突出,巩固拓展脱贫攻坚成果的任务依然艰巨。要深入贯彻落实党的十九届五中全会精神,巩固拓展脱贫攻坚成果。要保持帮扶政策总体稳定,严格落实"四个不摘"要求,保持现有帮扶政策、资金支持、帮扶力量总体稳定。要健全防止返贫监测帮扶机制,继续对脱贫县、脱贫村、脱贫人口开展监测,持续跟踪收入变化和"两不愁三保障"巩固情况,定期核查,及时发现,及时帮扶,动态清零。要持续发展壮大扶贫产业,继续加强脱贫地区产业发展基础设施建设,拓展销售渠道,创新流通方式,促进稳定销售。要做好脱贫人口稳岗就业,加大对脱贫人口职业技能培训力度,加强东西部劳务协作,鼓励支持东中部劳动密集型产业向西部地区转移。要强化易地搬迁后续扶持,完善集中安置区公共服务和配套基础设施,因地制宜在搬迁地发展产业,确保搬迁群众稳得住、有就业、逐步能致富。要加强资金资产项目管理,建立健全资产管理制度,持续发挥效益。要兜住民生底线,规范管理公益岗位,以现有社会保障体系为依托,促进弱劳力、半劳力等家庭就近就地解决就业,保障这些群众的基本生活。

5.实施健康中国战略

"没有全民健康,就没有全面小康。"[①]人民健康是社会文明进步的基础,是民族昌盛和国家富强的重要标志,也是广大人民群众对美好生活的共同追求。党的十八大以来,党中央把维护人民健康摆在更加突出的位置,召开全国卫生与健康大会,确立新时代卫生与健康工作方针,印发《"健康中国2030"规划纲要》,发出"建设健康中国"的号召,明确了建设健康中国的大政方针和行动纲领,人民健康状况和基本医疗卫生服务的公平性、可及性持续改善。党的十九大提出了实施健康中国战略,把人民健康放在更加突出的位置。2019年7月,国务院印发《国务院关于实施健康中国行动的意见》,成立健康中国行动推进委员会,出台《健康中国行动组织实施和考核方案》,进一步推动健康中国建设。

(1)全面推进健康中国建设

把保障人民健康放在优先发展的战略位置,坚持预防为主的方针,深入实施健康中国行动,完善国民健康促进政策,织牢国家公共卫生防护网,为人民提供全方位全周期健康服务。改革疾病预防控制体系,强化监测预警、风险评估、流行病学调查、检验检测、应急处置等职能。建立稳定的公共卫生事业投入机制,加强人才队伍建设,改善疾控基础条件,完善公共卫生服务项目,强化基层公共卫生体系。落实医疗机构公共卫生责任,创新医防协同机制。完善突发公共卫生事件监测预警处置机制,健全医疗救治、科技支撑、物资保障体系,提高

① 《习近平谈治国理政》第2卷,外文出版社2017年版,第370页。

应对突发公共卫生事件能力。坚持基本医疗卫生事业公益属性，深化医药卫生体制改革，加快优质医疗资源扩容和区域均衡布局，加快建设分级诊疗体系，加强公立医院建设和管理考核，推进国家组织药品和耗材集中采购使用改革，发展高端医疗设备。支持社会办医，推广远程医疗。坚持中西医并重，大力发展中医药事业。提升健康教育、慢病管理和残疾康复服务质量，重视精神卫生和心理健康。深入开展爱国卫生运动，促进全民养成文明健康生活方式。完善全民健身公共服务体系。加快发展健康产业。

(2)构建人类卫生健康共同体

新冠肺炎疫情是第二次世界大战结束以来人类经历的最严重的全球公共卫生突发事件。在这场人类共同面对的灾难面前，坚持科学理性还是制造政治分歧？加强团结合作还是寻求脱钩孤立？推进多边合作还是奉行单边主义？迫切需要各个国家做出正确选择。中国倡导人类命运共同体理念，自疫情发生以来，第一时间向世界卫生组织、有关国家和地区组织主动通报疫情信息，与世界各国开展70多次疫情防控交流活动，国家卫生健康委汇编诊疗和防控方案并翻译成3个语种，分享给全球180多个国家、10多个国际和地区组织。在自身疫情防控仍面临较大压力的情况下，中国积极开展救援行动，向世界卫生组织提供5000万美元现汇援助，向世界各国派出医疗专家组，出口防疫物资，有力支持了相关国家疫情防控。同时，加强同世界卫生组织沟通交流，同有关国家在溯源、药物、疫苗、检测等方面开展科研交流与合作，共享科研数据信息，共同研究防控和救治策略。联合国秘书长古特雷斯认为，中国用实实在在的行动生动践行了构建人类命运共同体的承诺。抗击疫情的“中国答卷”，更加充分地体现构建人类卫生健康共同体的重要性。要加强国际交流合作，完善中国参与国际重特大突发公共卫生事件应对工作机制，履行国际义务，发挥全球抗疫物资最大供应国作用，推动构建人类卫生健康共同体。

“治国有常，而利民为本。”保障和改善民生没有终点，只有连续不断的新起点，要采取针对性更强、覆盖面更大、作用更直接、效果更明显的举措，实实在在帮群众解难题、为群众增福祉、让群众享受公平。要从实际出发，集中力量做好普惠性、基础性、兜底性民生建设，不断提高公共服务共建能力和共享水平，织密扎牢托底的民生保障网、消除隐患，确保人民群众安居乐业、社会秩序安定有序。

(三)如何理解推进社会治理现代化与国家治理体系和治理能力现代化之间的逻辑关系？

社会治理现代化是国家治理体系和治理能力现代化的重要内容，国家治理体系和治理能力现代化为社会治理现代化提供方向指引，社会治理现代化与国家治理体系和治理能力现代化统一于中国特色社会主义制度。

1.社会治理现代化是国家治理体系和治理能力现代化的重要内容

社会治理是国家治理的重要领域,社会治理现代化是国家治理体系和治理能力现代化的题中应有之义。加强和创新社会治理,逐步实现社会治理结构的合理化、治理方式的科学化、治理过程的民主化,将有力推进国家治理现代化的进程。

(1)社会治理与社会治理现代化

党的十八大以来,以习近平同志为核心的党中央牢牢把握推进国家治理体系和治理能力现代化的总要求,坚持一手抓保安全、护稳定,一手抓打基础、谋长远,不断创新社会治理理念思路、体制机制、方法手段,着力从源头上预防和减少影响社会和谐稳定的问题,使一些社会治理难题得到有效破解,平安中国建设取得重大进展。总体上看,我国社会治理体系不断完善,社会安全稳定形势持续向好,人民生命财产安全得到有效维护,广大人民群众的安全感和满意度不断增强。与此同时,也要清醒地看到,在社会大局总体稳定的同时,社会利益关系日趋复杂,社会阶层结构分化,社会矛盾和问题交织叠加,人民群众对社会事务参与意愿更加强烈,社会治理面临的形势环境更为复杂。随着互联网特别是移动互联网的发展,社会治理模式正在从单向管理转向双向互动,从线下转向线上线下融合,从单纯的政府监管向更加注重社会协同治理转变。必须时刻居安思危,强化底线思维,进一步开创社会治理崭新局面。

理念是行动的先导,创新社会治理首先要创新理念。提出社会治理,反映了党对社会运行规律和治理规律认识的深化,是社会建设理念、体制和方式的一次重大变革,是推进国家治理现代化的重要体现。新时代进一步加强和创新社会治理,要求推陈出新、有所突破,坚持问题导向,坚持把专项治理与系统治理、综合治理、依法治理、源头治理结合起来,探索一条符合中国社会发展实际、更可持续的中国特色社会主义社会治理之路,打造共建共治共享的社会治理格局。其中,共建是基础,突出制度和体系建设在社会治理格局中的基础性、战略性地位;共治是关键,要求树立大社会观、大治理观,将党总揽全局、协调各方的政治优势同政府的资源整合优势、企业的市场竞争优势、社会组织的群众动员优势有机结合起来,打造全民参与的开放治理体系;共享是目标,要使社会治理的成效更多、更公平地惠及全体人民,不断增强人民的获得感、幸福感、安全感。

社会治理是一门科学,要运用正确方法论,坚持辩证唯物主义和历史唯物主义。正确理解和处理好维稳与维权的关系。维权是维稳的基础,维稳的实质是维权。对涉及维权的维稳问题,首先要把群众合理合法的利益诉求解决好。单纯维稳,不解决利益问题,那是本末倒置,最后也难以稳定下来。要完善对维护群众切身利益具有重大作用的制度，使群众由衷感到权益受到了公平对待、利益得到了有效维护。正确理解和处理好活力与秩序的关系，既不能管得太死、一潭死水，也不能管得太松、波涛汹涌。要重视疏导化解、柔性维稳，充分调动一切积极因素，使社会既生机勃勃又井然有序。

(2)国家治理体系和治理能力现代化

国家治理体系和治理能力是一个国家制度和制度执行能力的集中体现。国家治理体系是在党领导下管理国家的制度体系，包括经济、政治、文化、社会、生态文明和党的建设等各领域体制机制、法律法规安排，也就是一整套紧密相连、相互协调的国家制度；国家治理能力则是运用国家制度管理社会各方面事务的能力，包括改革发展稳定、内政外交国防、治党治国治军等各个方面。国家治理体系和治理能力相辅相成，有了好的国家治理体系才能提高治理能力，提高国家治理能力才能充分发挥国家治理体系的效能。

实际上，“如何治理社会主义社会”这样一个问题，在以往的世界社会主义的探索中没有得到很好的解决。马克思、恩格斯没有遇到全面治理一个社会主义国家的实践，他们关于未来社会的原理很多是预测性的；列宁在俄国十月革命后也没来得及深入探索这个问题；苏联在这个问题上进行了探索，取得了一些实践经验，但也犯下了严重错误，没有解决这个问题。中国共产党在执政以后不断探索这个问题，虽然也遭遇了严重曲折，但在国家治理体系和治理能力方面积累了丰富经验、取得了重大成果，改革开放以来的进展尤为显著。我国政治稳定、经济发展、社会和谐、民族团结，同世界上一些地区和国家不断出现乱局形成了鲜明对照。这说明我们的国家治理体系和治理能力总体上是好的，是适应我国国情和发展要求的。

同时，我们也要看到，相比于我国经济社会发展要求，相比于人民群众期待，相比于当今世界日趋激烈的国际竞争，相比于实现国家长治久安，我们在国家治理体系和治理能力方面还有许多不足，有许多亟待改进的地方。真正实现社会和谐稳定、国家长治久安，还是要靠制度，靠国家治理上的高超能力，靠高素质干部队伍。要更好发挥中国特色社会主义制度的优越性，必须从各个领域推进国家治理体系和治理能力现代化。

推进国家治理体系和治理能力现代化，就是要适应时代变化，既改革不适应实践发展要求的体制机制、法律法规，又不断构建与制定新的体制机制、法律法规，使各方面制度更加科学、更加完善，实现党、国家、社会各项事务治理制度化、规范化、程序化。要更加注重治理能力建设，增强按制度办事、依法办事意识，善于运用制度和法律治理国家，把各方面制度优势转化为管理国家的效能，提高党科学执政、民主执政、依法执政的水平。

(3)社会治理现代化推进国家治理现代化

社会治理是国家治理的重要方面,社会治理现代化将有力推进国家治理现代化。要加强社会治理制度建设,打造全民共建共治共享的社会治理格局,提升我国治理能力和治理水平。

打造全民共建共治共享的社会治理格局,必须加强社会治理制度建设。党的十九大立足新时代坚持和发展中国特色社会主义,明确了推进社会建设的目标要求:到2035年,我国现代社会治理格局基本形成,社会充满活力又和谐有序;到21世纪中叶,我国社会文明将全面提升,人民将享有更加幸福安康的生活。我们要适应新形势新要求,不断创新社会治理体制机制,不断提高社会治理水平,一步一步把宏伟目标变为现实。

完善党委领导、政府负责、社会协同、公众参与、法治保障的社会治理体制。要加强和改善各级党委对社会治理的领导,提高党对社会治理的领导能力,加强党委对社会治理的统筹谋划和组织领导。要积极发挥各级政府负责社会治理的职能,采取多种措施和途径,切实搞好公共服务、公共管理、公共安全,健全利益表达、利益协调、利益保护机制。要全面落实各级党委和政府社会治理主体责任,把加强和创新社会治理纳入各级党委和政府重要议事日程,纳入地方党政领导班子和领导干部政绩考核指标体系,规范党政各部门社会治理职能,形成权责明晰、奖惩分明、分工负责、齐抓共管的社会治理责任链条。

完善政府治理和社会调节、居民自治良性互动的体制机制。习近平总书记指出,注重动员组织社会力量共同参与,发动全社会一起来做好维护社会稳定工作,努力形成社会治理人人参与、人人尽力、人人共享的良好局面。扩大开放公共服务市场,通过政府购买服务、健全激励补偿机制等办法,鼓励和引导企事业单位、社会组织、人民群众积极参与社会治理。深化基层组织和部门、行业依法治理,支持各类社会主体自我约束、自我管理,发挥市民公约、村规民约、行业规章、团体章程等社会规范在社会治理中的积极作用。注重社会组织培育和引导,改革社会组织管理制度,推动社会组织明确权责、规范自律、依法自治,积极参与社会治理全过程。

不断提高社会治理社会化、法治化、智能化、专业化水平。激发全社会活力,坚持群众观点和群众路线,群众的事多同群众商量,群众的事多依靠群众,提高社会治理社会化水平。充分发挥法治对社会治理的引领、规范和保障作用,运用法治思维和法治方式化解矛盾,引导群众依法行使权利、表达诉求、解决纠纷,更好地引导和规范社会生活,努力实现法安天下,提高社会治理法治化水平。加强社会治理基础制度建设,建立国家人口基础信息库、统一社会信用代码制度和相关实名登记制度,完善社会信用体系,更多运用互联网、大数据等信息技术手段，持续推进社会治理科学化、精细化，在观念、标准、手段、目标等方面下一番功夫，提高社会治理智能化水平。建设高素质专业化干部队伍和社会治理各类人才队伍，善于运用先进的理念和专业的方法提升社会治理效能，增强社会治理整体性和协同性，提高预测预警预防各类风险能力，增强社会治理预见性、精准性、高效性，提高社会治理专业化水平。

2.国家治理体系和治理能力现代化为社会治理现代化提供方向指引

国家治理体系和治理能力囊括国家治理的方方面面，包括社会治理等方面的内容。我国国家制度和国家治理体系具有多方面的显著优势，总体上规定了社会治理现代化的目标，为社会治理现代化提供方向指引。

我国国家制度和国家治理体系的显著优势保证治理能力的发挥，为社会治理现代化提供方向指引。我国国家制度和国家治理体系具有多方面的显著优势，主要体现为：坚持党的集中统一领导，坚持党的科学理论，保持政治稳定，确保国家始终沿着社会主义方向前进；坚持人民当家作主，发展人民民主，密切联系群众，紧紧依靠人民推动国家发展；坚持全面依法治国，建设社会主义法治国家，切实保障社会公平正义和人民权利；坚持全国一盘棋，调动各方面积极性，集中力量办大事；坚持以人民为中心的发展思想，不断保障和改善民生、增进人民福祉，走共同富裕道路；坚持改革创新、与时俱进，善于自我完善、自我发展，使社会充满生机活力；坚持德才兼备、选贤任能，聚天下英才而用之，培养更多更优秀人才。

国家治理体系和治理能力现代化和社会治理现代化相互联系。我国国家制度和国家治理体系优势为社会治理现代化提供有力保障，并指明方向。有了好的国家治理体系和国家治理能力，才能使社会治理沿着正确的方向前进，提高社会治理能力，推进社会治理现代化。

3.社会治理现代化与国家治理体系和治理能力现代化统一于中国特色社会主义制度

加强和创新社会治理是完善和发展中国特色社会主义制度、推进国家治理体系和治理能力现代化的重要内容。中国特色社会主义制度是党和人民在长期实践探索中形成的科学制度体系，我国社会治理和国家治理一切工作和活动都依照中国特色社会主义制度展开，我国社会治理与国家治理体系和治理能力是中国特色社会主义制度及其执行能力的集中体现。

党的十八大以来，党领导人民统筹推进“五位一体”总体布局、协调推进“四个全面”战略布局，推动中国特色社会主义制度更加完善，国家治理体系和治理能力现代化水平明显提高，为政治稳定、经济发展、文化繁荣、民族团结、人民幸福、社会安宁、国家统一提供了有力保障。实践证明，中国特色社会主义制度和国家治理体系是以马克思主义为指导、植根中国大地、具有深厚中华文化根基、深得人民拥护的制度和治理体系，是具有强大生命力和巨大优越性的制度和治理体系，是能够持续推动拥有14亿多人口大国进步和发展、确保拥有五千多年文明史的中华民族实现“两个一百年”奋斗目标进而实现伟大复兴的制度和治理体系。

坚持和完善中国特色社会主义制度、推进国家治理体系和治理能力现代化，是关系党和国家事业兴旺发达、国家长治久安、人民幸福安康的重大问题。当今世界正经历百年未有之大变局，我国正处于实现中华民族伟大复兴关键时期。顺应时代潮流，适应我国社会主要矛盾变化，统揽伟大斗争、伟大工程、伟大事业、伟大梦想，不断满足人民对美好生活的新期待，有效防范与化解前进道路上的各种风险挑战，必须在坚持和完善中国特色社会主义制度、推进国家治理体系和治理能力现代化上下更大功夫。到2035年，各方面制度更加完善，基本实现国家治理体系和治理能力现代化；到新中国成立100年时，全面实现国家治理体系和治理能力现代化，使中国特色社会主义制度更加巩固、优越性充分展现。

坚持和完善中国特色社会主义制度、推进国家治理体系和治理能力现代化，必须坚持以马克思列宁主义、毛泽东思想、邓小平理论、“三个代表”重要思想、科学发展观、习近平新时代中国特色社会主义思想为指导，增强“四个意识”，坚定“四个自信”，做到“两个维护”；坚持党的领导、人民当家作主、依法治国有机统一；坚持解放思想、实事求是；坚持改革创新，突出坚持和完善支撑中国特色社会主义制度的根本制度、基本制度、重要制度，着力固根基、扬优势、补短板、强弱项，构建系统完备、科学规范、运行有效的制度体系；加强系统治理、依法治理、综合治理、源头治理，把我国制度优势更好地转化为国家治理效能，为实现“两个一百年”奋斗目标、实现中华民族伟大复兴的中国梦提供有力保证。

完善和发展我国国家制度和治理体系，必须坚持从国情出发、从实际出发，既把握长期形成的历史传承，又把握党和人民在我国国家制度建设和国家治理方面走过的道路、积累的经验、形成的原则，不能照抄照搬他国制度模式，既不走封闭僵化的老路，也不走改旗易帜的邪路，坚定不移走中国特色社会主义道路。

全党全国各族人民要更加紧密地团结在以习近平同志为核心的党中央周围，坚定信心，保持定力，锐意进取，开拓创新，为坚持和完善中国特色社会主义制度、推进国家治理体系和治理能力现代化，实现“两个一百年”奋斗目标、实现中华民族伟大复兴的中国梦而努力奋斗。

三、教育教学建议

（一）教学目标

通过讲述中国社会主要矛盾的变化对民生工作提出的新要求，让学生更加清楚地认识到新时代民生工作的新要求。通过学习保障和改善民生的主要内容，让学生理解保障和改善民生的必要性，以更加深刻地理解保障和改善民生的意义。通过讲清楚推进社会治理现代化与国家治理体系和治理能力现代化，让学生更加透彻地理解推进社会治理现代化与国家治理体系和治理能力现代化之间的逻辑关系。为达到以上教学目的，本章在教学过程中坚持理论与实践相结合，让学生在理论学习的基础上提升解决实际问题的能力。

（二）教学要求

1.了解保障和改善民生的主要内容。

2.把握推进社会治理现代化与国家治理体系和治理能力现代化之间的逻辑关系。

3.认识中国特色社会主义社会建设的战略部署和重要意义。

（三）教学方法

在讲授中国社会主要矛盾的变化对民生工作提出的新要求时，采用讲授与讨论相结合的教学方法。在讲授中国社会主要矛盾的变化对民生工作提出新要求的基础上，引导学生讨论新时代民生工作的新特点，以加深学生对新时代民生工作的认识与把握，培养学生的家国情怀和使命担当。

在讲授保障和改善民生的主要内容时，采用举例与讲授相结合的教学方法。首先列举生活中各领域的民生现象，然后循循善诱地引导学生思考这背后体现了哪些民生理论。在举例子的基础上，通过理论讲授，让学生增强理论联系实际的能力。

在讲授推进社会治理现代化与国家治理体系和治理能力现代化之间的逻辑关系时，采用逻辑分析的方法。推进社会治理现代化与国家治理体系和治理能力现代化都有自身特定的内涵，但二者又相互联系，统一于中国特色社会主义制度。在讲清楚二者的内涵后，用逻辑分析的方法阐释二者之间的逻辑关系，让学生对这一问题有更加透彻的理解。

参考文献

[1]中共中央文献研究室编:《习近平关于全面建成小康社会论述摘编》,中央文献出版社2016年版。

[2]习近平:《决胜全面建成小康社会 夺取新时代中国特色社会主义伟大胜利——在中国共产党第十九次全国代表大会上的报告》,人民出版社2017年版。

[3]中共中央文献研究室编:《习近平关于社会主义社会建设论述摘编》,中央文献出版社2017年版。

[4]中共中央文献研究室编:《习近平扶贫论述摘编》,中央文献出版社2018年版。

[5]《习近平谈治国理政》,外文出版社2014年版。

[6]《习近平谈治国理政》第2卷,外文出版社2017年版。

[7]《习近平谈治国理政》第3卷,外文出版社2020年版。

[8]李克强:《政府工作报告——2022年3月5日在第十三届全国人民代表大会第五次会议上》,人民出版社2022年版。

第七章　新时代中国特色社会主义生态文明建设

“党的十八大以来，党中央以前所未有的力度抓生态文明建设，全党全国推动绿色发展的自觉性和主动性显著增强，美丽中国建设迈出重大步伐，我国生态环境保护发生历史性、转折性、全局性变化。”[①]生态文明建设是关乎中华民族永续发展的根本大计，保护生态环境就是保护生产力，改善生态环境就是发展生产力。党的十八大报告提出把生态文明建设放在突出地位，融入经济建设、政治建设、文化建设、社会建设各方面和全过程。习近平生态文明思想是习近平新时代中国特色社会主义思想的重要组成部分，是新时代生态文明建设的根本遵循和行动指南。生态文明建设体系是习近平生态文明思想的具体部署。

一、学生和教师的认知状况

依据对本章重点难点问题的调查分析报告，被调查学生最感兴趣的前三个问题分别是“为什么要把生态文明建设融入经济建设、政治建设、文化建设、社会建设各方面和全过程?”(27.36%)、“如何认识绿水青山就是金山银山?”(23.66%)、“加强生态文明建设的重要意义是什么?”(23.34%)；被调查学生最困惑的前三个问题分别是“为什么要把生态文明建设融入经济建设、政治建设、文化建设、社会建设各方面和全过程?”(23.79%)、“新时代推进生态文明建设应遵循哪些重要原则?”(22.38%)、“如何认识绿水青山就是金山银山?”(20.62%)。其中，“为什么要把生态文明建设融入经济建设、政治建设、文化建设、社会建设各方面和全过程?”“如何认识绿水青山就是金山银山?”既是学生的兴趣点又是困惑点。

---

① 《中共中央关于党的百年奋斗重大成就和历史经验的决议》，人民出版社 2021 年版，第 52 页。

从对不同学科学生最感兴趣问题、最感困惑问题的比较来看，最感兴趣的问题，在文科学生的选择中占比前三位的分别是“为什么要把生态文明建设融入经济建设、政治建设、文化建设、社会建设各方面和全过程?”(26.59%)、“如何认识绿水青山就是金山银山?”(24.97%)、“加强生态文明建设的重要意义是什么?”(21.31%)；在理科学生的选择中占比前三位的分别是“为什么要把生态文明建设融入经济建设、政治建设、文化建设、社会建设各方面和全过程?”(27.81%)、“加强生态文明建设的重要意义是什么?”(24.51%)、“如何认识当前我国生态文明建设的阶段性特征?”(23.37%)。最困惑的问题，在文科学生的选择中占比前三位的分别是“为什么要把生态文明建设融入经济建设、政治建设、文化建设、社会建设各方面和全过程?”(23.03%)、“新时代推进生态文明建设应遵循哪些重要原则?”(21.52%)、“如何认识绿水青山就是金山银山?”(21.14%)；在理科学生的选择中占比前三位与文科学生的选择相同，比例分别为24.23%、22.87%、20.31%。此外，不同学科学生最感兴趣与最感困惑占比第一的问题一致。

从对不同层次高校学生最感兴趣问题、最感困惑问题的比较来看，最感兴趣的问题，在重点高校学生的选择中占比前三位的分别是“为什么要把生态文明建设融入经济建设、政治建设、文化建设、社会建设各方面和全过程?”(26.94%)、“加强生态文明建设的重要意义是什么?”(23.62%)、“如何认识绿水青山就是金山银山?”(23.56%)；在其他高校学生的选择中占比前三位的分别是“为什么要把生态文明建设融入经济建设、政治建设、文化建设、社会建设各方面和全过程?”(27.93%)、“如何认识绿水青山就是金山银山?”(23.79%)、“加强生态文明建设的重要意义是什么?”(22.96%)。最困惑的问题，在重点高校学生的选择中占比前三位的分别是“为什么要把生态文明建设融入经济建设、政治建设、文化建设、社会建设各方面和全过程?”(23.66%)、“新时代推进生态文明建设应遵循哪些重要原则?”(22.67%)、“如何认识绿水青山就是金山银山?”(20.99%)；在其他高校学生的选择中占比前三位的与重点高校学生的选择相同，占比分别为23.98%、22%、20.11%。对本章涉及的问题，重点高校学生和其他高校学生最感兴趣占比前三位的问题相同，只是排序略有差别；最感困惑占比前三位的问题及其排序均相同。

本章中，被任课教师列为重点问题占比前三位的分别是“为什么要把生态文明建设融入经济建设、政治建设、文化建设、社会建设各方面和全过程?”(33.91%)、“如何认识当前我国生态文明建设的阶段性特征?”(33.04%)、“加强生态文明建设的重要意义是什么?”(25.22%)；难点问题占比前三位的分别是“为什么要把生态文明建设融入经济建设、政治建设、文化建设、社会建设各方面和全过程?”(35.65%)、“如何认识新时代我国生态文明建设新体系?”(29.57%)、“如何完善全球生态治理新体系?”(29.57%)。

综合以上情况,将“习近平生态文明思想的生成逻辑、精神实质和价值意蕴是什么?”“为什么要把生态文明建设融入经济建设、政治建设、文化建设、社会建设各方面和全过程?”作为本章的教学重点问题;将“如何认识新时代我国生态文明建设新体系?”作为本章的教学难点问题。

二、重难点问题解析

(一)习近平生态文明思想的生成逻辑、精神实质和价值意蕴是什么?

2018年5月,全国生态环境保护大会召开,大会总结并阐释了习近平生态文明思想,这是继习近平新时代中国特色社会主义经济思想、习近平强军思想、习近平网络强国战略思想之后的又一重要思想。

1.习近平生态文明思想的生成逻辑

习近平历来重视生态环境的保护和生态文明建设,习近平生态文明思想的形成与习近平长期扎根基层,与人民群众始终保持密切联系,对民间疾苦感同身受等是分不开的。习近平生态文明思想的生成经历了从理念到思想,从理论到实践,从地方到中央,从国内到国际的孕育、发展及成熟的过程。习近平生态文明思想是历史生成的,同时也是自然生成的。

习近平曾说:“我对生态环境工作历来看得很重。在正定、厦门、宁德、福建、浙江、上海等地工作期间,都把这项工作作为一项重大工作来抓。”[①]习近平生态文明思想的生成贯穿于习近平的早期知青岁月和地方政治生涯。[②] 在陕西梁家河,习近平和村民一起打坝造田、植树造林、大办沼气,带领村民在梁家河建成了陕西省第一个沼气池,解决了村民做饭、照明、施肥等问题。小小沼气池是习近平同志发展农村生态经济的生动实践,梁家河的经历也是习近平生态文明思想的萌芽阶段。

20世纪80年代初,河北正定是“高产穷县”,习近平为解决老百姓吃饭问题,带领班子倡导发展“半城郊型经济”,搞多种经营,大力发展乡镇企业,积极发展经济作物。为解决正定人多地少的问题,习近平提出向荒滩进军,“要发展好林业,利用好荒滩”。在正定期间,习近平关于农村经济发展的许多论述,已

---

① 习近平:《推动我国生态文明建设迈上新台阶》,《求是》2019年第3期。

② 参阅黄承梁:《论习近平生态文明思想历史自然的形成和发展》,《中国人口·资源与环境》2019年第12期。

经涉及资源、环境和人口问题，协调经济发展和环境保护的问题。习近平同志提出农业经济是由农业经济系统、技术系统和生态系统组成的复合系统。1985年，习近平负责制订的《正定县经济技术、社会发展总体规划》明确强调：宁肯不要钱，也不要污染，严格防止污染搬家、污染下乡。

福建是习近平生态文明思想的重要生成地。从1985年开始，习近平在福建工作17年半，先后主政宁德、福州，始终高度重视生态环境保护、可持续发展、地方生态建设，提出诸多生态文明建设理念、思路和决策。如在厦门工作期间，习近平强调经济发展不能以破坏资源环境为代价，着重整改乱砍树木、乱采沙石现象，推动筼筜湖综合治理。在福建宁德，为了让闽东群众摆脱贫困，习近平提出“靠山吃山唱山歌，靠海吃海念海经”的口号和理念，提出“闽东经济发展的潜力在于山，兴旺在于林”，坚持山水林田湖综合治理的思路。在福州期间，习近平首次将“生态环境规划”列入区域经济社会发展规划，提出了“城市生态建设”思想。习近平担任中共福建省委副书记在三明市将乐县常口村调研时提出：“青山绿水是无价之宝，山区要画好‘山水画’，做好山水田文章。”[①]高度重视闽江流域的整体性保护与开发，提出生态省建设的构想，并形成了中国水土治理的“长汀经验”。

在浙江主持工作期间，习近平形成了以绿色为基调的生态文明思想。浙江是习近平生态文明思想“八八战略”的践行地，是“绿水青山就是金山银山”科学论断的发源地。2003年7月，习近平在浙江省委书记任上提出“八八战略”，即“发挥八个方面的优势”，“推进八个方面的举措”，内容包含政治、经济、社会、文化、生态、党的建设等各个方面。其中第五个方面为“进一步发挥浙江的生态优势，创建生态省，打造‘绿色浙江’。”习近平在主政浙江期间为统筹城乡发展还实行了“千村示范、万村整治”工程。在这一伟大工程中，习近平同志提出“绿水青山就是金山银山”的科学论断，开创美丽乡村建设、农村宜居环境治理的先河。习近平指出：“实践证明，‘千村示范、万村整治’作为一项‘生态工程’，是推动生态省建设的有效载体，既保护了‘绿水青山’，又带来了‘金山银山’，使越来越多的村庄成了绿色生态富民家园，形成经济生态化、生态经济化的良性循环。”[②]2005年8月，习近平在《浙江日报》发表署名文章《绿水青山也是金山银山》，首次明确提出“绿水青山就是金山银山”的“两山论”，并回答了为什么绿水青山就是金山银山，绿水青山怎样变成金山银山等问题。习近平还指出：“你善待环境，环境是友好的；你污染环境，环境总有一天会翻脸，会毫不留情地报复

---

① 《上下同心再出发——习近平总书记同出席2019年全国两会人大代表、政协委员共商国是纪实》，《人民日报》2019年3月15日。

② 《千村示范　万村整治：浙江省统筹城乡发展纪实》，《人民日报》2004年8月10日。

你。这是自然界的客观规律，不以人的意志为转移。"[①]人类文明的持续发展必须要遵守自然规律，正确处理人与自然的关系。

在上海任职期间，习近平指出："要以对人民群众、对子孙后代高度负责的精神，把环境保护和生态治理放在各项工作的重要位置，下大力气解决一些在环境保护方面的突出问题。"[②]2007 年 4 月，习近平在崇明调研时提出："建设崇明生态岛是上海全面落实科学发展观、加快构建社会主义和谐社会的一个重大举措"，"要坚持高起点、高标准，扎扎实实推进崇明生态岛建设"，"建设成为水清气洁、林茂土净、环境宜人的生态岛屿。"[③]9 月，习近平在上海市农村党的建设"三级联创"活动工作会议上提出："广大农村地区是整个城市不可或缺的生态屏障，是城市的'氧吧'和'绿肺'，这是其他任何产业不能替代的。"[④]这些论断成为上海生态文明建设的行动指南。

党的十八大以来，习近平生态文明思想不断完善和成熟。自党的十八大以来，习近平总书记针对生态文明建设做出了一系列重要论述，在各类场合与生态文明建设直接相关的讲话和批示达 100 多次，如"要像保护眼睛一样保护生态环境，像对待生命一样对待生态环境""生态红线的观念一定要牢固树立起来。在生态环境保护问题上，就是要不能越雷池一步，否则就应该受到惩罚""对人的生存来说，金山银山固然重要，但绿水青山是人民幸福生活的重要内容，是金钱不能代替的"[⑤]等。

在 2018 年的全国生态环境保护大会上，习近平总书记进一步指出，生态文明建设是关系中华民族永续发展的根本大计。针对生态文明建设的现实情况，习近平总书记做出三个重要判断：当下正处于压力叠加、负重前行的关键期，已进入提供更多优质生态产品以满足人民日益增长的优美生态环境需要的攻坚期，也到了有条件有能力解决生态环境突出问题的窗口期。会议明确指出："生态环境是关系党的使命宗旨的重大政治问题，也是关系民生的重大社会问题。"生态环境的重要性可见一斑。

习近平生态文明思想的生成逻辑，体现了一代又一代中国共产党人不忘初心、牢记使命，探索人与自然和谐相处一脉相承和坚忍执着的精神特质。同时，

---

① 习近平：《之江新语》，浙江人民出版社 2017 年版，第 141 页。

② 缪毅容、习近平：《下大力气解决环保突出问题》，《解放日报》2007 年 7 月 12 日。

③ 中央农村工作领导小组办公室、上海市委农村工作办公室：《习近平总书记在上海工作期间对推动"三农"发展的思考与实践》，《求是》2018 年第 20 期。

④ 中央农村工作领导小组办公室、上海市委农村工作办公室：《习近平总书记在上海工作期间对推动"三农"发展的思考与实践》，《求是》2018 年第 20 期。

⑤ 中共中央文献研究室编：《习近平关于社会主义生态文明建设论述摘编》，中央文献出版社 2017 年版，第 8、99、4 页。

习近平生态文明思想是历代党的中央领导人关于生态环境保护和生态文明建设重要理念、思想的集大成者，是中国共产党关于人与自然认识的历史新高度。

2.习近平生态文明思想的精神实质

习近平生态文明思想并非简单地就环境保护谈环境保护，而是涵盖政治、经济、文化、社会等方面的生态化转向，是集马克思主义哲学、政治经济学、科学社会主义等观点方法于一体，推动工业文明向生态文明转型的综合性学说。习近平生态文明思想回答了为什么建设生态文明、建设什么样的生态文明、怎样建设生态文明等重大理论与实践问题。

习近平生态文明思想包含新时代生态文明建设必须坚持的六大原则，分别为人与自然和谐共生、绿水青山就是金山银山、良好生态环境是最普惠的民生福祉、山水林田湖草是生命共同体、用最严格制度最严密法治保护生态环境、共谋全球生态文明建设，六大原则体现了习近平生态文明思想的核心要义。

人与自然和谐共生是习近平生态文明思想的核心和根本，习近平指出人因自然而生，人与自然是一种共生发展关系，要实现人与自然的和谐共生必须坚持节约优先、保护优先、自然恢复为主的方针，"要像保护眼睛一样保护生态环境，像对待生命一样对待生态环境"①，积极进行环境保护和生态修复，构建人与自然和谐发展的现代化新格局。

绿水青山就是金山银山是习近平关于生态文明建设最著名的科学论断之一，是习近平生态文明思想的重要理念追求和价值体现，写入了党的十九大报告，成为党的意志。绿水青山就是金山银山实质上是经济发展和生态保护的关系，揭示了保护生态环境就是保护生产力、改善生态环境就是发展生产力的道理。习近平指出："如果能够把这些生态环境优势转化为生态农业、生态工业、生态旅游等生态经济的优势，那么绿水青山也就变成了金山银山。"②正确处理绿水青山与金山银山的关系，使绿水青山源源不断地带来金山银山，是实现可持续发展的内在要求，是新发展理念的应有之义，是中国现代化建设的内在动力，是新时代新的科学发展观和绿色发展观。同时，绿水青山就是金山银山亦有其全球语境和国际话语，是习近平外交理念的重要组成部分。2013 年，习近平主席在哈萨克斯坦纳扎尔巴耶夫大学演讲时指出："我们既要绿水青山，也要金山银山。宁要绿水青山，不要金山银山，而且绿水青山就是金山银山。我们绝不能以牺牲生态环境为代价换取经济的一时发展。我们提出了建设生态文

① 中共中央文献研究室编：《习近平关于社会主义生态文明建设论述摘编》，中央文献出版社 2017 年版，第 8 页。

② 习近平：《之江新语》，浙江人民出版社 2017 年版，第 153 页。

明、建设美丽中国的战略任务，给子孙留下天蓝、地绿、水净的美好家园。”①2016 年9 月，习近平在 G20 峰会开幕式上指出：“我多次说过，绿水青山就是金山银山，保护环境就是保护生产力，改善环境就是发展生产力。这个朴素的道理正得到越来越多人们的认同。”②2017 年 1 月，习近平在联合国日内瓦总部发表演讲进一步指出：“绿水青山就是金山银山。我们应该遵循天人合一、道法自然的理念，寻求永续发展之路。”③2019 年 4 月 28 日，习近平在 2019 年中国北京世界园艺博览会开幕式上的讲话指出：“地球是全人类赖以生存的唯一家园。我们要像保护自己的眼睛一样保护生态环境，像对待生命一样对待生态环境，同筑生态文明之基，同走绿色发展之路！”④习近平的这些重要论述阐明了生态环境与生产力之间的关系，饱含尊重自然、谋求人与自然和谐发展的价值和发展理念。

良好生态环境是最普惠的民生福祉。坚持生态惠民、生态利民、生态为民，重点解决损害群众健康的突出环境问题，不断满足人民日益增长的优美生态环境需要。经济发展是为了民生，生态环境保护同样是为了民生，环境就是民生，青山就是美丽，蓝天也是幸福。良好的生态环境是最公平的公共产品，是最普惠的民生福祉。

山水林田湖草是生命共同体。习近平指出：“生态是统一的自然系统，是相互依存、紧密联系的有机链条。人的命脉在田，田的命脉在水，水的命脉在山，山的命脉在土，土的命脉在林和草，这个生命共同体是人类生存发展的物质基础。”⑤构建生命共同体，要统筹兼顾、整体施策、多措并举，全方位、全地域、全过程开展生态文明建设。

用最严格制度最严密法治保护生态环境。习近平指出，“只有实行最严格的制度、最严密的法治，才能为生态文明建设提供可靠保障”⑥，“让制度成为刚性的约束和不可触碰的高压线”⑦。加快制度创新，完善生态文明制度体系，破除制约生态文明建设的制度障碍。他还指出：“要深化生态文明体制改革，尽快

---

① 中共中央文献研究室编：《习近平关于社会主义生态文明建设论述摘编》，中央文献出版社 2017 年版，第 20 页。

② 《习近平在二十国集团工商峰会开幕式上的主旨演讲（全文）》，2016 年 9 月 3 日，https://news.12371.cn/2016/09/03/ARTI1472896778398898.shtml。

③ 中共中央文献研究室编：《习近平关于社会主义生态文明建设论述摘编》，中央文献出版社 2017 年版，第 143 页。

④ 《习近平谈治国理政》第 3 卷，外文出版社 2020 年版，第 374 页。

⑤ 习近平：《推动我国生态文明建设迈上新台阶》，《求是》2019 年第 3 期。

⑥ 中共中央文献研究室编：《习近平关于社会主义生态文明建设论述摘编》，中央文献出版社 2017 年版，第 99 页。

⑦ 《习近平谈治国理政》第 3 卷，外文出版社 2020 年版，第 363 页。

把生态文明制度的'四梁八柱'建立起来,把生态文明建设纳入制度化、法治化轨道。"①

共谋全球生态文明建设。人类是统一的命运共同体,生态保护和绿色家园建设是人类的共同梦想,建设生态文明关系人类未来发展。党的十八大以来,在习近平总书记的引领下,中国相继参加了一系列国际环境治理行动,为全球绿色发展做出中国贡献,提出中国方案。习近平生态文明建设的理念和实践已经得到国际社会的广泛认可和支持,中国正以负责任的态度和坚定行动,成为全球生态文明建设的重要参与者、贡献者、引领者。要推进"一带一路"建设,让生态文明的理念和实践造福沿线各国人民。

习近平生态文明思想内涵要求加快构建生态文明体系、全面推动绿色发展、把解决突出生态环境问题作为民生优先领域、有效防范生态环境风险、提高环境治理水平。

3.习近平生态文明思想的价值意蕴

习近平生态文明思想是马克思主义关于人与自然关系的专门思想和学说,是马克思主义中国化的最新发展和最新成果,是中国共产党人创造性地回答人与自然关系、经济发展与资源环境关系等问题取得的最新理论成果,为构建人与自然和谐发展的现代化新格局、增强党的执政能力与基础提供了思想指引、根本遵循和实践动力。习近平生态文明思想亦是整个人类社会人与自然关系史上重要里程碑,在人类文明发展史和生态文明发展史上具有里程碑意义,是中国为世界生态环境问题解决提供的中国方案和东方智慧。

习近平生态文明思想丰富了马克思主义自然观。马克思、恩格斯强调,人类对客观世界的改造必须尊重自然规律。历史唯物主义指出人是自然界发展到一定历史时期的产物,人与自然的和谐共处是实现人的自由全面发展的必然途径,也是人类社会发展进步的必然选择。习近平关于"尊重自然、顺应自然、保护自然"的生态文明建设理念和习近平生态文明思想的精神实质和丰富内涵,是依据新时代中国具体实际而形成的,是对马克思主义人与自然关系理论的继承和发展。

习近平生态文明思想丰富了马克思主义生产力理论。生产力是一切社会发展的最终决定力量,马克思指出自然界是"一切劳动资料和劳动对象的第一源泉"②。习近平总书记指出:"牢固树立保护生态环境就是保护生产力、改善生

---

① 中共中央文献研究室编:《习近平关于社会主义生态文明建设论述摘编》,中央文献出版社2017年版,第109页。

② 《马克思恩格斯全集》第25卷,人民出版社2001年版,第8页。

态环境就是发展生产力的理念。”[①]阐明了生态环境与生产力之间的关系，体现了对生态文明建设客观规律的准确把握，揭示了生态环境对生产力发展的重要作用，是马克思主义生产力观的升华和发展，具有重大的理论意义。

习近平生态文明思想继承了中华传统文化中的生态智慧，体现了中华传统优秀文化的时代价值。儒家的天人合一、道家的道法自然和佛家的众生平等等思想，均体现了人与自然的和谐共存。孟子的“不违农时，谷不可胜食也；数罟不入洿池，鱼鳖不可胜食也；斧斤以时入山林，材木不可胜用也”的可持续发展理念，《吕氏春秋》中的“竭泽而渔，岂不获得，而明年无鱼”，《韩非子·难一》中“焚林而田，偷取多兽，后必无兽”等均是先贤关于人与自然和谐共处的认知和智慧。习近平生态文明思想充分吸收传统优秀文化的养分并赋予其时代价值，将其发扬光大，具有深远的历史意义。

习近平生态文明思想是新时代生态文明建设的行动指南，为推动物质文明、政治文明、精神文明、社会文明、生态文明协调发展提供了理论基础，深刻阐释了发展与保护的关系，为新时代坚持和发展中国特色社会主义锚定了生态坐标；深刻阐释了环境与民生的关系，为坚持以人民为中心的发展思想赋予了新的特定内涵；深刻阐释了人与自然的关系，为筑牢中华民族伟大复兴绿色根基提供了方向引领，具有重大的现实意义。

习近平生态文明思想深刻揭示了人类文明发展的规律。习近平主席指出：“纵观人类文明发展史，生态兴则文明兴，生态衰则文明衰。工业化进程创造了前所未有的物质财富，也产生了难以弥补的生态创伤。杀鸡取卵、竭泽而渔的发展方式走到了尽头，顺应自然、保护生态的绿色发展昭示着未来。”[②]习近平生态文明思想还明确界定了生态文明发展的历史阶段。习近平指出：“人类经历了原始文明、农业文明、工业文明，生态文明是工业文明发展到一定阶段的产物，是实现人与自然和谐发展的新要求。”[③]生态文明是工业文明时代构建人与自然和谐关系的新文明模式，是人类文明发展到更高阶段的体现。习近平生态文明思想包含对人类文明发展的深刻思考，具有鲜明的世界意义。

习近平生态文明思想落到实地，已经取得辉煌的成果，“地球卫士奖”连续三年花落中国、中国为全球贡献了近四分之一的“新绿”、臭水沟变湿地公园、拨“霾”见蓝天、生态旅游发展、许多行业循环经济产业链的形成、资源节约型产业

① 中共中央文献研究室编：《习近平关于社会主义生态文明建设论述摘编》，中央文献出版社2017年版，第99页。

② 《习近平谈治国理政》第3卷，外文出版社2020年版，第374页。

③ 中共中央文献研究室编：《习近平关于社会主义生态文明建设论述摘编》，中央文献出版社2017年版，第6页。

的推进发展等都是有力例证。在习近平生态文明思想的指导下，生态文明建设体制机制不断完善、健全，统领生态文明建设。全国有一些地方对生态文明建设体制机制率先进行探索并取得良好效果，如浙江省丽水市在全国率先构建生态产品价值实现机制，形成了多条示范引领全国的生态产品价值实现路径。浙江省湖州市建立水源地保护生态补偿等制度；福建省南平市首创生态银行模式，探索生态资源价值实现机制；福建省武平县率先开展集体林权制度改革，利用林权直接抵押贷款盘活林农资产，探索重点生态区商品林赎买机制和兴“林”扶贫机制；安徽省旌德县在全省率先推进林权收储担保融资试点工作，颁布实施“林农增收五法”，实现“不砍树能致富”；江西省崇义县打造“崇义绿色生态板块”，建立区域性股权市场服务平台；等等。

习近平生态文明思想中的许多内容有其独特的价值意蕴，如“绿水青山就是金山银山”的理念提供了从根源上化解能源环境危机的新思路。根据习近平强调的绿色发展思想，我国一方面重拳出击遏制环境污染，整顿高耗能产业，另一方面积极推进绿色经济发展，取得良好成效，为我国在生态文明时代发展新经济打开了思路，破解了许多在工业经济学框架下无法解决的难题。“两山论”为中国供给侧结构性改革提供了新思路，生态经济的发展将是中国经济新发展的重要内容，也是中国供给侧改革的重点。习近平总书记的“两山论”还得到国际社会的认可，联合国环境规划署发布《绿水青山就是金山银山：中国生态文明战略与行动》报告，高度评价习近平的绿色发展理念和中国生态文明建设。

我们要认真学习、深刻领会、全面贯彻习近平生态文明思想，持之以恒推进生态文明建设，把伟大祖国建设得更加美丽，为子孙后代留下天更蓝、山更绿、水更清的优美环境，形成人与自然和谐发展的现代化建设新格局。

（二）为什么要把生态文明建设融入经济建设、政治建设、文化建设、社会建设各方面和全过程？

“五位一体”是中国特色社会主义建设的总体布局，党的十八大将生态文明建设纳入中国特色社会主义事业总体布局，从经济建设、政治建设、文化建设、社会建设、生态文明建设五个方面，制定了新时代统筹推进“五位一体”总体布局的战略目标。现阶段，作为中国特色社会主义事业总体布局的重要组成部分，生态文明建设亦亟须推进和深化。

习近平总书记指出：“随着经济社会发展和实践深入，我们对中国特色社会主义总体布局的认识不断深化，从当年的‘两个文明’到‘三位一体’、‘四位一体’，再到今天的‘五位一体’，这是重大理论和实践创新，更带来了发展理念和发展方式的深刻转变。”[①]

1.生态文明建设的重要性

生态文明是人类文明的重要组成部分，体现了人类文明发展的新趋势，是人类价值观念、生产方式、生活方式的重大变革，包括人类对自然的认识理解、价值判断、行为模式，人类社会中的环境友好关系以及有利于与生态环境相平衡的生活方式、生产方式，实现人类可持续发展的理念和目标等。生态文明建设是中国特色社会主义伟大事业的重要内容，关系人民福祉，关乎民族未来，事关“两个一百年”奋斗目标和中华民族伟大复兴的实现。

改革开放以来，我国现代化建设取得巨大成就，但也付出了巨大的资源环境代价。总体上看，我国生态文明建设水平滞后于经济社会的发展水平，资源约束趋紧，环境污染严重，生态系统退化，发展与人口资源环境之间的矛盾日益突出，成为经济社会等可持续发展的瓶颈。新时代，我国社会主要矛盾已经转化为人民日益增长的美好生活需要和不平衡不充分的发展之间的矛盾。“不平衡”既包括区域、产业、城乡等方面的不平衡，也包括人与自然发展的不平衡。“不充分”既包括生产力发展、科技发展等方面的不充分，也包括绿色发展不充分、高质量高效能发展不充分。人民群众对美好生态环境的需要已成为我国社会主要矛盾的重要方面，人民期盼加快提高生态环境质量。生态文明建设仍然是一个明显短板，资源环境约束趋紧、生态系统退化等问题越来越突出，特别是各类环境污染、生态破坏呈高发态势，成为国土之伤、民生之痛。如果不抓紧扭转生态环境恶化趋势，必将付出沉重的代价。所以，我们要顺应社会主要矛盾的变化，把生态文明建设放到重要地位，逐步形成绿色发展方式和绿色生活方式，以生态文明建设推动发展转型。

人类是命运共同体，生态环境的保护是全球共同面临的挑战和责任，生态文明建设做好了，对中国特色社会主义伟大事业是加分项，做不好，就会成为别有用心的势力攻击我们的借口。人类社会进入工业社会以来，传统工业迅猛发展，加速了对自然资源的攫取，造成人与自然关系紧张。在人类社会 200 多年的现代化进程中，实现工业化的国家不超过 30 个，人口不超过 10 亿人。在我们这个拥有 14 亿多人口的世界最大发展中国家进行生态文明建设，建设富强民主文明和谐美丽的社会主义现代化强国，其影响必将是世界性的。

党的十七大首次提出建设生态文明，指出生态文明建设需要基本形成节约能源资源和保护生态环境的产业结构、增长方式、消费模式；循环经济形成较大规模，可再生能源比重显著上升；主要污染物排放得到有效控制，生态环境质量

---

① 习近平：《推动我国生态文明建设迈上新台阶》，《求是》2019 年第 3 期。

明显改善;生态文明观念在全社会牢固树立。

党的十八大强调,建设中国特色社会主义,总依据是社会主义初级阶段,总布局是“五位一体”,总任务是实现社会主义现代化和中华民族伟大复兴,并将生态文明建设纳入中国特色社会主义“五位一体”总体布局,首次提出“美丽中国”的生态文明建设总体目标,把生态文明建设提升到重要的战略高度,强调将生态文明建设放在突出地位,并将生态文明建设写入党章,把生态文明建设上升至党和国家的战略层面。

2015年4月,《中共中央国务院关于加快推进生态文明建设的意见》印发,这是我国第一个以党中央、国务院名义对生态文明建设进行专题部署的文件。指导思想要求“坚持以人为本、依法推进,坚持节约资源和保护环境的基本国策,把生态文明建设放在突出的战略位置,融入经济建设、政治建设、文化建设、社会建设各方面和全过程,协同推进新型工业化、信息化、城镇化、农业现代化和绿色化,以健全生态文明制度体系为重点,优化国土空间开发格局,全面促进资源节约利用,加大自然生态系统和环境保护力度,大力推进绿色发展、循环发展、低碳发展,弘扬生态文化,倡导绿色生活,加快建设美丽中国,使蓝天常在、青山常在、绿水常在,实现中华民族永续发展”①。党的十八届五中全会首次将加强生态文明建设写入“十三五”规划,提出绿色发展理念,成为我国实现现代化的新路径,建设美丽中国已成为中国人民心向往之的奋斗目标。

党的十九大强调建设生态文明是中华民族永续发展的千年大计。必须树立和践行“绿水青山就是金山银山”的理念,坚持节约资源和保护环境的基本国策,像对待生命一样对待生态环境,统筹山水林田湖草系统治理,实行最严格的生态环境保护制度,形成绿色发展方式和生活方式,坚定走生产发展、生活富裕、生态良好的文明发展道路,建设美丽中国,为人民创造良好生产生活环境,为全球生态安全做出贡献。党的十九大提出我们要建设的现代化是人与自然和谐共生的现代化,到2035年要实现生态环境根本好转,美丽中国目标基本实现,到21世纪中叶要把我国建成富强民主文明和谐美丽的社会主义现代化强国。

党的十九届六中全会历史决议进一步概括指出:“生态文明建设是关乎中华民族永续发展的根本大计,保护生态环境就是保护生产力,改善生态环境就是发展生产力,决不以牺牲环境为代价换取一时的经济增长。必须坚持绿水青山就是金山银山的理念,坚持山水林田湖草沙一体化保护和系统治理,像保护眼睛一样保护生态环境,像对待生命一样对待生态环境,更加自觉地推进绿色

① 《中共中央国务院关于加快推进生态文明建设的意见》,人民出版社2015年版,第2页。

发展、循环发展、低碳发展，坚持走生产发展、生活富裕、生态良好的文明发展道路。”①

2.生态文明建设对经济建设、政治建设、文化建设、社会建设的影响和作用

生态环境问题从直观的角度看，是具体意义上的大气污染、水域污染、土壤污染、生物多样性减少、荒漠化等人为不利现象，但从根本上说是人类社会中经济、社会、政治、文化与生态环境系统之间的不协调、不匹配、不平衡的问题。所以，生态环境问题的根本性解决有赖于一种全新的符合生态文明原则的经济、社会、政治与文化，人与自然是生命共同体、山水林田湖草系统治理的价值理念与行为方式构成这种全新社会的行动指南。生态环境问题的解决必须充分利用生态文明建设过程中的经济、政治、社会、文化力量，建立合乎生态文明理念与原则的社会制度体系。

加快推进生态文明建设是加快转变经济发展方式、提高发展质量和效益的内在要求，是坚持以人为本、促进社会和谐的必然选择，是全面建成小康社会、实现中华民族伟大复兴的中国梦的时代抉择，是积极应对气候变化、维护全球生态安全的重大举措。生态文明建设与经济建设、政治建设、文化建设、社会建设之间是相互影响、相互作用、相辅相成、紧密联系的关系，必须搞好五大建设，作为整体有机组成部分的五大建设需各自发挥重要作用。

“五位一体”统一于中国特色社会主义伟大事业中，建设资源节约型、环境友好型社会，达到经济高质量发展、生态良好、人民幸福的目标。以“五位一体”总体布局推进中国特色社会主义事业，在“五位一体”中，经济建设是根本，政治建设是保证，文化建设是灵魂，社会建设是条件，生态文明建设是基础。生态文明建设为其他四项建设提供物质基础和环境条件，必须将生态文明建设放在中国特色社会主义市场经济、民主政治、先进文化、和谐社会同等重要的位置，把生态文明建设放在突出位置，融入经济建设、政治建设、文化建设、社会建设各方面和全过程。

(1)生态文明建设与经济建设

生态文明建设是提升经济质量、优化经济发展方式的重要抓手和着力点，是适应和引领经济发展新常态，提高发展质量、效益，满足人民群众对美好生态环境期望的重大举措，也是我国经济社会等发展的战略性、长期性、全局性的任务。

生态文明建设应从根本上缓解经济发展和资源环境之间的矛盾，为此必须构建科技含量高、资源消耗低、环境污染少的产业结构，加快推动生产方式绿色

① 《中共中央关于党的百年奋斗重大成就和历史经验的决议》，人民出版社 2021 年版，第 50 页。

化，大幅提高经济绿色化程度，有效降低发展的资源环境代价。推动科技创新，建立符合生态文明建设领域科研活动特点的管理制度和运行机制，开展能源节约、资源循环利用、新能源开发、污染治理、生态修复等领域关键技术研究和攻关。调整优化产业结构，采用先进节能低碳环保技术改造提升传统产业，加快淘汰落后产能，逐步提高淘汰标准，禁止落后产能向中西部地区转移，推动传统能源安全绿色开发和清洁低碳利用，发展清洁能源、可再生能源等。

绿色发展是构建高质量现代化经济体系的必然要求，同时也是生态文明融入经济建设最直接、最有效的形式。牢固树立绿色发展意识，推动高消耗、高污染、高排放产业向低消耗、低污染、低排放转型，走向绿色低碳轨道。发展绿色产业，大力发展节能环保产业。以绿色理念引领新型工业化，加快构建绿色制造体系，大力发展绿色制造产业，推动绿色产品、绿色工厂、绿色园区和绿色供应链全面发展，建立健全工业绿色发展长效机制，提高绿色国际竞争力，走高效、清洁、低碳、循环的绿色发展道路，推动工业文明与生态文明和谐共融，实现人与自然和谐发展。构建市场导向的绿色技术创新体系，发展绿色金融，壮大节能环保产业、清洁生产产业、清洁能源产业。推进能源生产和消费革命，构建清洁低碳、安全高效的能源体系。推进资源全面节约和循环利用，实施国家节水行动，降低能耗、物耗，实现生产系统和生活系统循环链接。

“绿水青山就是金山银山”即包含经济建设的内容，也是新时代经济建设的一个重要方向。通过市场化运作将生态资源转化为兼具经济价值和社会效益的生态产品，是实现“绿水青山”向“金山银山”转变的重要途径。

反过来讲，生态环境问题的根本解决，必须贯彻创新、协调、绿色、开放、共享的新发展理念，加快形成节约资源和保护环境的空间格局、产业格局、生产方式、生活方式。人的经济活动应该被限制在自然资源和生态环境承受范围之内。生态文明建设也应充分发挥市场配置资源的决定性作用，强化科技创新引领作用，为生态文明建设注入强大动力。在以提高经济效率为目的的市场化改革中，各经济主体不能损害生态环境利益，应以能更有效地保护生态环境，能引导保护生态环境、创造利益机制作为其改革可行性的重要决策依据。生态文明建设需要完善经济政策，健全价格、财税、金融等政策，激励、引导各类主体积极投身生态文明建设。深化自然资源及其产品价格改革，凡是能由市场形成价格的都交给市场，政府定价要体现基本需求与非基本需求以及资源利用效率高低的差异，体现生态环境损害成本和修复效益。

(2)生态文明建设与政治建设

生态文明建设也是必须如期完成的“政治任务”。习近平总书记强调，“我们不能把加强生态文明建设、加强生态环境保护、提倡绿色低碳生活方式等仅仅作为经济问题,这里面有很大的政治”①,还指出“生态环境是关系党的使命宗旨的重大政治问题,也是关系民生的重大社会问题”②。生态文明建设根本任务就是实现中国特色社会主义生态文明制度的不断完善和环境治理体系与治理能力的现代化,是一种清晰的“新政治愿景或目标”。

生态文明建设在政治方面需要切实加强组织领导。必须健全生态文明建设领导体制和工作机制,勇于探索和创新,推动生态文明建设蓝图逐步成为现实。各级党委和政府对本地区生态文明建设负总责,建立协调机制,形成有利于推进生态文明建设的工作格局。各部门按照职责分工,密切配合,形成生态文明建设的强大合力。党的十八届三中全会提出:“对领导干部实行自然资源资产离任审计,建立生态环境损害责任终身追究制。”以生态文明理念形成领导干部的正确政绩观。党的十九届六中全会历史决议指出要从思想、法律、体制、组织、作风全面发力,全方位、全地域、全过程加强生态环境保护,推动划定生态保护红线、环境质量底线、资源利用上线,开展一系列根本性、开创性、长远性工作。

新时代,生态文明建设需要从环境政治的视野和高度来推进,党的十九大报告对此有明确的阐述。一是要推进绿色发展。加快建立绿色生产和消费的法律制度和政策导向,建立健全绿色低碳循环发展的经济体系。二是着力解决突出环境问题和加大生态系统保护力度。构建以政府为主导、企业为主体、社会组织和公众共同参与的环境治理体系。党的十八大以来,党和政府出台了包括“大气十条”“水十条”“土十条”以及中央环保督察制度等在内的一系列重大举措,并取得了切实成效。三是改革生态环境监管体制。加强对生态文明建设的总体设计和组织领导,设立国有自然资源资产管理和自然生态监管机构,完善生态环境管理制度,统一行使全民所有自然资源资产所有者职责,统一行使所有国土空间用途管制和生态保护修复职责,统一行使监管城乡各类污染排放和行政执法职责。构建国土空间开发保护制度,完善主体功能区配套政策,建立以国家公园为主体的自然保护地体系。

(3)生态文明建设与文化建设

生态文明建设离不开文化建设。生态文明建设不能缺少文化作为灵魂,生态文化是生态文明建设的重要内容和支撑,确立人与自然和谐相处的生态伦理道德观,并将其纳入社会主义核心价值体系,提高全社会生态文明意识。

中华文明历经数千年而不间断,中华文明发展的历程也是人与自然互动的

① 中共中央文献研究室编:《习近平关于社会主义生态文明建设论述摘编》,中央文献出版社2017年版,第5页。

② 《习近平谈治国理政》第3卷,外文出版社2020年版,第359页。

过程，在这一过程中逐渐形成了关于人与自然关系的文化体系。天人合一、崇拜敬畏自然、关爱自然等思想是中华民族文化的重要组成部分，这些文化传统为生态文明建设提供了文化资源。

习近平生态文明思想就是关于人与自然关系的科学认识，是中国共产党生态价值观的体现，也是一种文化。习近平关于人与自然关系的诸多科学论断也是生态文化建设的文化基础。习近平强调加快构建生态文明体系，需“加快建立健全以生态价值观念为准则的生态文化体系”。生态文明建设的基本原则之一即是坚持把培育生态文化作为重要支撑，将生态文明建设纳入社会主义核心价值体系，努力建设生态文化，加强生态文化的宣传教育工作，倡导勤俭节约、绿色低碳、文明健康的生活方式和消费模式。

提高全社会生态文明意识，积极培育生态文化、生态道德，使生态文明成为社会主流价值观，成为社会主义核心价值观的重要内容。努力建设生态文明，必须将生态文明教育作为素质教育的重要内容，纳入国民教育体系和干部教育培训体系。进入新时代，我们要建立强大的宣传传播体系来支撑生态文明知识教育和传播，从而提升公众的生态文明素养，形成人与自然和谐、人与人和谐、人与社会和谐的文化氛围。

将生态文化作为现代公共文化服务体系建设的重要内容，挖掘优秀传统生态文化思想和资源，创作一批文化作品，创建一批教育基地，满足广大人民群众对生态文化的需求。同时，还需要大力发展文化产业，生产更多蕴含绿色环保理念的文化产品，促使人们自觉投入生态文明建设。

(4)生态文明建设与社会建设

生态文明建设是推动社会建设、建立和谐社会的重要途径。生态文明建设关系各行各业、千家万户，要充分发挥人民群众的积极性、主动性、创造性，凝聚民心、集中民智、汇集民力，实现生活方式绿色化。将生态建设融入社会建设，要完善公众参与制度，引导各类社会组织健康有序发展，形成政府、企业、民间组织、公众共同推动的工作格局。

绿色是社会建设的重要方面，习近平强调全民推动绿色发展，“绿色是生命的象征、大自然的底色，更是美好生活的基础、人民群众的期盼”。① 其中即包含绿色生活方式，绿色生活方式是生态文明建设的重要方面，涉及人民群众的衣食住行，要倡导简约适度、绿色低碳的生活方式，反对奢侈浪费和不合理消费，推广绿色出行。同时，要培养人们的生态意识、低碳意识、环保意识、节约意识，构建适度消费机制，使绿色消费成为每一个公民的责任，使每一个公民自觉为

① 习近平：《推动我国生态文明建设迈上新台阶》，《求是》2019 年第 3 期。

美丽中国建设贡献力量。

解决民生问题是社会建设的重点，而民生问题的解决离不开生态环境问题的解决。为此习近平强调，要坚决打赢蓝天保卫战，以空气质量明显改善为刚性要求，强化联防联控，基本消除重污染天气，还人民群众蓝天白云、繁星闪烁；要深入实施水污染防治行动计划，保障人民群众饮用水安全，基本消灭城市黑臭水体，还人民群众清水绿岸、鱼翔浅底的景象；要全面落实土壤污染防治行动计划，制定土壤污染防治法，让人民群众吃得放心、住得安心。农村环境直接影响米袋子、菜篮子、水缸子、城镇后花园，要持续开展农村人居环境整治行动，基本解决农村的垃圾、污水、厕所问题，建设美丽乡村，开展农村人居环境整治，全面禁止进口“洋垃圾”，为人民群众留住鸟语花香田园风光。

将生态文明纳入社会主义核心价值体系，有利于形成人人、事事、时时崇尚生态文明的社会新风尚，为生态文明建设奠定坚实的群众基础。只有切实推进生态文明建设，统筹生态与社会，才能满足人民群众日益增长的环境优化的需求，才能解决人民群众最关心、最直接、最现实的利益问题。

3.“五位一体”总体布局形成的意义

“五位一体”总体布局的形成，适应了我国经济发展新常态的新要求，顺应人民群众对美好生活的期待，标志着中国特色社会主义伟大事业进入新的发展阶段。中国特色社会主义是全面发展的社会主义，社会的发展进步不仅包括经济的发展，也包括民主法制的健全、文化艺术的繁荣、社会的和谐稳定、生态环境的美好等，“五位一体”总体布局的形成对于全面小康社会的建成和推动中国特色社会主义现代化建设有重大意义。“只有贯彻新发展理念，建设现代化经济体系，才能实现更高质量、更有效率、更加公平、更可持续的发展；只有健全人民当家作主制度体系，发展社会主义民主政治，才能体现人民意志、保障人民权益、激发人民创造活力；只有坚定文化自信，推动社会主义文化繁荣兴盛，才能激发全民族文化创新创造活力；只有提高保障和改善民生水平，加强和创新社会治理，才能使人民获得感、幸福感、安全感更加充实、更有保障、更可持续；只有加快生态文明体制改革，建设美丽中国，才能形成人与自然和谐发展现代化建设新格局。”①

“五位一体”总体布局是时代召唤、实践推动、理论创新的结果，它使中国特色社会主义事业的发展方略更加完善、发展目的更加明确、发展内涵更加丰富、发展道路更加广阔，标志着中国共产党对共产党执政规律、社会主义建设规律、

① 《统筹推进新时代“五位一体”总体布局——六论学习贯彻党的十九大精神》，《人民日报》2017年11月3日。

人类社会发展规律的认识达到新的高度。为到2035年在全面建成小康社会的基础上基本实现社会主义现代化打下了坚实基础，为到21世纪中叶把我国建成富强民主文明和谐美丽的社会主义现代化强国打下了坚实基础。

（三）如何认识新时代我国生态文明建设新体系？

生态文明建设是关系中华民族永续发展的根本大计。党的十八大以来，以习近平同志为核心的党中央把生态文明建设作为统筹推进“五位一体”总体布局和协调推进“四个全面”战略布局的重要内容，开展了一系列根本性、开创性、长远性工作，加快推进生态文明顶层设计和制度体系建设，推动生态环境保护发生历史性、转折性、全局性变化，提出一系列新理念、新思想、新战略，形成了习近平生态文明思想。构建生态文明体系，是一场包括发展方式、治理体系、思维观念等在内的深刻变革，是习近平生态文明思想的具体部署，是“美丽中国”建设和实现的重要保障和行动指南。

2018年，全国生态环境保护大会召开，习近平总书记首次提出了“生态文明体系”，包含生态文化体系、生态经济体系、生态环境质量目标责任体系、生态文明制度体系和生态安全体系五大方面。这是习近平生态文明思想的具体部署，也是从根本上解决生态环境问题的对策，需要坚决落实和长期贯彻。

1.以生态价值观念为准则的生态文化体系

良好的生态文化体系体现人与自然的和谐共处，共荣共存的价值取向和生态意识，为生态文明建设提供思想保障、精神动力和智力支持。生态文化是以人为本、与自然密切相关的文化，包含生态价值观、生态伦理、生态精神、生态美学以及思维方式、生产方式、生活方式、行为方式、文化载体、生态制度等方面。人与自然的关系经历了“以自然为中心”和“以人为中心”两个阶段，正在进入“人与自然和谐共处”的第三个阶段。

中华五千多年文明孕育了丰富的生态文化，如天人合一、道法自然、敬爱自然等。新时代以来，在习近平生态文明思想的引领下，需要大力弘扬传统生态文化，建设生态文化体系。

环境保护部公布的一项调查显示，我国民众生态文明意识呈现出“认同度高、知晓度低、践行度不够”的特点。补上行动短板，生态价值观的引领作用不容忽视。文化的核心是价值观，生态文化的核心是生态价值观。我们应牢固树立尊重自然、顺应自然、保护自然的生态价值观，把生态文明建设放在突出地位，这样才能从根本上减少人为对自然环境的破坏。在处理人与自然的关系时，要坚守生态价值观，坚持以人为本的原则，并把这一原则贯穿生态文化体系建设的全过程。构建生态文化体系必须大力倡导生态道德和生态伦理，提倡先进的生态价值观和生态审美观，将生态文明建设融入社会主义核心价值观建设之中，是全面推进生态文明建设，将生态文明建设蓝图变为现实的重要保障。

构建生态文化体系，将生态文化作为现代公共文化服务体系建设的重要内容，建设和传递生态文明主流价值观，加强对人民群众的舆论引导，加强环保宣传和普及，形成绿色、环保、节约的生活和消费方式。充分发挥媒体和社会监督作用，营造良好的生态文化氛围，动员全体民众共同保护生态环境，为正确处理人与自然关系、解决生态环境问题、推动经济社会发展转型提供内生动力。只有低碳环保的理念深入人心，绿色生活方式成为习惯，生态文化才能真正发挥作用，生态文明建设就有了内核。

2.以产业生态化和生态产业化为主体的生态经济体系

以产业生态化和生态产业化为主体的生态经济体系是生态文明建设的物质基础。生态环境问题归根结底是经济发展方式问题，现代化经济体系的构建和经济的高质量发展也都离不开生态经济体系的建设。构建生态经济体系就要贯彻绿色发展理念，坚持可持续发展，坚定走生产发展、生活富裕、生态良好的文明发展道路，加快建设资源节约型、环境友好型社会，形成人与自然和谐发展的现代化建设新格局，推进美丽中国建设。增强我国经济可持续发展的能力，把生态优势变成经济优势，形成生态和经济和谐统一的局面。

新时代建立现代化生态经济体系，走绿色发展道路，提升创新能力，提供更多优质生态产品以满足人民群众日益增长的对美好生态环境的需要。构建现代化生态经济体系，强化生态文明建设的产业支撑，深化供给侧结构性改革，推动经济发展质量变革、效率变革、动力变革。大力发展生态农业和林业，构建清洁低碳、安全高效的能源体系，推动资源节约和循环利用，实行国家节水行动，实现生产系统和生活系统循环链接。抓好生态工业、生态农业、抓好全域旅游，促进一、二、三产业融合发展，让生态优势变成经济优势，形成一种浑然一体、和谐统一的关系。促进人口、资源、环境和谐发展，形成资源节约、环境保护的空间格局、产业结构、生产方式和生活方式。将经济发展建立在资源高效循环利用、生态环境严格保护的基础上，实现经济高质量、可持续发展。

按照“绿色、循环、低碳”发展要求，利用先进生态技术培育资源利用率高、能耗排放少、生态效益好的新兴产业，改造传统产业，淘汰落后产能，实现产业生态化。推动生态资源的开发和利用，提供生态产品和服务，推动生态要素向生产要素转变，生态财富向物质财富转变，促进生态与经济的良性循环。

3.以改善生态环境质量为核心的目标责任体系

“以改善生态环境质量为核心的目标责任体系”体现生态文明建设以人民为中心的发展理念，明确生态文明建设的目标任务。生态文明建设目标责任体系包括五类:一类以具体减排指标、环境质量改善等具体任务为导向的目标考核体系,如“大气十条”“水十条”,水利部门的“三条红线”等;第二类是以调整地方政府绩效考核为导向的综合性生态文明目标评价体系,以《生态文明建设目标评价考核办法》为代表;第三类是以生态文明建设目标为导向的,引导性的、试点性的考评体系,如生态环境保护、林业、水利、海洋等的“生态文明建设试点示范”;第四类侧重厘清生态文明建设领域相关部门常态化分工责任的制度安排,包括环境保护领域的权力清单和责任清单等。第五类为建立在责任体系基础上的问责机制,以中央环保督察制度为代表。

生态文明建设目标责任体系具有主导性、科学性、创新性和长期性。生态文明建设目标责任体系的贯彻落实需要政府、社会、企业、个人的相互配合、有效互动。政府在目标责任体系中发挥领导和核心作用,需要逐渐强化政府生态环境的治理能力。习近平总书记指出:“我们一定要彻底转变观念,就是再也不能以国内生产总值增长率来论英雄了,一定要把生态环境放在经济社会发展评价体系的突出位置。如果生态环境指标很差,一个地方一个部门的表面成绩再好看也不行,不说一票否决,但这一票一定要占很大的权重。”①领导干部要树立新发展理念,转变政绩观,建立责任追究制度。实行生态环境损害责任终身追究制。习近平总书记指出:“要针对决策、执行、监管中的责任,明确各级领导干部责任追究情形。对造成生态环境损害负有责任的领导干部,不论是否已调离、提拔或者退休,都必须严肃追责。各级党委和政府要切实重视、加强领导,纪检监察机关、组织部门和政府有关监管部门要各尽其责、形成合力。一旦发现需要追责的情形,必须追责到底,决不能让制度规定成为没有牙齿的老虎。”②

生态文明建设目标责任体系建设需要进一步明确生态文明建设各主体的责任,推动各级政府建立环境监管和环境保护工作体系,引导各级政府和环境监管机构树立法治意识。规范和完善环保督察问责体系,推动问责体系制度化、法治化和规范化,统筹生态文明建设目标责任体系和问责体系,统筹优化生态文明领域考核,完善考核制度。

生态环境质量的改善离不开治理,为此必须加快构建生态环境治理体系,完善生态环境监管体系,健全生态环境保护经济政策体系,健全生态环境保护法治体系,强化生态环境保护能力保障体系,构建生态环境保护社会行动体系。

---

① 中共中央文献研究室编:《习近平关于社会主义生态文明建设论述摘编》,中央文献出版社2017年版,第99页。

② 中共中央文献研究室编:《习近平关于社会主义生态文明建设论述摘编》,中央文献出版社2017年版,第111页。

4.以治理体系和治理能力现代化为保障的生态文明制度体系

“以治理体系和治理能力现代化为保障的生态文明制度体系”是生态文明建设制度和组织保障。生态文明制度体系包含法律法规、行政管理、市场交易、社会规范等方面。

党的十八大报告部署加强生态文明制度建设。保护生态环境必须依靠制度,要把资源消耗、环境损害、生态效益纳入经济社会发展评价体系,建立体现生态文明要求的目标体系、考核办法、奖惩机制。建立国土空间开发保护制度,完善最严格的耕地保护制度、水资源管理制度、环境保护制度。深化资源性产品价格和税费改革,建立反映市场供求和资源稀缺程度、体现生态价值和代际补偿的资源有偿使用制度和生态补偿制度。积极开展节能量、碳排放权、排污权、水权交易试点。加强环境监管,健全生态环境保护责任追究制度和环境损害赔偿制度。加强生态文明宣传教育,增强全民节约意识、环保意识、生态意识,形成合理消费的社会风尚,营造爱护生态环境的良好氛围。

党的十八届三中全会提出建立系统完整的生态文明制度体系,并将资源产权、用途管制、生态红线等内容纳入生态文明制度体系,进一步丰富了生态文明建设内容。2015 年 4 月,《中共中央国务院关于加快推进生态文明建设的意见》指出,必须加快建立系统完整的生态文明制度体系,引导、规范和约束各类开发、利用、保护自然资源的行为,用制度保护生态环境。

2015 年 9 月,中共中央、国务院印发《生态文明体制改革总体方案》,阐明了我国生态文明体制改革的指导思想、理念、原则、目标、实施保障等方面内容,进一步提出要加快建立系统的生态文明制度体系,为我国生态文明领域改革做出了顶层设计。一系列意见、方案的出台,将生态文明建设纳入制度化、法治化轨道,推进生态文明领域国家治理体系和治理能力现代化建设。构建产权清晰、多元参与、激励约束并重、系统完整的生态文明制度体系,主要包括构建自然资源资产产权制度、国土空间开发保护制度、空间规划体系、资源总量管理和全面节约制度、资源有偿使用和生态补偿制度、环境治理体系、环境治理和生态保护市场体系、生态文明绩效评价考核和责任追究制度。

《生态文明体制改革总体方案》是统筹生态文明领域各项改革的纲领性文件。在此基础上,还先后出台了《党政领导干部生态环境损害责任追究办法(试行)》《生态环境监测网络建设方案》《环境保护督察方案(试行)》《生态环境损害赔偿制度改革试点方案》等政策文件。

坚持和完善生态文明制度体系是习近平生态文明思想的重要内容,也是党的十九届四中全会做出的重大战略部署。全会指出要实行最严格的生态环境保护制度、全面建立资源高效利用制度、健全生态保护和修复制度、严明生态环境保护责任制度。加快生态文明制度体系建设是巩固党的执政基础、确保党和国家长治久安的有力保证，是坚持和完善中国特色社会主义制度、推进国家治理体系和治理能力现代化的重大任务。党的十九届六中全会指出：党组织实施主体功能区战略，建立健全自然资源资产产权制度、国土空间开发保护制度、生态文明建设目标评价考核制度和责任追究制度、生态补偿制度、河湖长制、林长制、环境保护“党政同责”和“一岗双责”等制度，制定、修订相关法律法规。

同时，还要加快推进生态文明体制改革落地见效，抓好已出台生态文明制度体系等改革举措的落地，中央环境保护督察要强化权威，强化力量配备，向纵深发展。探索政府主导，企业、社会各界参与，市场化运作、可持续生态产品价值实现路径，健全环保信用评价、信息强制性披露、严惩重罚等制度。

新时代对生态文明制度体系建设的系统性、整体性、协同性要求更高，必须加强制度体系的配套，注重整体效果，着力固根基、扬优势、补短板、强弱项，防止畸轻畸重、顾此失彼。必须深入研究各项制度的耦合性，使各项制度在政策取向上相互配合、在实施过程中相互促进、在改革成效上相得益彰，形成合力，着力将制度优势转化为治理效能。

正如习近平总书记所强调的：“用最严格制度最严密法治保护生态环境，加快制度创新，强化制度执行，让制度成为刚性的约束和不可触碰的高压线。”①

5.以生态系统良性循环和环境风险有效防控为重点的生态安全体系

以生态系统良性循环和环境风险有效防控为重点的生态安全体系体现生态文明建设是实现中华民族永续发展的千年大计、根本大计，是生态文明建设的基本底线，是国家安全体系的重要基石。

生态安全是国家安全的重要组成部分，关系国家长治久安和经济社会的可持续发展，是生态文明建设必须守住的基本底线。国家生态安全主要指一国具有支撑国家生存发展的较为完整、不受威胁的生态系统，以及应对国内外重大生态问题的能力。

2004 年 12 月，全国人大通过《中华人民共和国固体废物污染环境防治法》，生态安全作为立法宗旨写进了法律。2014 年，习近平总书记主持召开中央国家安全委员会第一次会议，强调构建国家安全体系，其中即包括生态安全。党的十九大报告进一步阐释了生态安全的重要性，指出要“坚定走生产发展、生活富裕、生态良好的文明发展道路，建设美丽中国，为人民创造良好生产生活环境，

---

① 习近平：《坚决打好污染防治攻坚战　推动生态文明建设迈上新台阶》，《人民日报》2018 年 5 月 20 日。

为全球生态安全作出贡献”。[①] 2018 年，全国生态保护大会提出建设生态文明体系，生态安全体系为其中之一。

建立生态安全体系必须要维护生态系统的完整性、稳定性和功能性，确保我国具备保障生存发展和经济社会可持续发展的自然基础，保证生态系统的良性循环。建立生态安全体系必须处理好有关生态环境的重大问题，如国内发展面临的资源环境瓶颈、生态承载力不足以及环境事件突发等问题，这些问题是维护生态安全的重要着力点，是最具有现实性和紧迫性的问题。当前，我国生态安全状况总体是趋好的，但威胁生态安全的风险和隐患依然存在，如生态空间被大量挤占、滨海湿地持续减少、局部生态退化等。

生态安全维护具有长期性、复杂性和艰巨性的特点。要建立健全维护生态安全的制度体系，强化国土空间和资源开发管制，坚定不移实施主体功能区制度。全国主体功能区规划明确了以“两屏三带”为主体的生态安全战略布局，即以青藏高原生态屏障、黄土高原川滇生态屏障、东北森林带、北方防沙带、南方丘陵山地带以及大江大河重要水系为骨架，以其他国家重点生态功能区为重要支撑，以点状分布的国家禁止开发区域为重要组成部分的生态安全战略格局。青藏高原生态屏障重点要保护好多样独特的生态系统，黄土高原川滇生态屏障重点加强水土流失防治和天然植被保护，东北森林带重点保护好森林资源和生态多样性，北方防沙带重点加强防护林建设、草原保护和防风固沙，南方丘陵山地带重点加强植被修复和水土流失防治。

加强生态安全体系还需要加强自然生态系统的保护和修复，推进重点环境问题治理，如强化水环境保护和治理，实施大气污染综合防治，完善国家土壤环境监测网络，加大土壤重金属污染治理修复力度。加强生态安全监测和研判，探索建立生态安全监测预警体系，建立突发环境事件应急预案编制和管理体系，建立完善多级联动的突发环境事件应急网络。我们还应积极参与全球生态环境治理，完善“一带一路”生态环境合作机制。

新时代生态文明建设新体系的作用和地位。习近平总书记指出：“我们要通过加快构建生态文明体系，使我国经济发展质量和效益显著提升，以确保到 2035 年节约资源和保护环境的空间格局、产业结构、生产方式、生活方式总体形成，生态环境质量实现根本好转，生态环境领域国家治理体系和治理能力现代化基本实现，美丽中国目标基本实现。到本世纪中叶，建成富强民主文明和谐美丽的社会主义现代化强国，物质文明、政治文明、精神文明、社会文明、生态文明全面提升，绿色发展方式和生活方式全面形成，人与自然和谐共生，生态环境

① 习近平：《决胜全面建成小康社会　夺取新时代中国特色社会主义伟大胜利——在中国共产党第十九次全国代表大会上的报告》，人民出版社 2021 年版，第 24 页。

领域国家治理体系和治理能力现代化全面实现，建成美丽中国。”①

生态文明建设的五大体系界定了中国特色社会主义生态文明体系的基本框架，指出了构建生态文明体系的思想保证、物质基础、制度保障、责任和底线，五大体系相辅相成，共同构成新时代生态环境保护和生态文明建设的全局性、根本性对策体系，生态文化体系是基础，生态经济体系是关键，目标责任体系是抓手，生态文明制度体系是保障，生态安全体系是底线。生态文明建设体系成为到21世纪中叶实现建成美丽中国目标的重要保障和行动指南，也为构建人类命运共同体贡献了中国方案。

我国生态文明体系的建设与公共卫生事件防、治之间存在密切关系。2020年，新冠肺炎疫情在全球蔓延，这场世界性危机向人类发出警报：人类到了重新审视人与自然关系的危急关头，到了直面生态安全、生存安全挑战的关键时刻。习近平生态文明思想、我国生态文明新体系的建设、绿色治理等理念和实践，尤其是生态安全体系的建设和完善，为这场危机的解决及其他公共卫生实践的防治，为全球绿色治理提供中国方案和东方智慧。

中国的抗疫成就体现了我国生态文明建设的战略定力，体现了我国生态文明建设体系的作用。习近平总书记指出：“自然是生命之母，人与自然是生命共同体，人类必须敬畏自然、尊重自然、顺应自然、保护自然。”②人类社会要实现永续发展，就必须加快推进生态文明建设，构建生态文明建设体系，实现人与自然的和谐共生。正如习近平总书记强调的：“要从保护人民健康、保障国家安全、维护国家长治久安的高度，把生物安全纳入国家安全体系，系统规划国家生物安全风险防控和治理体系建设，全面提高国家生物安全治理能力。”③生物安全体系是生态文明建设体系的应有之义，也是国家安全体系的重要组成部分。新冠肺炎疫情也暴露了我国生物安全体系存在的不足，需要进一步完善国家生物安全法律法规体系和制度保障体系。

三、教育教学建议

（一）教学目标

通过阐释习近平生态文明思想的生成逻辑、精神实质和价值意蕴，使青年

---

① 《习近平谈治国理政》第3卷，外文出版社2020年版，第366～367页。

② 习近平：《在纪念马克思诞辰200周年大会上的讲话》，人民出版社2018年版，第21页。

③ 中共中央文献研究室编：《习近平关于社会主义生态文明建设论述摘编》，中央文献出版社2017年版，第111页。

学生明确习近平生态文明思想在生态文明建设中的地位和作用，并把握新时代我国生态文明建设新体系的内容，明确生态文明建设体系的意义，提高理论联系实际的能力，结合自身专业技能，提高运用习近平生态文明思想分析解决生态环境问题的能力。通过学习，使青年学生系统把握和领会生态文明建设的重要性以及中国特色社会主义事业“五位一体”总体布局的战略安排，明确把生态文明建设融入经济建设、政治建设、文化建设、社会建设各方面和全过程的原因及影响，培养敬畏自然、尊重自然、顺应自然、保护自然的自觉性和生态文明建设的使命感。为达到上述目的，本章教学要理论联系实际，结合具体案例来阐释相关理论、思想和体系。

（二）教学基本要求

1.掌握习近平生态文明思想的生成逻辑、精神实质和价值意蕴。

2.了解生态文明建设的重要性和“五位一体”总体布局。

3.认识新时代我国生态文明建设新体系。

（三）教学方法

总体而言，在具体的教学过程中，要坚持以学生为中心，提高学生参与教、学的积极性。教师的讲授仍必不可少，但讲授的方式应以引导为主，做提纲挈领的引导，对重点内容和理论要讲清楚，并做到理论联系实际精选教学案例，以案例作为理论思想教学的辅助，加深学生的理解和认知。

但在不同重难点的问题讲授中，应采用灵活的方式。如在讲授习近平生态文明思想生成逻辑、精神实质和价值意蕴时，可以利用以小组讨论和团队协作的方式进行，如在习近平生态文明思想精神实质教学过程中将学生分成不同小组，以小组为单位讨论精神实质问题，形成本小组共识，教师对小组讨论共识进行点评，以提高学生的学习效果。同时，习近平生态文明思想是现在进行时和未来发展时，随着新时代中国特色社会主义伟大事业的推进，会有最新的论述和文献公布，教师应密切关注，及时阅读和分析最新文献以充实教学内容，做到教学与实际密切关联。

在讲授将生态文明建设融入经济建设、政治建设、文化建设、社会建设各方面和全过程时，可以利用小组角色扮演的方式进行，将学生分成五个小组，其中一个小组负责分析生态文明建设的重要性，其余四个小组为经济小组、政治小组、文化小组和社会小组，分别负责分析生态文明建设与经济建设、政治建设、文化建设、社会建设之间的关系，教师负责点评并进一步总结生态文明建设与经济建设、政治建设、文化建设、社会建设之间的关系，使学生在参与中加强理解。

在讲授新时代我国生态文明建设新体系时，也可采用小组角色扮演的方式进行，将学生分成五个小组，分别负责分析生态文化体系、生态经济体系、目标责任体系、生态文明制度体系、生态安全体系的主要内容、构建措施及意义，各小组之间进行互动交流，教师进行点评并进一步总结生态文明建设体系的内容及各体系之间的关系。同时，注重逻辑分析方法，生态文明建设新体系包含生态文化体系、生态经济体系、目标责任体系、生态文明制度体系、生态安全体系五个方面，存在相互作用的逻辑关系，每个体系都有特定内涵，同时又构成有机统一整体，应在逻辑分析中加深学生对生态文明建设新体系的总体认知。

参考文献

[1]《习近平谈治国理政》第3卷，外文出版社2020年版。

[2]中共中央宣传部理论局：《中国制度面对面》，学习出版社、人民出版社2020年版。

[3]中共中央文献研究室编：《习近平关于社会主义生态文明建设论述摘编》，中央文献出版社2017年版。

[4]习近平：《坚决打好污染防治攻坚战　推动生态文明建设迈上新台阶》，《人民日报》2018年5月20日。

[5]习近平：《推动我国生态文明建设迈上新台阶》，《求是》2019年第3期。

[6]《中共中央关于党的百年奋斗重大成就和历史经验的决议》，人民出版社2021年版。

[7]《中共中央国务院关于加快推进生态文明建设的意见》(2015年4月25日)。

[8]黄承梁：《论习近平生态文明思想历史自然的形成和发展》，《中国人口·资源与环境》2019年第12期。

第八章　新时代坚持和发展中国特色社会主义的重要保障

增强忧患意识，做到居安思危，是治党治国治军必须始终坚持的一个重大原则。党要巩固执政地位，要团结带领人民坚持和发展中国特色社会主义，保证国家安全是头等大事，做好新时代国家安全工作，必须贯彻总体国家安全观，统筹发展和安全，抓住和用好我国发展的重要战略机遇期，深刻认识我国社会主要矛盾发展变化带来的新特征新要求和错综复杂的国际环境带来的新矛盾新挑战，把国家安全贯穿到党和国家工作各方面全过程，同经济社会发展一起谋划、一起部署，坚持系统思维，构建大安全格局，为坚持和发展新时代中国特色社会主义提供重要保障。

一、学生和教师的认知状况

从学生部分的调查统计数据来看，本章中被学生列为最感兴趣的三个问题依次为“为什么说政治安全是国家安全的根本？”(24.75%)、“如何理解统筹发展和安全的重要意义？”(22.64%)、“坚持总体国家安全观的重要意义和基本要求是什么？”(21.66%)；学生最困惑的三个问题依次为“如何准确把握‘一国两制’的科学内涵？”(24.26%)、“新时代应该如何全面推进国防和军队现代化建设？”(23.26%)、与“如何理解统筹发展和安全的重要意义？”(21.28%)。

从对不同学科学生最感兴趣问题、最感困惑问题的比较来看，最感兴趣的问题，在文科学生的选择中占比前三位的分别是“为什么说政治安全是国家安全的根本？”(23.09%)、“如何理解统筹发展和安全的重要意义？”(22.76%)、“坚持党对人民军队的绝对领导的重大意义是什么？”(20.77%)；在理科学生的选择中占比前三位的分别是“为什么说政治安全是国家安全的根本？”(25.71%)、“坚持总体国家安全观的重要意义和基本要求是什么？”(23%)、“如何理解统筹发展和安全的重要意义?”(22.56%)。最困惑的问题,在文科学生的选择中占比前三位的分别是“如何准确把握‘一国两制’的科学内涵?”(24.38%)、“新时代应该如何全面推进国防和军队现代化建设?”(23.79%)、“为什么说‘一国两制’是中国特色社会主义的一个伟大创举?”(20.93%);在理科学生的选择中占比前三位的分别是“如何准确把握‘一国两制’的科学内涵?”(24.2%)、“新时代应该如何全面推进国防和军队现代化建设?”(22.97%)、“如何理解统筹发展和安全的重要意义?”(21.73%)。以上情况表明,对本章涉及的问题,文科学生和理科学生最感兴趣的前三个问题中有两个问题相同,但排序有所差别;最困惑的前两个问题及其排序均相同。

从对不同层次高校学生最感兴趣问题、最感困惑问题的比较来看,最感兴趣的问题,在重点高校学生的选择中占比前三位的分别是“为什么说政治安全是国家安全的根本?”(25.44%)、“如何理解统筹发展和安全的重要意义?”(22.97%)、“坚持总体国家安全观的重要意义和基本要求是什么?”(22.15%);在其他高校学生的选择中占比前三位的分别是“为什么说政治安全是国家安全的根本?”(23.84%)、“如何理解统筹发展和安全的重要意义?”(22.18%)、“坚持党对人民军队的绝对领导的重大意义是什么?”(21.49%)。最困惑的问题,在重点高校学生的选择中占比前三位的分别是“如何准确把握‘一国两制’的科学内涵?”(23.9%)、“新时代应该如何全面推进国防和军队现代化建设?”(23.86%)、“如何理解统筹发展和安全的重要意义?”(21.74%);在其他高校学生的选择中占比前三位的分别为“如何准确把握‘一国两制’的科学内涵?”(24.76%)、“新时代应该如何全面推进国防和军队现代化建设?”(22.46%)、“如何理解统筹发展和安全的重要意义”(20.66%)。以上情况表明,对本章涉及的问题,重点高校学生和其他高校学生最感兴趣占比前两位和最感困惑占比前三位的问题相同,排序一致。

从任课教师部分的调查统计数据来看,本章中被任课教师列为重点问题占比前三位的分别是“坚持总体国家安全观的重要意义和基本要求是什么?”(50.43%)、“为什么说政治安全是国家安全的根本?”(34.78%)、“如何理解统筹发展和安全的重要意义?”(24.35%);难点问题占比前三位的分别是“如何理解统筹发展和安全的重要意义?”(32.17%)、“为什么说政治安全是国家安全的根本?”(27.83%)、“为什么说实现祖国完全统一是新时代中华民族伟大复兴的必然要求?”(23.48%)。

可见,任课教师选择中占比第一、第二和第三的重点问题分别为“坚持总体国家安全观的重要意义和基本要求是什么?”“为什么说政治安全是国家安全的根本?”“如何理解统筹发展和安全的重要意义?”,同学生最感兴趣的前三个问题相同，但排序有所差别。任课教师选择中占比第一的难点问题为“如何理解统筹发展和安全的重要意义?”，与学生最困惑的第三个问题相同，但其他两个难点问题差别较大。不同学科学生最感兴趣的前三个问题中有两个问题相同，且与任课教师选择中占比第二、第三的两个重点问题相同，分别为“为什么说政治安全是国家安全的根本?”“如何理解统筹发展和安全的重要意义?”；最感困惑的前两个问题及其排序均相同，但与任课教师选择的难点问题差别较大。不同层次高校学生最感兴趣占比前两位和最感困惑占比前三位的问题及其排序均相同，其中最感兴趣的两个问题与任课教师选择中占比第二、第三的两个重点问题相同，分别为“为什么说政治安全是国家安全的根本?”“如何理解统筹发展和安全的重要意义?”；最感困惑的三个问题中，占比第三的“如何理解统筹发展和安全的重要意义?”与任课教师选择中占比第一的难点问题相同，其余则差别较大。

综合以上情况，将“坚持总体国家安全观的重要意义和基本要求是什么?”“为什么说政治安全是国家安全的根本?”作为本章的教学重点问题；将“如何理解统筹发展和安全的重要意义?”“新时代应该如何全面推进国防和军队现代化建设?”作为本章的教学难点问题。

二、重难点问题解析

(一)坚持总体国家安全观的重要意义和基本要求是什么?

国家安全是人民幸福安康的基本要求，是安邦定国的重要基石，维护国家安全是全国各族人民的根本利益所在。2014 年 4 月，习近平总书记在中央国家安全委员会第一次全体会议上首次提出总体国家安全观，强调走中国特色国家安全之路。他指出：“贯彻落实总体国家安全观，必须既重视外部安全，又重视内部安全，对内求发展、求变革、求稳定、建设平安中国，对外求和平、求合作、求共赢、建设和谐世界；既重视国土安全，又重视国民安全，坚持以民为本、以人为本，坚持国家安全一切为了人民、一切依靠人民，真正夯实国家安全的群众基础；既重视传统安全，又重视非传统安全，构建集政治安全、国土安全、军事安全、经济安全、文化安全、社会安全、科技安全、信息安全、生态安全、资源安全、核安全等于一体的国家安全体系；既重视发展问题，又重视安全问题，发展是安全的基础，安全是发展的条件，富国才能强兵，强兵才能卫国；既重视自身安全，又重视共同安全，打造命运共同体，推动各方朝着互利互惠、共同安全的目标相向而行。”[①]党的十九大报告也55次提到“安全”，其中18次提到“国家安全”，明确将“坚持总体国家安全观”纳入新时代坚持和发展中国特色社会主义基本方略，作为习近平新时代中国特色社会主义思想的重要组成部分，写入修改后的《中国共产党章程》。

具体地讲，总体国家安全观是以人民安全为宗旨，以政治安全为根本，以经济安全为基础，以军事、文化、社会安全为保障，以促进国际安全为依托的“大安全”理念。总体国家安全观关键在“总体”，突出的是“大安全”理念，涵盖政治、军事、国土、经济、文化、社会、科技、网络、生态、资源、核能、金融、生物、太空、深海、极地、人工智能、海外利益等诸多领域，而且随着社会发展不断拓展。总体国家安全观的提出具有相应的时代背景，坚持总体国家安全观具有重要意义。

1.保证国家安全是头等大事

改革开放以后，党高度重视正确处理改革发展稳定关系，把维护国家安全和社会安定作为党和国家的一项基础性工作来抓，为改革开放和社会主义现代化建设营造了良好安全环境。进入新时代，我国面临更为严峻的国家安全形势，维护国家安全任务艰巨、责任重大、意义深远。

(1)外部风险挑战日益增多

世界多极化深入发展，国际格局深刻演变，我国的发展壮大成为世界大变局的重要变量，引起一些西方国家战略焦虑上升，千方百计对我国进行围堵、打压、遏制。经济全球化成为不可逆转的时代潮流，国际经济交往更加紧密，同时保护主义、逆全球化思潮抬头，对我国改革开放进程带来负面影响。世界科学技术飞速发展，新一轮科技革命和产业变革蓄势待发，科技领域竞争加剧，我国仍面临一些关键核心技术受制于人的压力。意识形态领域斗争激烈，敌对势力西化分化图谋一刻也没有停止，对我国的政治抹黑、舆论“围剿”、制度攻击变本加厉。传统安全威胁和非传统安全威胁相互交织，恐怖主义、分裂主义、宗教极端势力、重大疫情等对国家安全构成严重威胁。我国周边局势复杂敏感，热点问题不断，特别是域外势力加大插手周边事务力度，对国内安定造成直接冲击。只有积极营造有利于我国发展的外部环境，才能有力维护国家主权、安全、发展利益。

(2)国内安全风险集中凸显

我国经济社会发生深刻变化，改革进入攻坚期和深水区，社会矛盾和问题累积叠加、易发多发。我国发展各领域、国家治理的全过程、内政外交国防的各方面，都面临维护国家安全的繁重任务。风险之间深度关联，各种风险关联度

① 习近平：《坚持总体国家安全观 走中国特色国家安全道路》，《人民日报》2014年4月16日。

高、传导快、共振强，一定条件下很容易演化升级，使小风险演变成大风险、局部风险演变成系统风险、经济社会风险演变成政治风险、国际风险演变成国内风险。风险呈现形态更加复杂，既有显性风险，又有隐性风险；既有周期性风险，又有结构性风险；既有可以预料的风险，又有难以预料的风险，既有“黑天鹅”事件，又有“灰犀牛”事件，而且各类风险成因多样、彼此交织。风险应对处置愈发艰巨，风险触点多、燃点低、影响广、危害大，处置起来机会窗口时间短、临机决断要求高、分寸火候拿捏难。如果不能及时有效防范重大风险或者在出现重大风险时扛不住、化不了，就会导致灾难性后果，严重影响社会大局稳定。

(3)人民安全需求更加强烈

国泰民安是人民群众最基本、最普遍的愿望，安全在人民对美好生活的追求中的分量越来越重。人民渴望在国运昌盛、天下太平、活跃有序的环境中创造幸福生活，享受静好岁月；渴望在劳动生产过程中有周全、牢靠、持久的安全防护和保障；渴望在衣食住行的日常生活中有高品质的供给，能够远离假冒伪劣、坑蒙拐骗；渴望在社会生活和交往中有让人安心、放心、舒心的社会秩序与公共安全；渴望在自然灾害发生时生命财产能够得到有效保护，损失降到最低；渴望在走出国门求学经商、品鉴他国文明和异域风情时，有祖国及时温馨的安全护佑。然而，现实中各类安全事故和事件给人民群众造成的损失和危害，往往成为民生之伤、民心之痛。可以说，满足人民群众日益增长的安全需求，关系人心向背，关系社会和谐稳定，关系党的执政根基的巩固。

我国维护国家安全能力存在明显短板。同形势任务要求相比，维护国家安全的统筹协调机制不健全；国家安全动员、极端情况应对、重大突发事件处置等方面的管理体制和工作机制有待完善；跨境数据流动、个人信息安全保护、网络空间管理等安全新领域规则制定存在薄弱环节；主动引领、积极塑造外部安全环境的手段和办法不多；一些领导干部安全意识淡薄，对安全风险隐患重视不足、麻痹大意、心存侥幸，应对风险见事迟、反应慢、应急处变本领不强；等等。解决这些问题成为新时代维护国家安全的重大课题。

以习近平同志为核心的党中央站在党和国家事业发展全局的战略高度，以强烈的忧患意识和责任担当，强调保证国家安全是头等大事，要立足国际秩序大变局来把握规律，立足防范风险的大前提来统筹，立足我国发展重要战略机遇期大背景来谋划，推动全党极大提高了对国家安全重要地位和作用的认识。

2.贯彻总体国家安全观的重大意义

国家安全是人民幸福安康的基本要求，是安邦定国的重要基石，维护国家安全是全国各族人民的根本利益所在。党的十八大以来，党深入贯彻总体国家安全观，走中国特色国家安全道路，做出一系列决策部署，出台一系列制度规定,推出一系列重大举措,战胜一系列重大风险挑战,推动国家安全工作从分散到集中、迟缓到高效、被动到主动的历史性变革。

首先,坚持总体国家安全观,适应了进行具有许多新的历史特点的伟大斗争的新要求。当前,我们比历史上任何时期都更接近实现中华民族伟大复兴的目标,处在大有可为的历史机遇期,前景十分光明,但风险挑战也十分严峻。在新的历史起点上,必须时刻准备应对各种风险考验。坚持总体国家安全观,归根到底是为了更好维护我国发展的历史机遇期,确保中华民族伟大复兴进程不被迟滞或打断。

其次,坚持总体国家安全观,回应了人民对国家安全的新期待。新时代,人民希望国家更加强大,更有力地维护国家统一和民族团结;希望着力解决空气、水、土壤污染以及农产品、食品药品安全等突出问题,更有效地保护人民生命财产安全。党的十九大做出新时代我国社会主要矛盾发生变化的新论断,明确将安全作为人民美好生活需要的重要内容。这是对历史、现实、未来的深刻洞察。有了安全感,获得感才有保障,幸福感才会持久。国家安全工作,归根结底是保障人民利益,为群众安居乐业提供坚强保障。

最后,坚持总体国家安全观,顺应了世界发展变化的新趋势。当今世界百年未有之大变局正加速演进,既充满希望,也充满挑战。和平发展大势不可逆转,同时,世界面临的不稳定性、不确定性突出,人类面临许多共同挑战,只有坚持总体国家安全观,才能实现共享正义尊严、共享发展成果、共享安全保障。

3.贯彻总体国家安全观的基本要求

面对当前及今后相当长时期错综复杂的国内国际新形势,习近平总书记就深入贯彻总体国家安全观提出来明确的要求,为统筹新时代中国特色社会主义发展和国家安全问题提供了根本遵循。

一是坚持党对国家安全工作的绝对领导。这是做好国家安全工作的根本原则,是维护国家安全的根本保证。要坚持党中央对国家安全工作的集中统一领导,加强统筹协调,把党的领导贯穿到国家安全工作各方面全过程,推动各级党委把国家安全责任制落到实处。

二是坚持中国特色国家安全道路。贯彻总体国家安全观,坚持政治安全、人民安全、国家利益至上有机统一,以人民安全为宗旨,以政治安全为根本,以经济安全为基础,捍卫国家主权和领土完整,防范化解重大安全风险,为实现中华民族伟大复兴提供坚强的安全保障。其中,以国家利益至上为准则就是要把国家利益作为制定国家安全战略的出发点,牢固树立捍卫国家利益的机遇意识,强化捍卫国家利益的底线思维,创新捍卫国家利益的方式方法,更坚决、更有效地维护好、捍卫好国家利益尤其是核心利益,实现人民安居乐业、党的长期执政、国家长治久安。

三是坚持以人民安全为宗旨。坚持国家安全一切为了人民，一切依靠人民，把党的群众路线贯彻到维护国家安全的全部活动之中，充分发挥广大人民群众积极性、主动性、创造性，切实维护广大人民群众安全权益，始终把人民作为国家安全的基础性力量，汇聚起维护国家安全的强大力量。

四是坚持统筹发展和安全。发展是安全的基础，安全是发展的保障。坚持发展和安全并重，既通过发展提升国家安全实力，又深入推进国家安全思路、体制、手段创新，营造有利于经济社会发展的安全环境，在发展中更多考虑安全因素，实现高质量发展和高水平安全的良性互动，努力建久安之势、成长治之业。

五是坚持把政治安全放在首要位置。政治安全是我国国家安全的根本，核心是政权安全和制度安全。以政治安全为根本，就是要坚持党的领导和中国特色社会主义制度不动摇，把制度安全、政权安全放在首要位置，为国家安全提供根本政治保证。

六是坚持统筹推进各领域安全。要统筹传统安全和非传统安全，统筹自身安全与共同安全，统筹外部安全与内部安全，统筹国土安全和国民安全，等等。坚持总体国家安全观，要求始终把国家安全置于中国特色社会主义事业全局中来把握，充分调动各方面积极性，形成合力。发挥国家安全工作协调机制作用，用好国家安全政策工具箱，有效维护政治、军事、国土、经济、文化、社会、科技、网络、生态、资源、核能、海外利益与太空、深海、极地、生物等领域安全。

七是坚持把防范化解国家安全风险摆在突出位置。预判风险所在是防范风险的前提，把握风险走向是谋求战略主动的关键。加强战略预判和风险预警，见微知著、未雨绸缪，力争把风险化解在源头，防止各种风险传导、叠加、演变、升级。提高风险化解能力，透过复杂现象把握本质，抓住要害，找准原因，果断决策，引导群众、组织群众，整合各方力量、科学排兵布阵，有效予以处理。完善风险防控机制，建立健全风险研判机制、决策风险评估机制、风险防控协同机制、风险防控责任机制，主动加强协调配合，坚持一级抓一级、层层抓落实。

八是坚持推进国际共同安全。国际安全是双向的，如同作用力与反作用力的关系，"吹灭别人的灯，会烧掉自己的胡子"[①]，一国安全而其他国家不安全，或者牺牲别国安全而维护本国的安全，都是根本行不通的，合作安全、集体安全、共同安全才是解决问题的正确选择。各国应树立构建大安全格局的理念。以系统思维认识安全的普遍性，以系统思维把握安全的全面性，以系统思维共商安全问题、共对安全挑战、共谋安全稳定，携手共建密不可分、安全和平、利益共

---

① 《习近平谈治国理政》，外文出版社 2014 年版，第 355 页。

享、风险共担的人类命运共同体。要高举合作、创新、法治、共赢的旗帜，推动树立共同、综合、合作、可持续的全球安全观，加强国际安全合作，完善全球安全治理体系。

九是坚持推进国家安全体系和能力现代化。坚持系统思维，加快构建与新发展格局相适应的大安全格局。坚持以改革创新为动力，加强法治思维，构建系统完备、科学规范、运行有效的国家安全制度体系，提高运用科学技术维护国家安全的能力，不断增强塑造国家安全态势的能力。

十是坚持加强国家安全干部队伍建设。以党的政治建设为统领，加强国家安全战线党的建设，教育引导安全干部增强“四个意识”，坚定“四个自信”，做到“两个维护”。要关心和爱护国家安全干部，为他们提供便利条件和政策保障，打造绝对忠诚、绝对可靠、绝对内行、绝对守纪律的坚不可摧的国家安全干部队伍。

总之，国家安全是实现党的长期执政、国家长治久安和人民安居乐业的重要保障。总体国家安全观以一系列紧密联系、相互贯通的基本观点，科学回答了中国这样一个发展中的社会主义大国如何维护国家安全的一系列基本问题，把党对国家安全的认识提升到了新的高度和境界，为破解我国国家安全面临的难题、推进新时代国家安全工作提供了基本遵循。要坚持总体国家安全观，走中国特色国家安全道路，着力防范化解重大风险。维护国家安全，要立足国际秩序大变局来把握规律，立足我国正处于发展重要战略机遇期这一大背景来谋划，保持战略定力、战略自信、战略耐心，把战略主动权牢牢掌握在自己手中。

（二）为什么说政治安全是国家安全的根本？

政治安全是指国家主权、政权、政治制度、政治秩序以及意识形态等方面免受威胁、侵犯、颠覆、破坏的客观状态。政治安全在国家安全体系中是根本、是核心，属于总体国家安全观的范畴。政治安全涉及国家主权、政权、制度和意识形态的稳固，是一个国家最根本的需求，是一切国家生存和发展的基础条件。

2010 年 12 月，突尼斯多地爆发大规模反政府示威，大批民众涌上街头，最终迫使本·阿里总统下台。“阿拉伯之春”的动荡浪潮随即席卷中东、北非地区 10 多个国家，多国政权垮台，个中原因非常复杂，政治安全脆弱、极易受到外部势力操纵与颠覆是一个重要因素。今天，“阿拉伯之春”早已变成“阿拉伯之冬”，非但没有带来民众所渴望的“民主自由”，反而导致国家分裂、社会失序、经济凋敝、民不聊生。铁一般的事实告诉我们，政治安全是国家安全的根本，离开了政治安全，国家安全就无从谈起。

当前我国正处于中华民族伟大复兴的关键阶段，也处于从发展中大国迈向社会主义现代化强国的关键时期。新时代，维护国家安全既要解决好大国发展进程中面临的安全共性问题，更要处理好中华民族伟大复兴关键阶段面临的特殊安全问题。其中，必须要高度重视维护政治安全。党的十八大以来，习近平总书记从世情、国情、党情的深刻变化出发，把握中国共产党治国理政的宗旨要义、科学规律、使命担当，阐述了政治安全的一系列根本性、全局性、方向性问题，阐明了维护政治安全的极端重要性，提出了维护政治安全这一生命线的明确要求，立意高远、思想深邃、内涵丰富，为新时代政治安全工作把舵定向，有着鲜明的时代特色，把党对政治安全的认识提升到新高度、新境界，是指导新时代政治安全工作的根本遵循和强大思想武器。

1.以政治安全为根本的核心要义

以政治安全为根本是习近平总书记关于政治安全重要论述的核心要义，可以从以下三个方面来理解和把握。

(1)国家的主权独立和领土完整是政治安全的基本前提

主权独立和领土完整是国家生存发展的前提和基础。特别是现代民族国家的诞生，进一步确立了国家平等、主权独立、领土完整、不干涉内政等基本国际关系准则。维护我国政治安全最基础的就是确保国家主权和领土不受侵犯、国家不被分裂。《中华人民共和国宪法》规定，中国人民负有维护国家统一和各民族团结的义务，负有保卫国家、抵抗侵略的神圣职责。维护国家主权独立和领土完整既是宪法赋予每位公民的神圣职责，也是国家武装力量建立存在的基本任务。习近平总书记在庆祝中国共产党成立 100 周年大会上向海内外发出了铿锵有力的誓言："任何人都不要低估中国人民捍卫国家主权和领土完整的坚强决心、坚定意志、强大能力！"①

(2)政权安全和制度安全是政治安全的核心所在

政权安全和制度安全，不但关系到中国共产党的执政地位，还关系到国家和民族的根本利益。当代中国国家政权体现为中国共产党在国家政治生活中的组织领导和执政地位。政治制度是国家权力的性质、组织、分配、运作等方面的规范法度。中国共产党在中华人民共和国的领导地位和社会主义政治制度的确立是中国社会发展的历史性选择和人民的选择。中国的历史发展和现实国情决定了必须坚持中国共产党的领导，坚持社会主义制度，这是维护国家政治安全的核心。习近平总书记从党和国家事业发展全局、实现中华民族伟大复兴的战略高度出发，深刻把握当今时代潮流和国际大势所蕴含的机遇与挑战，

---

① 习近平：《在庆祝中国共产党成立 100 周年大会上的讲话》，人民出版社 2021 年版，第 20～21 页。

对维护政权安全、制度安全提出了明确要求。他指出："我们治国理政的本根，就是中国共产党领导和社会主义制度。"[①]

(3)国家政治秩序和意识形态是政治安全的现实基础

维护国家政治秩序和巩固意识形态就是确保国家政权正常运转，政治制度不受干扰破坏，保持基本的安全状态，为政权运转和政治制度稳固提供安定有序的社会环境。保持我国政治秩序稳定、巩固我国意识形态，是维护政治安全的现实基础。习近平总书记指出："马克思主义是我们立党立国的根本指导思想。""在坚持马克思主义指导地位这一根本问题上，我们必须坚定不移，任何时候任何情况下都不能有丝毫动摇。"[②]维护我国政治秩序稳定必须始终坚持中国共产党在各项工作中的领导地位，始终坚持马克思主义在意识形态的指导地位，坚持人民民主专政，坚持社会主义道路，为中国共产党执政活动和社会主义政治制度依法落实创造和谐有序、安全稳定的社会环境。同时，维护国家政治秩序稳定应以人民群众的支持和拥护为根本。如果失去了群众基础，国家政治秩序就会受到严重冲击，进而影响到国家政治安全。

2.政治安全是国家安全的根本

坚持总体国家安全观是新时代中国特色社会主义的基本方略。政治安全是我国国家安全的根本，核心是政权安全和制度安全，最根本的就是维护党的领导和执政地位、维护中国特色社会主义制度。

(1)政治安全关乎党和国家的生死存亡

在国家安全这一肌体中，政治安全是心脏，心脏停止跳动，再强壮的肌体也会失去生机。新中国成立之初，新生的社会主义政权就处在敌对势力的封锁、遏制之下，社会主义和资本主义两种意识形态、两种制度的较量始终未停止。直到现在，各种敌对势力也从来没有停止对我们实施西化、分化战略，从来没有停止对中国共产党领导和我国社会主义制度进行颠覆破坏活动。因此，在政治安全这个根本性问题上，我们要时刻保持如履薄冰的谨慎，时刻保持居安思危的忧患，绝不能犯战略性、颠覆性错误，绝不能有任何含糊和动摇。

(2)政治安全决定和影响着国家的经济安全、军事安全、社会安全等各个领域的安全

在我国国家安全体系中，不同领域的安全相互联系、相互影响，具有传导效应和联动效应。其中政治安全起决定性作用，规定和制约着其他领域的安全。

① 中共中央党史和文献研究院编：《习近平关于总体国家安全观论述摘编》，中央文献出版社2018版，第34页。

② 中共中央党史和文献研究院编：《习近平关于总体国家安全观论述摘编》，中央文献出版社2018版，第35页。

没有政治安全的保障，其他领域的安全就无从谈起，其他领域的安全问题最终也要反映到维护政治安全上来。进入 21 世纪，我国经济总量大幅度跃升，综合国力持续增强，取得了举世瞩目的成就，为维护政治安全创造了有利条件。但是，危与机并存，政治安全领域仍然面临重大风险考验和严峻挑战，特别是风险与挑战的联动效应显著，维护政治安全的任务艰巨而繁重。对此，习近平总书记用强烈的忧患意识洞察大势、把握大局，科学预见政治安全形势发展的态势和其中暗藏的风险挑战。他明确指出："当前我国国家安全内涵和外延比历史上任何时候都要丰富，时空领域比历史上任何时候都要宽广，内外因素比历史上任何时候都要复杂。"[①]"我们面临的重大风险，既包括国内的经济、政治、意识形态、社会风险以及来自自然界的风险，也包括国际经济、政治、军事风险等。"[②]在这样复杂严峻的形势下，一旦发生出现风险扛不住或者过不去的情况，国家政治安全必然会面临重大威胁和严峻考验。因此必须从维护政治安全的高度，谋划和推进各领域国家安全工作，把维护政治安全作为应对各领域安全风险挑战的首要任务，充分发挥其在协调各领域安全中的抓手作用。

(3)政治安全是人民安居乐业的根本保障

实现中华民族伟大复兴的中国梦，保证人民安居乐业是头等大事。习近平总书记强调："要坚持人民安全、政治安全、国家利益至上的有机统一""实现人民安居乐业、党的长期执政、国家长治久安。"[③]政治安全是全国各族人民根本利益所在，没有政治安全这块基石，人民的美好生活就如同空中楼阁。新中国成立以来，我们从积贫积弱、一穷二白到稳居世界第二大经济体、进入中等国家收入行列，人民生活从温饱不足到全面小康，发生了翻天覆地的变化；我们从抗洪救灾到抗击非典，从抗震救灾到抗击新冠肺炎疫情等，有效应对了危害人民群众根本利益的各种风险挑战。其中最重要的原因在于我们建立了人民当家作主的政权和根本政治制度，确立了中国共产党的领导核心地位，为实现人民利益、维护人民安全提供了根本前提和持续保障。

(4)政治安全是实现社会主义现代化强国奋斗目标的必然要求

开启全面建设社会主义现代化国家新征程，是党对当前和今后一段时间内实现中华民族伟大复兴的战略部署。维护国家政治安全，就是要为实现社会主义现代化强国奋斗目标创造良好的内外部环境，特别是创造和谐稳定的国内政

① 中共中央党史和文献研究院编：《习近平关于总体国家安全观论述摘编》，中央文献出版社 2018 版，第 4 页。

② 中共中央党史和文献研究院编：《习近平关于总体国家安全观论述摘编》，中央文献出版社 2018 版，第 9 页。

③ 《习近平谈治国理政》第 3 卷，外文出版社 2020 年版，第 218 页。

治环境，保障我国经济社会健康有序发展，同时为应对外部安全挑战提供坚强有力支撑。党的十八大以来，习近平总书记多次在重要讲话、重要批示中强调，要坚决维护国家政治安全，坚持总体国家安全观。2014 年，根据新的形势和任务，设立中央国家安全委员会，实现了党对国家安全工作的集中统一领导。当前，我国社会政治大局总体稳定，但政治安全面临的形势十分复杂，维护政治安全的任务十分艰巨。我们必须未雨绸缪，防微杜渐，不断增强政治敏锐力和政治鉴别力，不断提高防范和抵御政治风险的能力，牢牢掌握维护政治安全的主动权。正如习近平总书记强调："新的征程上，我们必须增强忧患意识、始终居安思危，贯彻总体国家安全观，统筹发展和安全，统筹中华民族伟大复兴战略全局和世界百年未有之大变局。"①

总之，一个国家对外不能独立自主，内部政治动荡，就不可能维护自身的利益，就不可能实现长远发展。离开了政治安全，国家安全就无从谈起。坚持中国共产党的领导，坚持社会主义制度，确保党的执政安全，是维护政治安全的根本任务。

（三）如何理解统筹发展和安全的重要意义？

党的十九届五中全会通过的《中共中央关于制定国民经济和社会发展第十四个五年规划和二〇三五年远景目标的建议》把"统筹发展和安全"纳入"十四五"时期经济社会发展的指导思想，强调要"实现更高质量、更有效率、更加公平、更可持续、更为安全的发展"②。这一重大战略决策把"统筹发展和安全"提升到经济社会发展的战略层面，是以习近平同志为核心的党中央领导全党全国各族人民进行具有许多新的历史特点的伟大斗争的重大成果。这一重大决策不仅是重大的战略创新，而且蕴含着深刻的理论意涵，有助于巩固凝练全面建成小康社会的理论成果、制度成果、实践成果，必将有力指引和推动全面建设社会主义现代化国家新征程中国家治理体系和治理能力现代化深入发展。

1.统筹发展和安全的理论意涵

(1)统筹发展和安全两件大事，是治国理政的一个重大原则，也是推进国家安全工作的必然要求

安全是发展的前提，发展是安全的保障。发展和安全犹如车之两轮、鸟之两翼，任何方面有明显短板，都会影响中华民族伟大复兴进程。在新发展阶段

---

① 习近平：《在庆祝中国共产党成立 100 周年大会上的讲话》，人民出版社 2021 年版，第 17～18 页。

② 《〈中共中央关于制定国民经济和社会发展第十四个五年规划和二〇三五年远景目标的建议〉辅导读本》，人民出版社 2020 年版，第 21 页。

的奋斗征程上，破解突出矛盾和问题，防范化解各类风险隐患，归根到底要靠发展。同时，要增强风险意识，树立底线思维，把困难估计得更充分些，把风险思考得更深入些，注重堵漏洞、强弱项，下好先手棋、打好主动仗，有效防范化解各类风险挑战，形成在发展中保安全、在安全中促发展的良好格局，确保社会主义现代化事业顺利推进。

（2）统筹发展和安全是经济社会持续稳定发展的内在要求

发展是党执政兴国的第一要务，是解决中国一切问题的关键。没有经济社会发展，就不可能实现国家长治久安、社会安定有序、人民安居乐业。习近平总书记指出："发展是基础，经济不发展，一切都无从谈起。改革开放以来，我们靠聚精会神搞建设，一心一意谋发展，取得了骄人的成就。实现全面建成小康社会奋斗目标，仍然要把发展作为第一要务，努力使发展达到一个新水平。发展是硬道理的战略思想要坚定不移坚持，同时必须坚持科学发展，加大结构性改革力度，坚持以提高发展质量和效益为中心，实现更高质量、更有效率、更加公平、更可持续的发展。"[①]我国发展虽然取得了巨大成就，但我国仍处于并将长期处于社会主义初级阶段的基本国情没有变，我国是世界上最大的发展中国家的国际地位没有变。我国社会主要矛盾已经转化为人民日益增长的美好生活需要和不平衡不充分的发展之间的矛盾。发展面临的不平衡、不协调、不可持续问题依然突出，有些还相当尖锐。这就决定了我们必须坚持以经济建设为中心，坚持以人民为中心的发展思想，聚精会神抓好发展这个党执政兴国的第一要务，实现更高质量、更有效率、更加公平、更可持续、更加安全的发展。国家安全是国家生存发展的基本前提，是安邦定国的重要基石。没有国家安全，就不可能实现经济社会可持续发展，已经取得的成果也会失去。正如习近平总书记指出："面对新形势新挑战，维护国家安全和社会安定，对全面深化改革、实现'两个一百年'奋斗目标、实现中华民族伟大复兴的中国梦都十分紧要。"[②]党的十八大以来，我们在维护国家安全、防范风险挑战方面的一系列成功实践，充分彰显了总体国家安全观的战略指导意义。事实证明，发展和安全相辅相成、不可偏废，统一于坚持和发展中国行国特色社会主义的伟大实践。

（3）统筹发展和安全是对历史经验的深刻总结

历史反复证明，能否统筹好发展和安全，关系国家兴衰、历史走向。纵览中国历代政治得失，封建王朝的衰亡大多与发展和安全摆布失据有关。纵览世界

① 习近平：《以新的发展理念引领发展，夺取全面建成小康社会决胜阶段的伟大胜利》，中共中央文献研究室编：《十八大以来重要文献选编》（中），中央文献出版社 2016 年版，第 828 页。

② 《习近平在中共中央政治局第十四次集体学习时强调切实维护国家安全和社会安定　为实现奋斗目标营造良好社会环境》，《人民日报》2014 年 4 月 27 日。

大国兴衰历史，大国兴起时，往往能够较好地统筹发展和安全，而衰落时则与没有统筹好发展和安全密切相关。[①] 在深刻总结20世纪社会主义兴衰成败经验教训的基础上，邓小平在南方谈话时谆谆告诫全党："我们搞社会主义才几十年，还处在初级阶段。巩固和发展社会主义制度，还需要一个很长的历史阶段，需要我们几代人、十几代人，甚至几十代人坚持不懈地努力奋斗，决不能掉以轻心。"[②]没有发展作为支撑的安全，必然难以长久；没有安全作为保障的发展，必然不可持续。发展和安全合则兴、离则弱、悖则亡，这是历史留给我们的深刻启示。

(4)统筹发展和安全是实现中华民族伟大复兴的必然要求

新中国成立后，中国共产党对发展和安全高度重视，在不同历史时期对统筹发展和安全做出正确战略决策，中华民族迎来了从站起来、富起来到强起来的伟大飞跃。新中国成立之初，国内形势与国际环境错综复杂。中国共产党以"打得一拳开，免得百拳来"的气魄做出抗美援朝、保家卫国的历史性决策，粉碎了侵略者将新中国扼杀在摇篮中的图谋，锻造了伟大的抗美援朝精神，向世人展现了无论时代如何发展，我们都要砥砺不畏强暴、反抗强权的民族风骨，汇聚万众一心、勠力同心的民族力量，锻造舍生忘死、向死而生的民族血性，激发守正创新、奋勇向前的民族智慧。改革开放以来，中国共产党做出和平与发展是时代主题的科学判断，积极营造良好发展环境，抓住机遇加快发展，经济社会发展取得巨大成就。当今世界正经历百年未有之大变局，我国正处于实现中华民族伟大复兴的关键时期。和平与发展仍是当今时代主题，但不稳定不确定因素增多，我们面临的风险挑战愈加复杂。这些风险挑战是我国由大国向强国发展进程中无法回避的，是实现中华民族伟大复兴绕不过的门槛。我们要认清我国发展所处的历史方位、国家安全面临的形势任务，以更好统筹发展和安全各项工作。

2.统筹发展与安全的路径选择

统筹发展和安全，既是重大理论问题，也是重要实践要求。要始终把发展作为安全的基础。只有建立在发展基础上的安全才更可靠、更可持续。从国情出发，坚持发展是解决中国切实问题的关键，坚持在改革发展中促进国家安全，增强发展的全面性、协调性、可持续性，从源头上预防和减少安全问题的产生。要始终把安全作为发展的保障。一个国家选择什么样的国家安全战略，决定了这个国家生存、发展与兴盛之路。坚持总体国家安全观，实施发展和安全并重

① 参见陈文清：《统筹发展和安全 筑牢国家安全屏障(深入学习贯彻习近平新时代中国特色社会主义思想)》，《人民日报》2020年12月31日，第9版。

② 《邓小平文选》第3卷，人民出版社1993年版，第379～380页。

的国家安全战略，既要善于运用发展成果夯实国家安全的实力基础，又要善于塑造有利于经济社会发展的安全环境，把国家安全贯穿到党和国家工作各领域全过程，防范和化解影响全面建设社会主义现代化进程的各种风险，做到坚持发展不停步、维护安全不懈息。

（1）坚持党对发展和安全工作的全面领导

实践充分证明，办好中国的事情关键在党。新发展阶段，我们要办好发展和安全两件大事，谱写经济快速发展、社会长期稳定“两大奇迹”新篇章，最根本的是要坚持党对发展和安全工作的全面领导。发挥党总揽全局、协调各方的作用，统筹协调发展和安全各领域、各方面和全过程。着力在提高把握全局、谋划发展的战略能力上下功夫，不断增强驾驭风险的能力。加强国家安全系统党的建设，坚持以政治建设为统领，建设一支忠诚可靠的国家安全队伍。

（2）推动经济社会高质量发展

贯彻创新、协调、绿色、开放、共享的新发展理念，坚持稳中求进工作总基调，以满足人民日益增长的美好生活需要为根本目的，统筹推进“五位一体”总体布局，协调推进“四个全面”战略布局，加快构建以国内大循环为主体、国内国际双循环相互促进的新发展格局，实现经济社会行稳致远、社会安定和谐。

（3）推进国家安全体系和能力现代化

进一步完善集中统一、高效权威的国家安全领导体制。健全国家安全法治体系、战略体系、政策体系、人才体系和运行机制，完善重要领域国家安全立法、制度、政策，健全国家安全审查和监管制度，加强国家安全执法，推动国家安全体系和能力同国家现代化进程相适应。

（4）发挥人民群众的主体作用

发展要依靠人民，维护国家安全同样也要依靠人民。通过持之以恒、行之有效的国家安全教育，促进全体人民牢固树立“国家安全无小事”的观念和意识，全面推动总体国家安全观入脑入心，营造维护国家安全人人有责的社会氛围，夯实国家安全的社会基础。推进国家安全法治建设，普及国家安全法律知识，夯实合力维护国家安全的思想基础和制度机制。加强国家安全人民防线建设，提高公民维护国家安全参与度，推动全社会形成维护国家安全的强大合力。

总的来看，统筹发展与安全是新发展理念在安全发展维度上的集中体现，本质上是要求实现发展质量、结构、规模、速度、效益、安全相统一。因此，我们在面对新矛盾、新挑战的时候要勇于开顶风船，辩证地看待新发展阶段的新机遇、新挑战，努力化危为机，统筹发展与安全，实现更高质量、更有效率、更加公平、更可持续、更为安全的发展。

(四)新时代应该如何全面推进国防和军队现代化建设?

建设同我国国际地位相称、同国家安全和发展利益相适应的巩固国防和强大军队,是我国社会主义现代化建设的战略任务。党的十八大以来,习近平总书记着眼坚持和发展中国特色社会主义、实现中华民族伟大复兴,立足国家安全和发展战略全局,围绕强军兴军做出一系列新的重大判断、新的理论概括、新的战略安排,在波澜壮阔的强军实践中,带领全军深入进行理论探索和实践创造,形成了习近平强军思想。习近平强军思想实现了马克思主义军事理论中国化、时代化的新飞跃,是全面推进新时代强军事业的科学指南。习近平强军思想深刻回答了"新时代建设一支什么样的强大人民军队、怎样建设强大人民军队"的时代课题。新的征程上,我们必须全面贯彻习近平强军思想,贯彻新时代军事战略方针,坚持党对人民军队的绝对领导,坚持走中国特色强军之路,把新时代强军事业不断推向前进。

实现强军目标,必须同国家现代化进程相一致。党的十九大和党的十九届五中全会对全面推进国防和军队现代化做出了新的战略安排,提出路线图、时间表、任务书,体现了近、中、远目标的梯次推进、有序衔接,拓展了党在新时代的强军目标的时代内涵。实现党在新时代的强军目标,是一项开拓性事业,是一场广泛而深刻的军事变革,要增强使命感和责任感,切实把强军目标要求贯彻到国防和军队建设各领域全过程。党的十九大报告提出:"确保到二〇二〇年基本实现机械化,信息化建设取得重大进展,战略能力有大的提升。同国家现代化进程相一致,全面推进军事理论现代化、军队组织形态现代化、军事人员现代化、武器装备现代化,力争到二〇三五年基本实现国防和军队现代化,到本世纪中叶把人民军队全面建成世界一流军队。"①为实现上述战略目标,需要多管齐下。

(1)深入推进政治建军

政治建军是我军的立军之本,政治工作是人民军队的生命线。2014年10月,全军政治工作会议在古田召开。习近平总书记在会上对新时代政治建军做出部署,要求把理想信念、党性原则、战斗力标准、政治工作威信在全军牢固立起来。几年来,全军坚持以整风精神推动政治整训,着力整顿思想、整顿用人、整顿组织、整顿纪律,重振我军政治纲纪,纯正我军政治生态,实现了新征程上的新整队新出发。实践昭示我们,政治建军这一原则在任何时候任何情况下都不能有丝毫松懈,政治工作只能加强不能削弱。要坚持从思想上政治上建设

---

① 习近平:《决胜全面建成小康社会 夺取新时代中国特色社会主义伟大胜利——在中国共产党第十九次全国代表大会上的报告》,人民出版社2017年版,第53页。

部队，全面加强党的领导和党的建设工作，持续深化党的科学理论武装，培养有灵魂、有本事、有血性、有品德的新时代革命军人，锻造具有铁一般信仰、铁一般信念、铁一般纪律、铁一般担当的过硬部队，确保我军始终成为党绝对领导下的人民军队，确保有效履行新时代军队使命任务。

（2）深入推进改革强军

人民军队靠改革创新走到现在，也要依靠改革创新赢得未来。深化国防和军队改革，是为了设计和塑造军队未来，是决定人民军队发展壮大、制胜未来的关键一招。习近平总书记指出："历史告诉我们，改革创新、与时俱进，是人民军队不断发展的康庄大道，人民军队的力量来自改革创新，人民军队的胜利来自改革创新。只有不断改革创新，才能不断获得发展进步的生机活力，才能永远立于不败之地。前进道路上，人民军队必须勇于改革、善于创新，任何时候任何情况下都永不僵化、永不停滞。"①推进改革强军主要从以下几个方面着手。首先，按照军委管总、战区主战、军种主建的总原则推进领导指挥体制改革。主要措施有调整新的军委机关部门，完善军兵种领导管理体制，建立健全联合作战的指挥体系，建立健全法治监督体系等。其次，推进规模结构和力量编成改革。具体措施包括：调整军队规模比例，重塑力量结构布局；调整作战部队编成，重构新型作战力量；优化院校力量布局，重构军事科研体系；等等。最后，推进军事政策制度系统化改革。具体措施包括：深化军队党的建设制度改革，维护党中央权威和集中统一领导；创新军事力量运用政策制度，有效保障全面履行新时代军队使命任务；创新军事力量建设政策制度，更好解放和发展战斗力；改革军事管理政策制度，提升军事系统运行效能；等等。人民军队相继展开的领导指挥体制改革、规模结构和力量编成改革、军事政策制度改革"三大战役"，打破了长期实行的总部体制、大军区体制、大陆军体制，形成了军委管总、战区主战、军种主建的新格局，改变了长期以来陆战型、国土防御型的力量结构和兵力布势，构建起中国特色社会主义军事政策制度体系基本框架，人民军队体制一新、结构一新、格局一新、面貌一新。要推进军事管理革命，加快军兵种和武警部队转型建设，壮大战略力量和新域新质作战力量，打造高水平战略威慑和联合作战体系。

（3）深入推进科技强军

科学技术是核心战斗力，是军事发展中最活跃、最具革命性的因素。必须全面实施科技兴军战略，坚持向科技创新要战斗力，依靠科技进步和创新把人民军队建设模式和战斗力生成模式转到创新驱动发展的轨道上来，努力把人民

---

① 习近平：《在庆祝中国人民解放军建军 90 周年大会上的讲话》，人民出版社 2017 年版，第 9 页。

军队建设成为创新型人民军队。要紧跟世界新军事革命发展趋势，聚力国防科技自主创新、原始创新，加速战略性、前沿性、颠覆性技术发展，加速武器装备升级换代和智能化武器装备发展，大力提高训练科技含量，提升官兵科技素养。具体措施包括：加紧攻克核心关键技术；造就宏大的高素质创新型军事人才队伍；提高科技创新对军队建设和战斗力发展的贡献率。

（4）深入推进人才强军

强军之道，要在得人。习近平总书记强调："要深入贯彻新时代党的强军思想，深入贯彻新时代军事战略方针，面向战场、面向部队、面向未来，走内涵式发展道路，强化政治保证，把好办学定位，深化改革创新，全面提高办学育人水平，为强军事业提供有力人才支持。"[①]加强高素质干部队伍建设，大规模培养高素质新型军事人才，是实现强军目标的战略性要求。要把培养干部、培养人才摆在更加突出的位置，构建具有我军特色的素质培养体系、知事识人体系、选拔任用体系、从严管理体系、正向激励体系，着力锻造一支忠诚干净担当的高素质干部队伍。要牢固树立人才资源是第一资源的理念，深入实施人才强军战略，按照能打仗、打胜仗的要求，切实在人才培养上投入更大精力、集中更多资源，构建新型军事人才体系，建强联合作战指挥人才、新型作战力量人才、高层次科技创新人才、高水平战略管理人才等各方面人才队伍，推动人才建设水平整体跃升。要健全军队院校教育、部队训练实践、军事职业教育三位一体的新型军事人才培养体系，锻造高素质专业化军事人才方阵，为建设世界一流军队提供坚强人才支撑。

（5）深入推进依法治军

军队越是现代化，越是信息化，越是要法治化，一支现代化军队必然是法治军队。厉行法治、严肃军纪、是治军带兵的铁律，也是建设强大军队的基本规律。习近平总书记强调："要以永远在路上的执着和韧劲，坚持严字当头、全面从严、一严到底，深入推进我军党风廉政建设和反腐败斗争。对享乐主义、奢靡之风要穷追猛打，对形式主义、官僚主义要坚决破除。要加快转变治军方式，按法定职责权限履职用权，依据条令条例和规章制度开展工作。要深入开展纪律教育，严格纪律执行，用铁的纪律推动全面从严治党、全面从严治军。"[②]党的十八大以来，形成了系统完备、严密高效的军事法规制度体系、军事法治实施体系、军事法治监督体系、军事法治保障体系，立起来军队法治建设的"四梁八柱"。要强化全军法治信仰和法治思维，推动治军方式根本性转变，着力推进全

① 《习近平：全面提高办学育人水平　为强军事业提供有力人才支持》，https://www.ccps.gov.cn/xtt/201905/t20190522_131791.shtml? from=groupmessage。

② 《习近平谈治国理政》第3卷，外文出版社2020年版，第385～386页。

面从严治军，切实提高国防和军队建设法治化水平。

（6）深入推进练兵备战

军队是要准备打仗的，一切工作都必须坚持战斗力标准，向能打仗、打胜仗聚焦。习近平总书记指出："全军各级要强化练兵备战鲜明导向，坚定不移把军事训练摆在战略位置、作为中心工作，抓住不放，抓出成效。要坚持领导带头、以上率下，坚持实战实训、联战联训，坚持按纲施训、从严治训。要端正训练作风、创新训练方法、完善训练保障、严格训练监察，开展群众性练兵比武活动，加强针对性对抗性训练，提高军事训练实战化水平，牢牢掌握能打仗、打胜仗的过硬本领。"①因此要扎实做好战略方向军事斗争准备，统筹推进传统安全领域和新型安全领域军事斗争准备，发展新型作战力量和保障力量，开始实战化军事训练，加强军事力量运用，加快军事智能化发展，提高基于网络信息体系的联合作战能力、全域作战能力，有效塑造态势、管控危机、遏制战争、打赢战争。从难从严从实战要求出发锤炼部队，锻炼官兵不怕流血、不怕牺牲的血性胆魄，培养官兵大无畏的英雄气概和英勇顽强的战斗作风。

（7）构建一体化的国家战略体系和能力

构建一体化的国家战略体系和能力，是实现发展和安全兼顾、富国和强军统一的必然选择。富国才能强兵，强兵才能强国，强国是经济和军事共同作用的结果。经济建设是国防建设的基本依托，只有国家经济实力增强了，国防建设才能有更大发展。国防建设是我国现代化建设的战略任务，只有把国防建设搞上去，经济建设才能有更加坚实的安全保障。"国防实力要同经济实力相匹配，经济社会发展到哪一步，国防实力就要跟进到哪一步，不然就不能为经济社会发展提供有力安全保障。"②国防实力要同经济实力相匹配，必须在国家总体战略中统一富国和强军两大目标、统筹发展和安全两件大事、统合经济和国防两种实力，把国防和军队建设有机融入经济社会发展大体系，逐步实现国家各领域战略布局一体融合、战略资源一体整合、战略力量一体运用。构建一体化的国家战略体系和能力，是一个系统工程，涉及领域宽、范围广、内容多。

第一，必须加强集中统一领导，努力形成统一领导、军地协调、顺畅高效的组织管理体系，国家主导、需求牵引、市场运作相统一的工作运行体系，系统完备、衔接配套、有效激励的政策制度体系，更好发挥我国社会主义制度能够集中力量办大事的政治优势，发挥社会主义市场经济条件下新型举国体制优势。

---

① 《坚定不移把军事训练摆在战略位置——一谈认真学习贯彻习主席在中央军委 2018 年开训动员大会上发布的训令》，http://www.81.cn/jwgz/2018－01/03/content_7894508.htm。

② 中共中央文献研究室编：《习近平关于社会主义社会建设论述摘编》，中央文献出版社 2017 年版，第 181 页。

第二，向重点领域聚焦用力，在基础设施建设、国防科技工业、武器装备采购、人才培养、军队保障社会化等领域，盘活用好存量资源，优化配置增量资源，打造龙头工程、精品工程，以点带面推动整体水平提升。

第三，向新兴领域不断拓展，提高海洋、太空、网信、生物、新能源等领域核心竞争力，形成多维一体、协同推进、跨越发展的格局。

第四，军政军民团结是实现富国和强军相统一的重要政治保障，是我党我军特有的政治优势。要坚持人民战争的战略思想，把握新的时代条件下人民战争的新特点新要求，创新内容和方式方法，充分发挥人民战争的整体威力。加强国防教育，增强全民国防观念，使关心国防、热爱国防、建设国防、保卫国防成为全社会的思想共识和自觉行动。完善国防动员体系，努力建设强大稳固的现代边海空防，增强应对未来战争的国防潜力。

总的来看，习近平强军思想是全面推进新时代强军事业的科学指南和行动纲领。建设一支听党指挥、能打胜仗、作风优良的人民军队，把人民军队建设成为世界一流军队，是新时代党和人民对军队的政治要求和殷勤期望，是实现“两个一百年”奋斗目标、实现中华民族伟大复兴的中国梦的必然要求，也是全军官兵推进强军实践的行动号令。

三、教育教学建议

（一）教学目标

维护国家安全是新时代坚持和发展中国特色社会主义的必然要求，也是实现中华民族伟大复兴的坚强保障。通过讲授总体国家安全观，帮助学生深刻把握总体国家安全观，深刻认识国家安全是头等大事、政治安全是国家安全的根本、维护国家安全人人有责，增强学生对中国特色社会主义的认同能力、对维护国家安全的行动自觉能力。通过讲授习近平强军思想，使学生了解到我国国防和军队的现代化发展；引导学生树立国防观念，了解国防关心国防，爱国爱民，积极投身国防建设。

（二）教学基本要求

1.描述总体国家安全观的定义，了解维护国家安全的重要性。

2.掌握“政治安全是国家安全的根本”理论内涵。

3.领悟统筹发展与安全的重要意义。

4.认同国家安全、人人有责。

（三）教学方法

在讲授坚持总体国家安全观的重要意义和基本要求时，可采用问题研讨与理论讲授相结合的方法。通过问题研讨（“目前我们面临怎样严峻的国家安全形势？”）激发学生自主学习的积极性、主动性和创造性，让学生在独立思考中深化对理论的认识，在激烈研讨中碰撞出思想的火花，避免在教学过程中因基本概念和基础理论的平铺直叙而造成学生对教学内容的困惑。在此基础上，针对学生认识不到位的地方或认识的误区进行正面回应，着力讲清讲实讲透总体国家安全观的定义、坚持总体国家安全观的重要意义、坚持总体国家安全观的基本要求，从而让学生更好地理解和把握总体国家安全观。

在讲授政治安全是国家安全的根本时，可采用事例分析与理论解读相结合的方法。首先，通过带领学生回顾和梳理一些国家因失去政治安全而衰亡的案例，让学生意识到政治安全的重要性。其次，通过对政治安全的核心要义进行阐释，让学生明白国家的主权独立和领土完整是政治安全的基本前提、政权安全和制度安全是政治安全的核心所在、国家政治秩序和意识形态是政治安全的现实基础。最后，通过讲授政治安全关乎党和国家的生死存亡、政治安全决定和影响着国家的经济安全、军事安全、社会安全等各个领域的安全、政治安全是人民安居乐业的根本保障、政治安全是实现社会主义现代化强国奋斗目标的必然要求这四个方面的内容，让学生深入领悟“政治安全是国家安全的根本”这一重要论述。

在讲授统筹发展和安全的重要意义时，可采用小组辩论和理论讲授的方法。让学生通过小组辩论的形式讨论比较发展的重要性和安全的重要性。在此基础上重点阐释统筹发展和安全的重要意义，让学生认识到安全是发展的前提，发展是安全的保障，发展和安全犹如车之两轮、鸟之两翼，任何方面有明显短板，都会影响中华民族伟大复兴进程，进而引导学生挖掘统筹发展和安全的具体路径，帮助学生更好地认识发展和安全之间的密切关系。

在讲授全面推进国防和军队现代化建设，可采用以授课教师的理论讲授为主，同时辅以多媒体教学法、课堂讨论法。通过播放教学小视频使学生关于国防和军队建设的理论知识更加具象化，提高学生对相关理论的直观认识；通过学生讨论让理论课堂更生动活泼，及时回应学生的现实关切。强化国防教育，使学生增强国防观念，使关心国防、热爱国防、建设国防、保卫国防成为学生的思想共识和自觉行动。

参考文献

[1]习近平:《坚持总体国家安全观 走中国特色国家安全道路》,《人民日报》2014年4月16日。

[2]《习近平在中共中央政治局第十四次集体学习时强调切实维护国家安全和社会安定 为实现奋斗目标营造良好社会环境》,《人民日报》2014年4月27日。

[3]习近平:《在庆祝中国共产党成立100周年大会上的讲话》,人民出版社2021年版。

[4]习近平:《在庆祝中国人民解放军建军90周年大会上的讲话》,人民出版社2017年版。

[5]《习近平谈治国理政》第3卷,外文出版社2020年版,第385～386页。

[6]《坚定不移把军事训练摆在战略位置——一谈认真学习贯彻习主席在中央军委2018年开训动员大会上发布的训令》,http://www.81.cn/jwgz/2018—01/03/content_7894508.htm。

[7]中共中央党史和文献研究院编:《习近平关于总体国家安全观论述摘编》,中央文献出版社2018年版。

[8]中共中央文献研究室编:《习近平关于社会主义社会建设论述摘编》,中央文献出版社2017年版。

[9]《习近平新时代中国特色社会主义思想三十讲》,学习出版社2018年版。

[10]《〈中共中央关于制定国民经济和社会发展第十四个五年规划和二〇三五年远景目标的建议〉辅导读本》,人民出版社2020年版。

第九章　新时代中国特色大国外交与构建人类命运共同体

党的十八大以来，以习近平同志为核心的党中央在推进新时代中国特色社会主义伟大事业的历史征程中，领导我国对外工作攻坚克难、砥砺前行，经历了一系列风险考验，战胜了许多艰难险阻，走出了一条中国特色大国外交新路。新时代中国特色大国外交牢牢把握服务民族复兴、促进人类进步主线，统筹中华民族伟大复兴战略全局和世界百年未有之大变局，以奋发有为之精神于变局中开新局、在危机中育新机，为实现中华民族伟大复兴的中国梦营造了有利的国际环境，为促进人类和平与发展做出了巨大贡献。中国在国际上的影响力和感召力得到显著提升，成为国际社会公认的世界和平的建设者、全球发展的贡献者、国际秩序的维护者和公共产品的提供者。

一、学生和老师的认知状况

在对本章的调查分析中，学生对“习近平外交思想的核心要义是什么？”“如何理解世界正处于大发展大变革大调整的‘百年大变局’时期？”这两个问题最感兴趣，占比分别为21.93%、21.81%，高于其他问题，可知多数学生还是比较关注“天下大势”的，除了“风声雨声读书声”，还有“家事国事天下事”，这反映了新生代大学生的情怀与担当，这一问题也理所应当成为本章教学的重点问题。本章中学生最困惑的问题“如何构建全方位、多层次、立体化的新时代中国特色大国外交布局？”占比最高，达20.46%，也高于其他问题。任课教师中，占比最高的问题是“如何理解全球治理模式的中国方案是对西方治理模式的超越？”，这一问题在学生中占比也达到14.81%，是师生公认的本章教学的难点。

从不同学科学生最感兴趣问题、最感困惑问题的比较来看，最感兴趣的问题，在文科学生的选择中占比前三位的分别是“如何构建全方位、多层次、立体化的新时代中国特色大国外交布局?”(19.85%)、“如何理解中国坚持走和平发展道路、推动构建新型国际关系的时代价值?”(19.74%)和“‘一带一路’倡议如何体现中国对全球治理问题及人类整体命运的思考与回应?”(19.26%),在理科学生的选择中占比前三位的分别是“如何构建全方位、多层次、立体化的新时代中国特色大国外交布局?”(20.81%)、“中国在全球治理体系改革与建设中发挥着什么样的引领作用?”(20.5%)、“怎样把握构建人类命运共同体的丰富内涵、主要内容与重要意义?”(19.39%)。

从不同层次高校学生最感兴趣问题、最感困惑问题的比较来看,最感兴趣的问题,在重点高校学生的选择中占比前三位的分别是“如何理解世界正处于大发展大变革大调整的‘百年未有之大变局’时期?”(22.36%)、“习近平外交思想的核心要义是什么?”(22.36%)、“中国坚持走和平发展道路的历史必然性及现实做法?”(19.08%),在其他高校学生的选择中占比前三位的分别是“习近平外交思想的核心要义是什么?”(21.35%)、“如何理解世界正处于大发展大变革大调整的‘百年未有之大变局’时期?”(21.08%)、“中国坚持走和平发展道路的历史必然性及现实做法?”(19.56%)。最困惑的问题,在重点高校学生的选择中占比前三位的分别是“中国在全球治理体系改革与建设中发挥着什么样的引领作用?”(20.24%)、“如何构建全方位、多层次、立体化的新时代中国特色大国外交布局?”(20.07%)、“怎样把握构建人类命运共同体的丰富内涵、主要内容与重要意义?”(19.45%);在其他高校学生的选择中占比前三位的分别为“如何构建全方位、多层次、立体化的新时代中国特色大国外交布局?”(20.98%)、“中国在全球治理体系改革与建设中发挥着什么样的引领作用?”(19.47%)、“如何理解中国坚持走和平发展道路、推动构建新型国际关系的时代价值?”(19.33%)。重点高校学生和其他高校学生最感兴趣占比前三位的问题相同;最感困惑占比前三位的问题中有两个问题相同,但排序有所差别。

本章中,被任课教师列为重点问题占比前三位的分别是“习近平外交思想的核心要义是什么?”(45.22%)、“如何理解世界正处于大发展大变革大调整的‘百年大变局’时期?”(42.61%)、“怎样把握构建人类命运共同体的丰富内涵、主要内容与重要意义?”(23.48%);被任课教师列为难点问题占比前三位的分别是“如何理解全球治理模式的中国方案是对西方治理模式的超越?”(38.26%)、“如何构建全方位、多层次、立体化的新时代中国特色大国外交布局?”(24.35%)、“‘一带一路’倡议如何体现中国对全球治理问题及人类整体命运的思考与回应?”(20%)。

综合以上情况,将“如何理解世界正处于大发展大变革大调整的‘百年未有之大变局’时期?”“习近平外交思想的核心要义是什么?”作为本章的教学重点问题；将“如何理解全球治理模式的中国方案是对西方治理模式的超越？”“如何构建全方位、多层次、立体化的新时代中国特色大国外交布局？”作为本章的教学难点问题。

二、重难点问题解析

(一)如何理解世界正处于大发展大变革大调整的“百年未有之大变局”时期？

“世界潮流，浩浩荡荡，顺之者昌，逆之者亡。”一个伟大时代与伟大国家的肇始与兴盛，往往离不开对于天下大势的分析与把握。习近平总书记指出：“只要把握住历史发展大势，抓住历史变革时机，奋发有为，锐意进取，人类社会就能更好前进。”[①]“谋大事者必先观大势”，世界大势深刻影响着中国历史的发展走向，中国要发展，必须要顺应世界发展潮流。习近平总书记高度重视这个问题，他提出要树立世界眼光、把握时代脉搏，要把当今世界的风云变幻看准、看清、看透，从林林总总的表象中发现本质，尤其要认清长远趋势。2018 年，他在中央外事工作会议上还专门指出，把握国际形势要树立正确的历史观、大局观、角色观。

“所谓正确历史观，就是不仅要看现在国际形势什么样，而且要端起历史望远镜回顾过去、总结历史规律，展望未来、把握历史前进大势。”[②]历史中蕴含着发展的常识和规律、经验和教训，把握国际形势，必须以发展的眼光观察世界、鉴往知来，从眼前和现状中找出其历史的源头，从历史的发展演变规律中看到未来发展方向和前景。“所谓正确大局观，就是不仅要看到现象和细节怎么样，而且要把握本质和全局，抓住主要矛盾和矛盾的主要方面，避免在林林总总、纷纭多变的国际乱象中迷失方向、舍本逐末。站在全局、战略的高度研判形势、决策问题，才能从整体上把握事物发展的趋势和规律。所谓正确角色观，就是不仅要冷静分析各种国际现象，而且要把自己摆进去，在我国同世界的关系中看问题，弄清楚在世界格局演变中我国的地位和作用，科学制定我国对外方针政策。”[③]当代中国正在对世界产生更大影响和做出更大贡献。把握国际形势，应从推动构建人类命运共同体这个全球价值观出发，主动融入、实际参与全球治理体系改革和建设。

---

① 习近平：《在庆祝改革开放 40 周年大会上的讲话》，人民出版社 2018 年版，第 3～4 页。

② 《习近平谈治国理政》第 3 卷，外文出版社 2020 年版，第 427 页。

③ 《习近平谈治国理政》第 3 卷，外文出版社 2020 年版，第 427～428 页。

1.如何理解世界的“大发展大变革大调整”?

关于当前世界大势,习近平总书记在党的十九大报告中做出了总体判断,即“世界正处于大发展大变革大调整时期,和平与发展仍然是时代主题”[①]。这意味着世界虽然并不太平,但是求和平、求发展的历史潮流并没有出现根本性的变化。世界的“大发展大变革大调整”具体体现在以下几个方面。

(1)世界多极化、经济全球化、社会信息化、文化多样化深入发展

世界多极化深入发展是当今世界的一个重要趋势,也是我们科学分析世界转型过渡期国际形势、准确把握历史交汇期我国外部环境的一个出发点。当今世界,新兴市场国家和发展中国家群体性崛起,国际力量对比朝着趋于均衡的方向发展。与单极世界、两极世界相比,世界多极化更能体现国际社会对公平正义与合作共赢的追求,更契合维护世界和平与发展的深层需要,更有助于全球治理体系的改革完善。中国是世界多极化的坚定支持者和积极推动者,倡导各方共同建设持久和平、普遍安全、共同繁荣、开放包容、清洁美丽的世界。经济全球化是人类社会科技进步和生产力发展的必然结果,是世界经济潮流,是各个经济体的利益和愿望所在。面向未来,以人工智能、大数据、量子通信、区块链等为代表的新一轮科技革命和产业变革正在积聚力量,它们本身所具有的开放、共享等特征,将进一步推动经济全球化深入发展。这是历史规律,也是时代潮流,不可能以人的意志为转移。

在世界多极化、经济全球化深入发展的同时,随着以互联网为代表的信息革命新时代的到来和开放包容、交流互鉴日渐成为人类大家庭的主基调,“社会信息化”和“文化多样化”越来越成为一种大的历史发展潮流。当今世界,信息技术创新日新月异,以数字化、网络化、智能化为特征的信息化浪潮蓬勃兴起,信息化正在深刻改变人们的生产生活方式。“数字化为社会信息化奠定基础,其发展趋势是社会的全面数据化;网络化为信息传播提供物理载体,其发展趋势是信息物理系统的广泛采用;智能化体现信息应用的层次与水平,其发展趋势是新一代人工智能。”[②]经济全球化和社会信息化带来了人们之间更多的交流,商品、资本、人口、技术的流动带来了文化上更多的交融,这有利于不同国家和民族增进相互理解。同时,人们发现这并不会导致文化之间的差异泯灭消失,反而使文化的本土性、多样性进一步凸显。

(2)全球治理体系和国际秩序变革加速推进

国际金融危机发生以来,新兴市场国家和一大批发展中国家快速发展,国

---

① 《习近平谈治国理政》第3卷,外文出版社2020年版,第45页。

② 徐宗本:《数字化 网络化 智能化:把握新一代信息技术的聚焦点》,《网信军民融合》2019年第3期。

际影响力不断增强，使国际力量对比发生了近代以来最具革命性的变化。目前，新兴市场国家和发展中国家经济占全球经济总量的比重已超过发达经济体，西方国家面临政治、经济、社会危机，内顾倾向上升。随着各方面治理赤字积重难返，国际社会对变革全球治理体系的呼声日益高涨。一方面，世界面临一系列传统和非传统安全威胁，各种全球性挑战层出不穷；另一方面，世界各国利益高度融合、彼此相互依存，已经成为你中有我、我中有你的命运共同体。

中国综合国力不断增强，国际地位实现前所未有的提升，国际影响力、感召力、塑造力进一步提高，日益走近世界舞台中央。全球治理体系和国际秩序变革加速推进，处于重要的历史转折点上，对我国发展的影响越来越深刻。参与并推动全球治理体系变革，是实现我国经济可持续发展的必然要求，也是国际社会对中国的热切期待。习近平主席以大国领袖的高度责任和担当指出："世界那么大，问题那么多，国际社会期待听到中国声音、看到中国方案，中国不能缺席。"①在全球治理体系变革等关乎人类前途命运的重大课题上，中国将始终做世界和平的建设者、全球发展的贡献者、国际秩序的维护者。

(3)各国相互联系和依存日益加深

伴随着国际安全形势动荡复杂，传统安全威胁和非传统安全威胁越来越相互交织。在此背景下，安全问题的内涵和外延都进一步拓展，人类越来越利益交融、安危与共，世界各国也越来越成为你中有我、我中有你的命运共同体。特别是在后金融危机时代，各国之间抱团取暖迹象明显，相互联系和依存日益加深。"地球村""人类命运共同体"等概念，反映和揭示的就是这一历史潮流。进而言之，在当前形势下，没有哪个国家能够独自应对人类面临的各种挑战，也没有哪个国家能够退回到自我封闭的孤岛。习近平主席指出："这个世界，各国相互联系、相互依存的程度空前加深，人类生活在同一个地球村里，生活在历史和现实交汇的同一个时空里，越来越成为你中有我、我中有你的命运共同体。"②可以说，各国之间的联系从来没有像今天这样紧密，世界人民对美好生活的向往从来没有像今天这样强烈，人类战胜困难的手段从来没有像今天这样丰富。

(4)国际力量对比更趋平衡

近些年来，随着世界经济格局的深度调整、新兴市场和发展中国家的群体性崛起，特别是随着中国的不断发展壮大，国际力量对比逐渐呈现出"东升西降"的态势。尽管这个转移过程还处在"进行时"，但是亚太地区在全球格局中的地位已发生根本性变化。进入 21 世纪后，新兴市场国家和发展中国家群体

---

① 习近平：《二〇一六年新年贺词》，《习近平主席新年贺词(2014—2018)》，人民出版社 2018 年版，第 13 页。

② 《习近平谈治国理政》，外文出版社 2014 年版，第 272 页。

性崛起，已经成为不可逆转的时代潮流，尤其是近几年来这些国家对世界经济增长的贡献率更是稳居高位，是世界经济当之无愧的主引擎。习近平主席曾指出，国际力量对比正在发生前所未有的积极变化，“新兴市场国家和发展中国家群体性崛起正在改变全球政治经济版图，世界多极化和国际关系民主化大势难逆，以西方国家为主导的全球治理体系出现变革迹象”[①]。相较过去，国际力量对比呈现更趋平衡的态势。

(5)和平发展大势不可逆转

当今世界，和平、发展、合作、共赢从来没有像今天这样成为不可阻挡的历史潮流。而且，随着新一轮科技革命和产业革命的孕育成长，随着各国相互联系、相互依存的日益加深，和平力量的上升远远超过战争因素的增长，和平、发展、合作、共赢的时代潮流更加强劲。纵观近代民族国家体系形成以来的世界历史，国际社会既经历了热战与冷战的洗礼，也见证了发展与进步的潮流；既经受了对立与冲突的煎熬，也分享了沟通与融合的硕果，探索建立和平、公正、稳定的国际关系模式，实现世界和平和共同发展，始终是各国孜孜以求的目标。

习近平主席指出：“要跟上时代前进步伐，就不能身体已经进入21世纪，而脑袋还停留在过去，停留在殖民扩张的旧时代里，停留在冷战思维、零和博弈老框框内。”[②]“中国共产党人深知和平的可贵，也具有维护和平的坚定决心。中国将高举和平、发展、合作、共赢的旗帜，始终不渝走和平发展道路，积极推进全球伙伴关系建设，主动参与国际热点难点问题的政治解决进程。”“中国将积极参与全球治理体系改革和建设，推动国际政治经济秩序朝着更加公正合理的方向发展。中国无论发展到什么程度，都永远不称霸，永远不搞扩张。”[③]

世界正处于大发展大变革大调整时期，除了上述五方面的具体表现，同时世界面临的不稳定性不确定性突出。这体现在以下几个方面。

经济上，世界经济增长动能不足。由于世界经济复苏乏力，自2012年以来，世界贸易处于持续低迷状态。根据世界贸易组织的统计，国际贸易年均增速已从1990～2008年的7％降至2009～2015年的3％；2014～2016年，世界货物贸易量伴随着世界经济连年放缓，世界经济增速从3.4％下降到3.1％，世界货物贸易量也从2.8％下降到了1.7％[④]，2020年暴发的新冠肺炎疫情更是重创了世界经济。世界经济增长动能不足，既与经济周期有关，也与非周期因素有

① 习近平：《深入理解新发展理念》，《求是》2019年第10期。

② 《习近平谈治国理政》，外文出版社2014年版，第273页。

③ 《习近平谈治国理政》第3卷，外文出版社2020年版，第436～437页。

④ 参见赵玉敏：《人民日报经济透视：贸易低迷，世界经济动能不足》，http://opinion.people.com.cn/n1/2017/0104/c1003－28998018.html。

关;既反映了当前各国经济结构调整措施的短期影响,也反映了世界经济发展中长期存在的结构性失调。

政治上,贫富分化日益严重。美国最富有0.1%家庭的财富相当于最底层90%家庭的财富总和。联合国极端贫困与人权问题特别报告员在报告中指出,美国已成为贫富分化最严重的西方国家,数千万美国人生活在贫困之中。贫富分化导致近半数美国家庭无法维持基本生活,低收入群体面临饥饿威胁,平等受教育的机会遭到侵蚀,无家可归者生存状况恶劣,贫困儿童和单身母亲生活困苦;贫困压力导致美国民众健康状况恶化,因贫失去医疗保险者无力支付医疗费用,人均预期寿命下降、自杀率上升。①

安全问题上,地区热点问题层出不穷。近年来,许多热点地区如叙利亚、也门、伊朗、朝鲜半岛等仍然处于紧张状态,局势动荡不定。亚太和平稳定面临内外挑战,朝鲜半岛无核化进程曲折多变,无论是朝鲜国内的政治与经济发展趋势,还是与朝鲜半岛稳定密切相关的大国关系,都还存在很大的不确定性,特别是朝美关系,两国在弃核问题上仍然存在严重分歧。中东各方角力更趋复杂,围绕伊核问题和叙利亚、也门内战等,各方竞逐加剧,其中既有地区内部矛盾作祟,也有美俄等域外大国角力的此消彼长。乌克兰危机后,美俄关系继续紧张,美国对俄罗斯的制裁仍在继续。中美关系也继续走低,特别是美国及其盟国在台湾问题、南海问题和印太战略方向不断挑战中国底线,使中美关系的对抗性增强,风险上升。

四是恐怖主义、网络安全、重大传染性疾病、气候变化等非传统安全威胁持续蔓延,人类面临许多共同挑战。2020年暴发并席卷全球的新冠肺炎疫情,是自第二次世界大战结束75年来最严重的全球危机。疫情持续蔓延,在侵蚀人类生命健康的同时,也给世界经济、政治格局、公共卫生带来全方位的冲击。疫情叠加风险外溢,疫情后世界面临重重挑战。世界经济论坛发布的《2021年全球风险报告》指出,疫情加剧贫富差距和社会分化,扩大健康、经济和数字鸿沟,并可能在未来5～10年加剧地缘政治紧张局势。

综上分析,世界正处于大发展大变革大调整时期,面临的不稳定性不确定性突出。但是,尽管国内外形势正在发生深刻复杂变化,我国发展仍处于重要战略机遇期。当前,中国已经进入了实现中华民族伟大复兴的关键阶段。在这个阶段,一方面,中国与世界的关系在发生深刻变化,中国同国际社会的互联互动空前紧密。而且,中国对世界的依赖、对国际事务的参与也在不断加深。另一方面,世界对中国的依赖、对中国的影响也在不断加深。这就要求在观察和

① 参见中国人权研究会:《贫富分化导致美国人权问题日益严重》,《新华月报》2020年第15期。

规划改革发展时特别是在深入分析“天下大势”时，必须统筹考虑和综合运用国际国内两个市场、国际国内两种资源、国际国内两类规则。习近平主席指出：“当今世界是一个变革的世界，是一个新机遇新挑战层出不穷的世界，是一个国际体系和国际秩序深度调整的世界，是一个国际力量对比深刻变化并朝着有利于和平与发展方向变化的世界。”[①]正是基于这一历史视角，对于今日中国面临的“天下大势”，我们看世界不能被乱花迷眼，也不能被浮云遮眼，而要端起历史规律的望远镜去细心观望。

2.如何理解世界“百年未有之大变局”？

世界“百年未有之大变局”，是习近平总书记对世界发展大势、历史演进趋势、时代变化态势和中国自身优势做出的重大战略判断。近年来，他在多个场合论述“百年未有之大变局”。

2018 年 6 月，习近平总书记在中央外事工作会议上提出：“当前，我国处于近代以来最好的发展时期，世界处于百年未有之大变局，两者同步交织、相互激荡。”[②]2019 年 5 月，在江西考察期间他又强调：“领导干部要胸怀两个大局，一个是中华民族伟大复兴的战略全局，一个是世界百年未有之大变局，这是我们谋划工作的基本出发点。”[③]2020 年 1 月，他在“不忘初心、牢记使命”主题教育总结大会上的讲话中指出：“当今世界正经历百年未有之大变局，我国正处于实现中华民族伟大复兴关键时期。”[④]

理解世界“百年未有之大变局”，需要秉持习近平总书记提出的正确历史观、大局观和角色观，需要做到“四个既要”和“四个更要”：“既要看到当下世界面临的新变化新动向新特点，更要从长时段把脉世界中长期变化趋向和发展潮流；既要看到世界面临的不确定不稳定性因素，更要看到世界发展的确定性、稳定性和积极性一面；既要看到国际社会的热点难点问题，更要看到关乎世界大势的国际体系和国际格局；既要看到世界对中国的影响，更要看到中国发展对世界的影响以及对国际秩序的积极塑造。”[⑤]据此理解，世界“百年未有之大变局”主要体现在以下几个方面。

(1)世界地缘经济与政治格局“东升西降”

百年前，以美国为首的西方国家一直处于全球政治重心的地位，掌握着全球政治主导权，左右着全球政治的发展方向和路径。百年后的今天，政治重心

---

① 《习近平谈治国理政》第 2 卷，外文出版社 2017 年版，第 442 页。

② 《习近平谈治国理政》第 3 卷，外文出版社 2020 年版，第 428 页。

③ 《习近平谈治国理政》第 3 卷，外文出版社 2020 年版，第 77 页。

④ 《习近平谈治国理政》第 3 卷，外文出版社 2020 年版，第 537 页。

⑤ 罗建波：《在世界百年未有大变局中把握战略机遇期》，《科学社会主义》2019 年第 3 期。

开始“东升西降”，东方特别是广大发展中国家在全球政治生活中的话语权大大提升，以中国、印度、东盟等为代表，亚洲崛起与文明复兴步伐不断加快。亚洲经济发展与科技进步持续走强，其人口规模、地理版图、资源潜力均全球领先，中国倡议的“亚洲文明对话”助推古老东方文明复兴。

国际货币基金组织数据显示，按购买力平价标准衡量，2019 年亚洲 GDP 的全球占比为 34％，而美国与欧盟合计占比为 31％；亚洲对全球经济增长的贡献率更是高达 63％，美国为 11％，欧元区仅为 4％。瑞士达沃斯世界经济论坛发表报告称人类已迎来“亚洲世纪”。学界普遍认为，西方自 16 世纪(1500 年)起开始赶超东方并领先全球，故当今世界地缘经济与政治格局“东升西降”堪称五百年未有之大变局，近代以来“西强东弱、西主东从”的世界格局正在转向“东西平视”。①

(2)主要大国力量对比“南升北降”

国际格局多极化与国际关系民主化难以逆转，老牌大国(“北方”)与新兴大国(“南方”)综合实力此消彼长仍是大势所趋。新兴经济体与发展中国家虽不同程度面临“成长的烦恼”，但群体性崛起势头并未改变，以“金砖五国”为代表的新兴大国对世界经济增长的贡献率仍超过 50％。与此同时，老牌发达国家经济增长乏力，政治与社会困境加剧。美国阶层与族群矛盾凸显，政党对立、社会撕裂，曾被看好的复苏势头明显放缓；英国“脱欧”加速欧盟离心倾向，2019 年欧元区增速仅为 1.2％，远低于 2018 年的 1.9％；日本社会老龄化严重，2019 年经济增速仅为 0.8％。西方七国集团国际影响进一步式微。②

在此背景下，体现新老大国共商和“南北共治”的二十国集团影响增强，长期以来“北强南弱、北主南从”的国际格局正在转向“南北对等”。美国独自掌控地区和国际局势的意愿、决心和能力明显下降，“多强”之间国际地位变化的均衡化趋势日益突出。英、法、德、俄等国的经济总量不断提高，但在世界经济格局中的相对占比在下降；俄罗斯则在经济实力下降背景下继续在军事力量上保持突出地位；中国和印度经济总量及其在世界经济格局中的相对占比均在上升。其中，中国处于近代以来最好的发展时期，综合国力和国际地位提高尤为显著。这不仅大大强化了世界多极化趋势，而且成为提高新兴经济体和发展中国家整体实力并使国际力量对比变得越发平衡的重要因素。

---

①　参见中国现代国际关系研究院课题组：《世界“百年未有之大变局”全面展开》，《现代国际关系》2020 年第 1 期。

②　参见中国现代国际关系研究院课题组：《世界“百年未有之大变局”全面展开》，《现代国际关系》2020 年第 1 期。

(3)新科技革命方兴未艾,非国家行为体影响上升

科学技术的发展和产业的兴起是推动人类文明持续进步和世界不断前行的不竭动力,回顾近代以来的世界历史进程,每一次科技和产业革命都深刻改变了世界的发展面貌和基本格局。在科技革命推动下,世界经济发生多次产业革命,使社会生产力实现大解放和人们生活水平实现大跃升,从根本上改变了人类历史的发展轨迹。进入 21 世纪以来,人类社会进入又一个前所未有的创新活跃期,新一轮科技和产业革命蓄势待发,其主要特点是:多种重大颠覆性技术不断涌现,科技成果转化速度明显加快,产业组织形式和产业链条更具垄断性。这对全球创新版图的重构和全球经济结构的重塑作用将变得更加突出,将给世界带来无限发展的潜力和前所未有的不确定性。

世界"百年未有之大变局"就包括新一轮科技革命和产业变革带来的新陈代谢和前所未有的激烈竞争。当前新科技与新工业革命持续发力,人工智能、生命科学、量子计算、无人化技术等日新月异,跨界融合、质变突破、叠加飞跃势头迅猛,其在造福民生的同时,也潜藏着人员失业、安全失控、伦理失序等风险,人类社会传统的生产与生活方式面临颠覆性冲击,大国间高科技竞争更是空前激烈。在此背景下,以社交媒体等高科技"超级公司"为代表,各种非国家行为体大行其道,高科技领军人物更是呼风唤雨,能量惊人,深刻影响当今世界政治与国际安全。

世界"百年未有之大变局"的影响是广泛、深刻、持久的。它不仅影响当前,而且也影响未来;不仅影响局部,而且也影响全局;不仅影响国家的前途命运,而且也影响人类的生存发展。百年未有之大变局已经出现,但仍在变化过程中,而且变是常态。这个大变局既是发展的大机遇,也是发展的大挑战,机遇和风险并存;这个大变局中各方由于所处立场不同、利害关系不同,因而态度和行动也不一样,给大变局的发展带来很大的复杂性、矛盾性和斗争性,对当前和未来全球发展也带来极大的不稳定性,对于国家发展也必然会带来深远的影响。

3.如何看待新冠肺炎疫情对世界"百年未有之大变局"的影响?

2020 年暴发的新冠肺炎疫情是新中国成立以来我国发生的传播速度最快、传染范围最广、防控难度最大的一次重大突发公共卫生事件,也是第二次世界大战以来世界面临的最大公共危机。新冠肺炎疫情是进入 21 世纪以来第三次改变世界议程的重大事件,前两次分别是 2001 年的"9·11"事件和 2008 年的全球金融危机。新冠肺炎疫情加剧了 2017 年以来美国贸易摩擦、英国脱欧等重大事件对全球的影响,导致世界经济下行风险增大,不稳定不确定因素显著增多,加速了百年未有之大变局演进,既是风险的集聚期、冲突的临界点,也是机遇的窗口期。

新冠肺炎疫情正深刻改变世界，许多有识之士做出了思考与判断。《人类简史》作者尤瓦尔·赫拉利认为，“我们正经历这一代人最大的危机”。2020年3月，他在《金融时报》发表了一篇长文《冠状病毒之后的世界》，谈到疫情结束后世界向何处去的问题。《世界是平的》的作者、经济学家托马斯·弗里德曼，在《纽约时报》开设的专栏评论为“全新的历史分界线：新冠肺炎疫情前时代（BC）和新冠肺炎疫情后时代（AC）”，重新定义新的历史纪元划分；美国前国务卿基辛格2020年4月在美国《华尔街日报》发表了题为《新冠病毒大流行将永远改变世界秩序》的专栏文章，指出新冠肺炎疫情之后世界将不再是原来的样子。

2020年6月，博鳌亚洲论坛在线上发布了《疫情与变化的世界》专题研究报告。报告认为，新冠肺炎疫情是冷战结束以来最严重的突发性全球危机，也是首个真正的“全球化疫情”。疫情对世界经济、安全和全球发展态势产生了重大影响，并将加速国际秩序和人类社会面貌的演变。其中论及疫情将加速国际关系和国际秩序演变，放大了国家间的分歧、矛盾，进一步凸显全球性问题治理机制缺失。多边主义仍面临严峻挑战，全球性问题的应对前景堪忧。

新冠肺炎疫情对“百年未有之大变局”的影响主要体现在以下几个方面。

第一，疫情促使国际格局在原有轨迹上加速变化。一方面，美国主导的盟国体系无法应对疫情的挑战，许多盟国友邦不再听从盟主的发号施令，美国在世界上的思想感召力和政治影响力急剧下降。另一方面，中国在抗疫中不但向世界展示了其体制机制优势和强大的应变能力，还作为负责任大国在全球防疫抗疫合作中发挥积极作用。中俄在新冠肺炎疫情最艰难的时刻相互支持、相互帮助，为新时代中俄关系增添了战略内涵，为大国合作树立了典范；中欧作为世界两大力量、两大市场、两大文明，就抗疫和全球卫生合作保持紧密联系，展现了中欧全面战略伙伴关系的时代意义和全球影响。

疫情不但加速了国际格局的演变，并催化新旧世界秩序的过渡和交替。在多极化格局日益向纵深发展的今天，随着新兴市场经济体持续发展和更加积极地走向国际舞台，由少数发达国家主导掌控的国际格局正在发生结构性变化。美国“独步天下”的日子一去不复返，传统大国、发展中大国、中等强国和中小国家集团等共商世界大事，绝大多数国家坚持国际合作抗疫，支持世卫组织在抗疫中的协调动员，世界卫生组织在协调全球疫情防控的过程中坚持客观和专业精神，坚决顶住美国的强大压力，这些都反映了历史的进步和时代的变化。

第二，疫情加剧了社会思潮分化。疫情不仅直接影响政治、经济，而且也影响心态、思潮。抗疫时期涌现的社会思潮，反映了严峻而复杂的国际关系形势。民族主义、民粹主义、极端主义、排外主义、生态主义、自由主义、虚无主义、反智主义、反精英主义、泛娱乐主义、女权主义、多元文化主义、族群主义等社会思潮分化加剧。最突出的表现是疫情导致保守主义、民粹主义蔓延。在疫情冲击下，西方国家对外部世界的敌意上升，整体社会心态更趋于保守，民粹主义抬头是突出特点，特别是当民众感知国家实力下降，民粹主义情绪便得以迅速提升或动员，而恐惧会导致非理性的政策制定。同时，美欧之间以及西方国家内部的社会分裂进一步加剧，这又放大了上述恐惧。①

各大社会思潮相互碰撞交融而又在彼此间形成张力，其中亦滋生或助长了无政府主义、形式主义、官僚主义、英雄主义、精英主义等思想倾向，前所未有地引发了人们对民主与法治、谣言与真相、自由与平等、个体价值与公共利益、公权力与公民权利等与国家治理、社会发展紧密相关话题的思考和关注。个人主义与极端思潮互动密切且频繁，以公众对生命健康与安全的热切诉求为道义外衣，展现出强大的带动效应；反智主义不仅打着“科学”的旗号传播谣言和不实信息，而且也以“科学＋阴谋论”的方式炮制看似科学合理的事件“真相”，极大干扰了公众视听。从短期看，反智主义、反精英主义会有一定空间，但从长期看，疫情会使人们对理性主义、科学主义更加重视。②

总之，新冠肺炎疫情全球大流行加速了百年未有之大变局的演进，既加速了全球和地区冲突与风险的集聚，也形成了构建国际政治经济新秩序的窗口期，特别是对全球化、全球治理、社会思潮、大国关系等产生了诸多影响。

（二）习近平外交思想的核心要义是什么？

习近平外交思想是习近平新时代中国特色社会主义思想的重要组成部分，是马克思主义基本原理同中国特色大国外交实践相结合的重大理论成果，是以习近平同志为核心的党中央治国理政思想在外交领域的集中体现。它对新时代的中国外交进行了理论性的系统设计，制定了具体原则，设定了整体战略框架，形成了一个完整的外交思想和外交理论，并在此基础之上对中国特色大国外交进行指导，是新时代我国对外工作的根本遵循和行动指南。

1.习近平外交思想的时代背景

当今世界正经历百年未有之大变局，当代中国正处于实现中华民族伟大复兴的关键时期，中国的发展正日益成为推动世界变化的重要力量。习近平外交思想正是在中国同世界关系发生历史性变化的背景下形成和发展起来的。世界正处于大发展大变革大调整时期，和平与发展仍然是时代主题。世界多极化、经济全球化、社会信息化、文化多样化深入发展，全球治理体系和国际秩序

---

① 参见赵磊：《新冠肺炎疫情下的百年未有之大变局：特点与影响》，《当代世界》2021 年第 2 期。

② 参见贾立政、王慧、王妍卓：《全民抗疫时期主要社会思潮的动向及特征》，《人民论坛》2020 年第 8 期。

变革加速推进，各国相互联系和依存日益加深，国际力量对比更趋平衡，和平发展大势不可逆转。同时，世界面临的不稳定性不确定性突出，世界经济增长动能不足，贫富分化日益严重，地区热点问题层出不穷，恐怖主义、网络安全、重大传染性疾病、气候变化等非传统安全威胁持续蔓延，人类面临许多共同挑战。

进入新时代，随着中国前所未有地走近世界舞台中央，前所未有地接近实现中华民族伟大复兴的梦想，中国与世界的关系发生前所未有的历史性变化，国际关系中的中国因素空前增加，中国在国际上扮演什么角色、发挥什么作用、履行什么责任备受国际社会关注。习近平外交思想就是对这些问题的回答，其理论创新也主要集中在这些问题上，从坚持统筹国内国际两个大局到坚持以维护世界和平、促进共同发展为宗旨推动构建人类命运共同体，从倡导构建新型国际关系到打造全球伙伴关系，从坚持以共商共建共享为原则推动"一带一路"建设到坚持以公平正义为理念引领全球治理体系改革，从服务民族复兴到促进人类进步，从向世界承诺坚持走和平发展道路到呼吁其他国家也走和平发展道路等，这一系列思想都是着眼于把中国的发展与世界的发展结合起来，中国人民的根本利益与人类社会的长远利益统一起来，把实现中国梦与实现世界梦联系起来，努力在中国与世界的良性互动中实现自身发展，推动形成一种新型的中国与世界的关系。[①]

当前，国际形势仍然是总体和平、总体缓和、总体稳定，中国外交存在大有可为的空间。在总体稳定的国际形势之下，国际关系发展的两大趋势决定着国际关系的未来。第一个大趋势是国际关系全球化。虽然现在世界上一些地方出现了战乱冲突，有的西方国家鼓吹逆全球化，但总体来看，国际关系的全球化发展趋势仍然在继续，各国的经济、政治、文化、社会密切联系，成为一个整体。第二个大趋势是区域合作一体化。环顾世界，各区域都在通过区域合作来构建共同体，实现双边的、小多边的、多边的乃至整个区域的融合。虽然有些地方也出现了逆一体化趋势，比如欧洲一体化进程中出现了英国脱欧事件，但这并不影响世界朝着相互合作与协调一体化方向发展的大趋势。全球化仍然是能够为世界各国人民带来光明前景的时代潮流，我们应该顺应国际关系发展的大趋势，坚持统筹国内国际两个大局，把自身建设好，争取在国际舞台上发挥积极的引领作用。

伟大的思想一旦与时代特征紧密结合，就将展现出前所未有的蓬勃伟力，并推动时代大步向前迈进。在外交工作方面，正是由于有习近平总书记的亲自把舵，有习近平外交思想的方向领航，我们才能在纷繁复杂的世界乱局中科学

① 参见栾建章：《深入理解习近平外交思想的五个维度》，《光明日报》2018年8月15日。

判断时代发展大势，准确把握我国发展所处的新的历史方位，明确以实现中华民族伟大复兴为使命推进新时代中国特色大国外交。

2.习近平外交思想的理论渊源

习近平外交思想创造性运用辩证唯物主义和历史唯物主义，把马克思主义基本原理同中国特色社会主义进入新时代的具体实际相结合，同中国特色大国外交的形势任务结合起来，精辟回答了中国应推动建设什么样的世界、构建什么样的国际关系，新形势下中国需要什么样的外交、怎样办外交等一系列重大理论和实践问题。中国外交的总目标就是“明确中国特色大国外交要推动构建新型国际关系，推动构建人类命运共同体”。基于这个总目标，“中国将高举和平、发展、合作、共赢的旗帜，恪守维护世界和平、促进共同发展的外交政策宗旨，坚定不移在和平共处五项原则基础上发展同各国的友好合作，推动建设相互尊重、公平正义、合作共赢的新型国际关系”①，这是中国外交的方向。“各国人民同心协力，构建人类命运共同体，建设持久和平、普遍安全、共同繁荣、开放包容、清洁美丽的世界”，这是中国外交的方式。我们把“清洁美丽”这样的词语放到中国外交中，实际上是希望推动全球生态文明建设，带给人类一个更加美好的世界，这不同于工业社会的西方式外交。习近平主席倡导的“人类命运共同体”，是站在世界人类史的高度来看待未来世界的。把中国梦和世界各国的梦想结合起来，基于人类文明这样一种大框架的建构来实现人类命运共同体。

中国的外交理念也有别于西方国家，强调要坚持正确的义利观，把国际公平正义同国家利益、人民利益相结合，把中国传统文化强调的人与人之间“亲、诚、惠、容”的关系和国与国之间“亲、诚、惠、容”的关系相结合，使中国外交更具亲和力。习近平总书记不断从中华优秀传统文化中汲取丰富营养，将“和而不同”“和衷共济”“天下为公”“天人合一”等中华传统理念和价值进行创造性转化和创新性发展，提出了新安全观、文明观、生态观、人权观、正确义利观等一系列进步理念、主张和倡议，实现了对传统国际关系理论的扬弃和超越，日益得到国际社会的广泛支持与认同，牢牢占据国际道义制高点。我国周边外交的基本方针是坚持与邻为善、以邻为伴，坚持睦邻、安邻、富邻，突出体现亲、诚、惠、容的理念。要树立“地球村”意识，国家之间、人民之间守望相助，共同发展，在区域合作中多予少取，推进同周边国家的安全合作，共享繁荣发展，实现互利共赢。

推动世界和平与发展，不断发挥中国负责任大国的作用，在“一带一路”建设、新型国际关系发展、区域合作一体化过程中主动承担责任，这要求我们要以自身的国力建构为基础。首先，增强经济实力和综合国力，使中国强起来，不但

---

① 《习近平谈治国理政》第3卷，外文出版社2020年版，第45页。

要加强综合国力建设，而且要注重国家软实力建设和国家形象建设，使中国道路、中国智慧和中国方案成为世界发展的重要参考。其次，坚持陆海统筹，加快建设海洋强国，实现陆地大国向陆海强国的转变。最后，积极推动共同、综合、合作、可持续的新安全观，并使之真正成为一种安全政策、理论指导。最后，打造开放、包容、均衡、普惠的区域经济合作架构，使各种力量处于一种相对平衡的状态，以此来推动建设相互尊重、公平正义、合作共赢的新型国际关系。中国不与世界上的任何国家为敌，所有国家都可以成为中国的合作伙伴，我们要构建系统有序的全球伙伴关系。中国从全球视野来推动构建新型国际关系，坚持经营周边、立足亚洲、建构欧亚大框架，从而实现全球治理。这是一个相互协调、具有内在逻辑的有机统一整体，为世界新型国际关系的构建贡献了中国方案。中国坚持做世界和平的建设者、全球发展的贡献者、国际秩序的维护者、公共产品的提供者，在国际舞台上日益展现出大国气派、大国风范。

3.习近平外交思想的内容要义

习近平外交思想内容丰富、博大精深，深刻地回答了新时代的中国要与世界建立什么样的关系以及如何构建这种关系的重大问题。2018 年中央外事工作会议比较系统地阐述了习近平新时代中国特色社会主义外交思想，概括起来主要有以下十个方面。

一是坚持以维护党中央权威为统领加强党对对外工作的集中统一领导，这明确强调了党在国家外交方面集中统一领导的地位。

二是坚持以实现中华民族伟大复兴为使命推进中国特色大国外交，这是新时代赋予对外工作的历史使命，将中华民族伟大复兴的中国梦和中国外交有机结合了起来。

三是坚持以维护世界和平、促进共同发展为宗旨推动构建人类命运共同体，这强调了人类命运共同体需要以世界和平和发展为基本内核。

四是坚持以中国特色社会主义为根本增强战略自信，这把中国特色社会主义同中国历史发展进程以及中国文明进程有机结合了起来。

五是坚持以共商共建共享为原则推动“一带一路”建设，这是把“一带一路”作为中国外交的重要方式，来推动构建人类命运共同体。

六是坚持以相互尊重、合作共赢为基础走和平发展道路，这对中国的发展是一个和平的发展做了明确表述。

七是坚持以深化外交布局为依托打造全球伙伴关系，国与国之间的关系都是伙伴关系，这是我们外交的一个基本判断和界定。

八是坚持以公平正义为理念引领全球治理体系改革，全球治理是中国外交的一个重要战略制高点，要以外交道义为基础来推进。

九是坚持以国家核心利益为底线维护国家主权、安全、发展利益，这是把国家核心利益作为外交的一个基本出发点来考虑，维护国家总体利益。

十是坚持以对外工作优良传统和时代特征相结合为方向塑造中国外交独特风范，这是要我们把不同于西方国家的中国特色大国外交坚持下去并发扬光大。①

习近平总书记在中央外事工作会议上还创新性地提出了中国外交的“三观”，强调要坚持正确的历史观、大局观和角色观。

习近平外交思想首先是以国家主权、安全和发展利益为基础，这是中国外交战略的出发点，也是中国外交战略的归宿。在这个基础上，全球治理和全球伙伴关系网络是中国外交的两大“支柱”。在二者之间的“墙面”就是“一带一路”倡议，以这种方式推动中国同周边国家、亚洲国家乃至世界各国建立起新型国际关系。中国外交的“大梁”就是中华民族伟大复兴的中国梦，中国外交的“屋顶”就是人类命运共同体。这样，在这个宏观建筑物中，以基础、支柱、墙面、大梁和屋顶形成了完整的中国特色大国外交思想体系。

（三）如何理解全球治理模式的中国方案是对西方治理模式的超越？

“世界怎么了，我们怎么办？”既是“世界之问”，也是“中国之问”。党的十八大以来，以习近平同志为核心的党中央坚持运用辩证唯物主义和历史唯物主义的方法论，从历史和现实、理论和实践、国内和国际等多重角度深入思考“世界怎么了，我们怎么办”这一根本问题，努力探索完善全球治理的理念和方案。中央政治局两次就全球治理问题进行集体学习，习近平主席在联合国、二十国集团、达沃斯世界经济论坛、亚太经合组织等重要多边场合多次阐释中国关于全球治理的理念和主张。在党的十九大报告中，他指出中国秉持共商共建共享的全球治理观，积极参与全球治理体系改革和建设，不断贡献中国智慧和力量。“共商共建共享的全球治理观”的提出，标志着中国对如何推进全球治理体系改革和建设这一问题的答案越来越清晰。

进入新时代，中国对世界经济的贡献开始由量增到质变，对全球治理的贡献将由硬实力向软实力转变，包括全球治理的理论创新、制度创新和实践创新。在联合国等国际组织和多边机制框架内，中国在全球治理、国际秩序、国际安全合作、热点问题解决等方面提出了一系列新主张、新方案，在机制创新、规则制定、议程设置、规划实施等方面做出了重要贡献，展现了中国智慧的深邃与博大，体现了中国方案对于世界和平、发展与稳定的积极推动作用。

---

① 《习近平谈治国理政》第3卷，外文出版社2020年版，第427页。

党的十九届四中全会明确指出,推进国家治理体系和治理能力现代化,积极参与全球治理体系改革和建设,强调秉持共商共建共享的全球治理观,推动构建更加公正合理的国际治理体系,推动构建人类命运共同体,这是在全球治理危机不断加深的国际背景下中国积极应对危机并提供的替代性方案,是对人类文明发展新型态的中国预判,也是中国参与全球治理的话语体系和模式。此外,党的十九大修改后的《中国共产党章程》将坚持正确义利观、推动构建人类命运共同体、遵循共商共建共享原则、推进"一带一路"建设等全球治理的中国方案纳入其中,希望以自身成功的道路、理论、制度、文化不断发展,为发展中国家拓展走向现代化的途径,为那些既希望加快发展又希望保持自身独立性的国家和民族提供全新选择,为解决人类问题和全球治理贡献中国智慧和中国方案。

1.全球治理模式"中国方案"的理念呈现

理念引领行动,方向决定出路。推进全球治理体系改革和建设离不开先进理念的引领。全球治理模式"中国方案"的理念包括以下几个方面内容。

(1)坚持主权平等、公平正义

主权平等是国际关系最重要的准则,也是全球治理必须遵循的首要原则。国家不分大小、强弱、贫富,都是国际社会的平等成员,都应该平等参与决策、享受权利、履行义务。全球治理离不开各国的发展与合作,各主权国家承担着全球治理的主要责任。要不断推进国际关系民主化,尊重各国人民自主选择发展道路的权利,维护国际公平正义,反对把自己的意志强加于人,反对干涉别国内政。

(2)坚持共商共建、合作共赢

习近平主席指出:"什么样的国际秩序和全球治理体系对世界好、对世界各国人民好,要由各国人民商量,不能由一家说了算,不能由少数人说了算。"①全球治理体系变革是大家的事,要坚持大家的事大家一起商量着办,尤其要让发展中国家更多参与到全球治理体系中来,获得与其地位和影响相符合的更多代表性和话语权。要通过充分协商形成全球治理体系变革方案的共识,共同书写国际规则,让全球治理体系更加平衡地反映大多数国家特别是广大发展中国家的意愿和利益。我们坚持要合作而不要对抗,要双赢、多赢、共赢而不要单赢,确保改革发展的成果惠及各方,让不同国家、不同阶层、不同人群共享全球治理的好处。

① 习近平:《在庆祝中国共产党成立95周年大会上的讲话》,人民出版社2016年版,第20页。

(3)坚持与时俱进、改革创新

全球治理体系改革要从实际出发,坚持问题导向,通过改革创新不断完善现有全球治理体系。改革不可能一蹴而就,要循序渐进,把能做的事情、已经形成广泛共识的事情先做起来,确保全球治理更加公正、高效、适应时代要求。联合国是最具普遍性、代表性、权威性的国际组织,我们主张坚定维护以《联合国宪章》宗旨和原则为核心的国际秩序,推动国际货币基金组织、世界银行等国际组织与机构的治理机制改革,增加新兴市场国家和发展中国家的代表性和发言权。中国支持二十国集团、上海合作组织、金砖国家等发挥积极作用。在海洋、极地、网络、外空、核安全、气候变化等新兴领域,各国应共同建立新机制、制定新规则,使之成为合作共赢的新疆域。

(4)坚持推动构建人类命运共同体

党的十九大报告指出:"我们生活的世界充满希望,也充满挑战。我们不能因现实复杂而放弃梦想,不能因理想遥远而放弃追求。"建立更加美好的世界,追求更加幸福的生活,是各国人民共同的梦想,也是全球治理的终极目标。习近平总书记在党的十九大报告中呼吁"各国人民同心协力,构建人类命运共同体,建设持久和平、普遍安全、共同繁荣、开放包容、清洁美丽的世界"[①]。这一构想顺应了历史潮流,回应了时代要求,凝聚了各国共识,为完善全球治理、构建更加公正合理的国际秩序指明了方向,为人类社会实现共同发展、持续繁荣、长治久安绘制了蓝图,开辟了广阔前景。构建人类命运共同体就是中国共产党人向世界提供的全球治理中国方案,也是中国为世界和平与发展事业做出的重大贡献。[②]

2.全球治理模式"中国方案"的丰富内涵

面对"世界怎么了,我们怎么办?"整个世界都在思考的问题,2017年习近平主席在联合国日内瓦总部的演讲中明确指出,中国的方案是构建人类命运共同体,实现共赢共享。要坚持对话协商,建设一个持久和平的世界;要坚持共建共享,建设一个普遍安全的世界;要坚持合作共赢,建设一个共同繁荣的世界;坚持交流互鉴,建设一个开放包容的世界;要坚持绿色低碳,建设一个清洁美丽的世界。由此可知,全球治理模式"中国方案"的核心就是推动构建人类命运共同体,旨在建设"持久和平、普遍安全、共同繁荣、开放包容、清洁美丽"的世界。"中国方案"立足五大目标:一是平等相待、互商互谅的伙伴关系;二是公道正义、共建共享的安全格局;三是开放创新、包容互惠的发展前景;四是和而不同、

---

① 《习近平谈治国理政》第3卷,外文出版社2020年版,第46页。

② 参见杨洁篪:《推动构建人类命运共同体 共同建设更加美好的世界》,《求是》2021年第1期。

兼收并蓄的文明交流；五是尊崇自然、绿色发展的生态体系。分别从伙伴关系、安全格局、经济发展、文明交流、生态建设等五个方面加以推进。

(1)伙伴关系上，要相互尊重，平等协商，坚决摒弃冷战思维和强权政治，走对话而不对抗、结伴而不结盟的国与国交往新路

人类历史上战乱频仍，生灵涂炭，教训惨痛而深刻。要和平不要战争是各国人民朴素而真实的愿望。建设一个持久和平的世界，根本要义在于国家之间要构建平等相待、互商互谅的伙伴关系。大国往往是决定战争与和平的关键因素，也对地区和世界和平与发展负有更大责任，大国要尊重彼此核心利益和重大关切，管控矛盾分歧，努力构建不冲突不对抗，相互尊重、合作共赢的新型关系，大国对小国要平等相待，不搞唯我独尊、恃强凌弱的霸道。国家间出现矛盾和分歧，要通过平等协商处理，以最大诚意和耐心，坚持对话解决分歧。各国只有都走和平发展道路，才能共同发展，和平相处。

(2)安全格局上，要坚持以对话解决争端，以协商化解分歧，统筹应对传统和非传统安全威胁，反对一切形式的恐怖主义

当前，国际安全形势动荡复杂，传统安全威胁和非传统安全威胁相互交织，安全问题的内涵和外延都在进一步拓展，同时各国利益交融、安危与共。在这种新形势下，冷战思维、军事同盟、追求自身绝对安全那一套已经行不通，各国应树立共同、综合、合作、可持续的安全观。国家不论大小、强弱、贫富以及历史文化传统、社会制度存在多大差异，都要尊重和照顾彼此合理安全关切，恪守尊重主权、独立和领土完整、互不干涉内政等国际关系基本准则，统筹维护传统和非传统安全。各国都有平等参与地区安全事务的权利，也都有维护地区安全的责任，要以对话协商、互利合作的方式解决安全难题。

(3)经济发展上，要同舟共济，促进贸易和投资自由化便利化，推动经济全球化朝着更加开放、包容、普惠、平衡、共赢的方向发展

发展是第一要务，适用于各国，而人类命运共同体追求共同发展。要增强各国发展能力，发展归根到底要靠本国自身努力，各国要根据自身禀赋特点，制定适合本国国情的发展战略。要改善国际发展环境，各国要共同维护国际和平，以和平促进发展，以发展巩固和平。创造良好外部制度环境，加强全球经济治理，健全发展协调机制，各国特别是主要经济体要加强宏观经济政策协调。维护世界贸易组织规则，支持开放、透明、包容、非歧视性的多边贸易体制，推动建设开放型世界经济。优化发展伙伴关系，最大限度地解决南北之间和地区内部发展失衡问题，使发展成果更多惠及全体人民，为世界经济全面可持续增长提供新动力。

(4)文明交流上，要尊重世界文明多样性，以文明交流超越文明隔阂、文明

互鉴超越文明冲突、文明共存超越文明优越

人类文明多样性是世界的基本特征，也是人类进步的源泉，多样样带来交流，交流孕育融合，融合产生进步。文明差异不应该成为世界冲突的根源，而应该成为人类文明进步的动力。要促进和而不同、兼收并蓄的文明交流对话，在竞争比较中取长补短，在交流互鉴中共同发展，使文明交流互鉴成为增进各国人民友谊的桥梁、推动人类社会进步的动力、维护世界和平的纽带。

(5)生态建设上，要坚持环境友好，合作应对气候变化，保护好人类赖以生存的地球家园

人类可以利用自然、改造自然，但归根结底是自然的一部分，必须呵护自然，不能凌驾于自然之上。建设生态文明关乎人类未来。要解决好工业文明带来的矛盾，以人与自然和谐相处为目标，实现世界的可持续发展和人的全面发展。要牢固树立尊重自然、顺应自然、保护自然的意识，绿水青山就是金山银山。要坚持走绿色、低碳、循环、可持续发展之路，推进《2030 可持续发展议程》，采取行动应对气候变化等新挑战，不断开拓生产发展、生活富裕、生态良好的文明发展道路，构筑尊崇自然、绿色发展的全球生态体系。

3.全球治理模式“中国方案”的作用与贡献

中国坚持知行合一，致力于将全球治理的中国方案付诸行动，积极参与全球治理体系改革和建设，主动发挥负责任的大国作用，努力为全球治理贡献中国智慧和力量。

(1)理论上，创新和丰富了全球治理理念

党的十八大以来，以习近平同志为核心的党中央深入挖掘中华文化中积极的处世之道和治理理念同当今时代的共鸣点，将习近平新时代中国特色社会主义思想与全球治理体系改革相结合，提出一系列具有鲜明中国特色的全球治理观，诸如和平发展道路、合作共赢理念、新型大国关系、正确义利观、发展观、合作观、安全观、全球化观等，特别是提出了共建“一带一路”倡议和构建人类命运共同体的理念，在国际上引起广泛反响，被载入联合国有关文件。中国的全球治理观植根于中华传统文化，继承发展了新中国成立以来的外交思想和理念，反映了人类共同价值追求和当代国际关系现实，符合联合国宪章所确定的国际关系基本准则，极大地丰富和发展了国际关系理论，为全球治理体系改革和建设贡献了中国智慧，提供了中国方案。

(2)实践上，提供越来越多的公共产品

中国实施共建“一带一路”倡议，创办亚洲基础设施投资银行，设立丝路基金，举办首届“一带一路”国际合作高峰论坛、亚太经合组织领导人非正式会议、二十国集团领导人杭州峰会、金砖国家领导人厦门会晤。倡导构建人类命运共

同体,促进全球经济治理体系变革。中国的国际影响力、感召力、塑造力明显增强,为全球经济治理提供诸多公共产品,为维护人类和平发展做出新的重大贡献。中国牢牢把握我国发展的阶段性特征,坚持发展中国家定位,在全球治理体系改革问题上为发展中国家主持公道,更好地维护发展中国家的共同利益。面对层出不穷的国际地区热点问题和全球性挑战,我们担当大国责任,提出中国方案,贡献中国力量,发挥建设性作用。

(3)经济上,中国强调互利共赢、命运与共、共享发展

在现有国际经济秩序下,无论是全球经济规则、利益分配机制,还是国际经济治理机制,都有许多不平衡、不公平之处,导致世界经济严重失衡,广大发展中国家要求建立公平合理的世界经济新秩序的呼声日益高涨。中国倡议的"一带一路"建设以共商、共建、共享为基本原则,着眼于改善全球经济失衡的现状、促进世界经济复苏,为世界经济发展和构建人类命运共同体提供经济发展新模式,不仅有助于世界经济和平发展之新秩序以及世界经济之再平衡的实现,也有助于促进全球经济治理改革,推动全球经济治理机制的创新,加快公平正义的新型国际经济关系的形成。

(4)政治上,强调以共同协商来解决国际争端,化解地方冲突

经济全球化与逆全球化潮流的并存,使政治正义和全球民主问题成为超越地域和国界的全球性议题。伴随新自由主义意识形态在全球的推广,西方民主的政治合理性限度日益凸显,无法肩负推进国际关系民主化、建立公正合理的国际政治新秩序的重任。协商与共的人类命运共同体理念不是凭空产生的,它既孕育于中国传统文化之中,也离不开中国长期的协商民主实践。谋求最大限度地实现良政善治,探索追求公正决策的全球"程序民主"与实现全球"实质民主"的有效方式,正是人类命运共同体思想蕴含的全球协商民主的新内涵,展现了中国在开辟人类追求民主政治的新路径、大力促进世界政治文明进步、实现人类长久和平方面的政治智慧。

(5)在文化上,从走向新型人类文明的格局着眼,我们强调不同文明之间的互鉴、不同文化之间的包容

人类命运共同体思想有利于在尊重各国、各民族的差异前提下反对狭隘的民族主义和国家保护主义,防止发生国家间、民族间的对立和冲突,积极促进世界文明的对话,推动人类走向命运与共的新型文明和美好未来;人类命运共同体思想致力于全人类的持久和平和繁荣发展,秉持共同价值,反对霸权思维和强权逻辑,这一理念无疑有利于在崇尚和平发展的前提下,超越人与自然的对立逻辑,超越民族利益的对立逻辑,超越弱肉强食、强权独霸的逻辑,全球携手,一致行动,以人类文明的视野凝聚共识、求同存异,"尊重各种文明,平等相待,

互学互鉴，兼收并蓄，推动人类文明实现创造性发展”①。

综上，全球治理的中国方案是中国共产党人对中国外交实践和发展经验的深刻总结，它回答了在充满差异的社会中，在文明多元化的现实里，在国家间不同利益的诉求下，如何解决国家间矛盾和分歧、实现共同发展的问题。正确义利观、新发展观、新安全观、共商共建共享的全球治理观以及构建人类命运共同体理念等，既体现了中国特色，又是外交理论的创新发展。全球治理的中国方案植根中国土壤，是在中国实践的成功基础之上提出的，可以为其他国家提供借鉴参考；其倡导的循序渐进、顾全大局、实事求是、客观公正等理念都被实践证明是有效管控危机、解决问题的方法。

中国方案从理论上系统全面地回应了国际社会的质疑，以整体和配套的理论和战略，解决中国发展面临的问题，同时也探索人类发展的新方向。中国方案主张变恶性竞争为良性竞争，变强权理念为公平正义，这对于推动国际社会朝着良性方向发展具有积极的建设性意义，对于全球安全稳定、构建人类命运共同体有着深远战略意义。

中国方案得到了世界上越来越多国家的认可与赞同。以“一带一路”倡议为例，2016 年 3 月联合国安理会通过包括推进“一带一路”倡议内容的第 2274 号决议，体现了国际社会对推进“一带一路”倡议的普遍支持。“‘一带一路’倡议就像是来自东方的使命。和西方完全不同的是，它不掺杂欧美的殖民主义、价值观以及政治干预。这一来自东方的使命是服务和观照全世界最广大人民利益的。”阿联酋《海湾报》认为，“一带一路”或将开启“一个新的时代、一种与以往完全不同的合作模式”。德国《世界报》网站引用匈牙利总理欧尔班的话指出，与傲慢的西方模式相比，中国的“一带一路”倡议是更受欢迎的经济全球化模式，因为它不带“说教”，“没有老师，没有学生”，所有国家都有权塑造符合本国国情的社会。

全球治理的中国方案提升了中国改革开放的世界意义。无论国际风云如何变幻，中国为人类社会发展进步而积极努力的使命感和意志都不会动摇改变，并将在新时代为人类社会做出新的更大的历史性贡献。

时代是思想之母，实践是理论之源。实践证明，中国的全球治理观顺应时代潮流，能够解决现实需要，符合各国人民利益，具有强大的生命力和吸引力，不断引领重塑世界的全球治理观。在以习近平同志为核心的党中央领导下，中国站到了新的历史起点上，我们正在进行具有许多新的历史特点的伟大斗争，积极实践习近平新时代中国特色社会主义思想，为实现中华民族伟大复兴的中

① 《习近平谈治国理政》第 2 卷，外文出版社 2017 年版，第 525 页。

国梦而不懈奋斗。展望未来，随着中国综合国力日益增强，日益走近世界舞台中央，我们将更加积极地参与全球治理体系改革和建设，为中国发展营造更好的外部环境，为维护世界和平、促进共同发展、创造人类美好未来做出更大贡献。

（四）如何构建全方位、多层次、立体化的新时代中国特色大国外交布局？

党的十八大以来，在以习近平同志为核心的党中央坚强领导下，面对风云变幻的国际形势，我国对外工作攻坚克难、砥砺前行、波澜壮阔，开创性推进中国特色大国外交，经历了许多风险考验，打赢了不少大仗硬仗，办成了不少大事难事，取得了历史性成就。党的十九届六中全会通过的《中共中央关于党的百年奋斗重大成就和历史经验的决议》对外交工作面临的形势任务、外交工作大局、具体做法以及成就做了系统梳理和总结。

1.中国特色大国外交的理论内涵

习近平总书记在2014年中央外事工作会议上提出，中国必须有自己特色的大国外交，要在总结实践经验的基础上丰富和发展对外工作理念，使对外工作有鲜明的中国特色、中国风格、中国气派。党的十九大集中阐述的习近平新时代中国特色社会主义思想，包括“明确中国特色大国外交要推动构建新型国际关系，推动构建人类命运共同体”的重要内容，而且将“坚持正确义利观，遵循共商共建共享原则，推进‘一带一路’建设”等内容写入党章。2018年2月，中共中央将“推动构建人类命运共同体”写入关于修改宪法部分内容的建议。2018年3月，中央外事工作领导小组改为中央外事工作委员会，中国外交领导体制有了更加完善的建构。2018年6月，中央外事工作会议确立了习近平新时代中国特色社会主义外交思想的指导地位。

（1）中国特色大国外交根本目的是为实现“两个一百年”奋斗目标和中华民族伟大复兴的中国梦营造良好外部环境

“两个一百年”奋斗目标和中华民族伟大复兴的中国梦是中国无数仁人志士和全国各族人民的夙愿。在未来相当长时间内，中国共产党将带领全国人民围绕这一目标开展工作。第一个百年奋斗目标即建党百年时全面建成小康社会已经实现，为第二个百年奋斗目标奠定了坚实的物质基础和心理基础。第二个百年奋斗目标是到21世纪中叶建成富强民主文明和谐美丽的社会主义现代化强国。中国特色大国外交要服务并服从于“两个一百年”奋斗目标，要为这一目标的顺利实现创造良好的外部发展环境。

(2)中国特色大国外交历史任务是推动构建新型国际关系和人类命运共同体[①]

新型国际关系是针对冷战思维、零和博弈等陈旧的国际关系观而提出的,倡导相互尊重、公平正义、合作共赢,以合作共赢为核心,强调同舟共济伙伴精神的国际关系状态。人类命运共同体倡导国际社会共同建设一个持久和平、普遍安全、共同繁荣、开放包容、清洁美丽的世界。中国共产党不仅要为中国人民谋福祉,而且怀有为人类共同的进步事业而奋斗的远大抱负。关注全人类的前途和命运,为人类做出新的更大贡献,也是中国共产党的使命所在。基于这一使命担当,中国特色大国外交内在蕴含着以推动构建新型国际关系和推动构建人类命运共同体为历史任务的合理性和必然性。从两者关系的历史发展进程来看,构建新型国际关系是构建人类命运共同体的重要前提。

(3)中国特色大国外交总体要求是统筹国内国际两个大局

面对风云变幻的国际形势,习近平总书记多次指出,“当今世界正经历百年未有之大变局”。这是中国共产党立足中华民族伟大复兴战略全局,科学认识全球发展大势、深刻洞察世界格局变化做出的重大判断。在2018年中央外事工作会议上,习近平总书记指出:“当前,我国处于近代以来最好的发展时期,世界处于百年未有之大变局,两者同步交织、相互激荡。”在2020年8月24日召开的经济社会领域专家座谈会上,习近平总书记指出:“党的十九大以来,我多次讲,当今世界正经历百年未有之大变局。当前,新冠肺炎疫情全球大流行使这个大变局加速变化……今后一个时期,我们将面对更多逆风逆水的外部环境,必须做好应对一系列新的风险挑战的准备。”[②]《中共中央关于党的百年奋斗重大成就和历史经验的决议》强调:“面对复杂严峻的国际形势和前所未有的外部风险挑战,必须统筹国内国际两个大局,健全党对外事工作领导体制机制,加强对外工作顶层设计,对中国特色大国外交作出战略谋划,推动建设新型国际关系,推动构建人类命运共同体,弘扬和平、发展、公平、正义、民主、自由的全人类共同价值,引领人类进步潮流。”[③]

2.中国特色大国外交的战略布局

面对世界大发展大变革大调整的复杂形势,以习近平同志为核心的党中央坚持和平与发展是时代主题的科学判断,坚持和平发展大势不可逆转的基本估计,同时也清醒地认识到并且明确指出:世界面临的不稳定性不确定性突出,人

① 参见冯维江:《新时代中国特色大国外交:科学内涵、战略布局与实践要求》,《国际展望》2018年第3期。

② 习近平:《正确认识和把握中长期经济社会发展重大问题》,《求是》2021年第2期。

③ 《中共中央关于党的百年奋斗重大成就和历史经验的决议》,人民出版社2021年版,第60页。

类面临许多共同挑战。正是基于这些判断和估计，习近平主席呼吁各国人民同心协力，构建人类命运共同体，建设持久和平、普遍安全、共同繁荣、开放包容、清洁美丽的世界。为实现这一崇高理想和目标，习近平主席主张在国际事务中实现“五要”，如“要相互尊重、平等协商，坚决摒弃冷战思维和强权政治，走对话而不对抗、结伴而不结盟的国与国交往新路”等，在国际上产生强烈反响。

（1）积极发展全球伙伴关系

党的十八大以来，党把握新时代外交工作大局，紧扣服务民族复兴、促进人类进步这条主线，高举和平、发展、合作、共赢的旗帜，推进和完善全方位、多层次、立体化的外交布局，积极发展全球伙伴关系。

第一，我们运筹大国关系，推进大国协调和合作，这包括构建中美新型大国关系，相互尊重、和平共处、避免对抗，因为中美关系在中国大国外交中占有特殊地位，中美关系如何发展，事关两国自身利益，也牵动整个国际关系；推动中俄全面战略协作伙伴关系不断迈上新台阶，中俄关系有着良好的发展前景，双方在共同维护地区和平稳定、共同推动区域安全合作、共同参与全球治理等方面有很大的合作潜能；共同打造中欧伙伴关系，欧盟是当今世界最大的区域性国家联合组织，在地区和国际事务中具有独特作用和影响，中欧关系既是世界上最重要的双边关系之一，也是新时代中国特色大国外交的重点方向之一，中欧双方应继续推动和平、增长、改革、文明四大伙伴关系建设，在凝聚双方共识的基础上向前发展。

第二，我们按照“亲、诚、惠、容”理念和“与邻为善、以邻为伴”的周边外交方针深化同周边国家关系，稳定周边战略依托，打造周边命运共同体。中国是周边环境复杂的大国，处理好同周边国家关系对中国的繁荣发展十分重要，比如中亚地区连接亚欧非三大洲，地缘战略位置非常独特，是中国倡导并推动建设丝绸之路经济带的重点地区，除经济合作外，中国与中亚国家的政治关系与反恐合作也十分紧密，与中亚各国的利益纽带日趋牢固，命运共同体意识正在加速形成；比如东南亚地区 10 个国家共同组成的东盟，是中国周边地区最有活力的区域合作组织，冷战结束 30 多年来，中国与东盟的关系一直发展很好，2022 年 RCEP 即《区域全面经济伙伴关系协定》，1 月 1 日起在中国等 10 国正式生效，代表着全球最大自由贸易区横空出世，这是全球人口最多、经贸规模最大、最具发展潜力的自由贸易区，包括中国、日本、韩国、澳大利亚、新西兰 5 国以及东盟 10 国。

第三，我们秉持正确义利观和真实亲诚理念加强同广大发展中国家团结合作，整体合作机制实现全覆盖。中国是世界上最大的发展中国家，发展中国家是中国在国际舞台上的天然伙伴和政治依托，团结依靠广大发展中国家，过去是中国外交的优良传统,如今是中国特色大国外交的独特优势。中国在国际事务上坚持做发展中国家的代表,坚持为发展中国家伸张正义,深受发展中国家的支持和拥护,中国不断“加大对发展中国家特别是最不发达国家的援助力度,促进缩小南北发展差距”,继续“支持扩大发展中国家在国际事务中的代表性和发言权”。

此外,《中共中央关于党的百年奋斗重大成就和历史经验的决议》还总结指出中国共产党同世界上五百多个政党和政治组织保持经常性联系,深化政党交流合作;适应“走出去”日益扩大的新形势,不断完善海外利益保护体系,有力应对了一系列海外利益风险挑战;等等。

(2)积极参与全球治理体系改革和建设

党的十八大以来,在习近平外交思想指引下,中国秉持共商共建共享原则,以更加积极的姿态参与全球治理体系改革和建设,推动建立更加公正合理的国际政治经济新秩序。《中共中央关于党的百年奋斗重大成就和历史经验的决议》总结指出,我国积极参与全球治理体系改革和建设,维护以联合国为核心的国际体系、以国际法为基础的国际秩序、以联合国宪章宗旨和原则为基础的国际关系基本准则,维护和践行真正的多边主义,坚决反对单边主义、保护主义、霸权主义、强权政治,积极推动经济全球化朝着更加开放、包容、普惠、平衡、共赢的方向发展。

我国建设性参与国际和地区热点问题政治解决,在气候变化、减贫、反恐、网络安全和维护地区安全等领域发挥积极作用;开展抗击新冠肺炎疫情国际合作,发起新中国成立以来最大规模的全球紧急人道主义行动,向众多国家特别是发展中国家提供物资援助、医疗支持、疫苗援助和合作,展现负责任大国形象。这些重大举措,体现了中国作为国际社会负责任大国的积极形象,体现了中国为促进国际关系民主化、建设更加公正合理的国际政治经济新秩序所做的积极贡献。

(3)扩大“一带一路”的“朋友圈”,不断深化与倡议参与国的伙伴关系,实现共同发展

2013 年 9 月,习近平主席在哈萨克斯坦发表演讲时首次提出建设“丝绸之路经济带”的大设想,10 月在印度尼西亚发表演讲时提出了“21 世纪海上丝绸之路”的新概念,2014 年《丝绸之路经济带和 21 世纪海上丝绸之路建设战略规划》发布,2015 年《推动共建丝绸之路经济带和 21 世纪海上丝绸之路的愿景与行动》发布,2017 年 5 月首届“一带一路”国际合作高峰论坛成功举行,2017 年 10 月党的十九大党章修正案将推进“一带一路”建设正式写入党章,2019 年 4 月第二届“一带一路”国际合作高峰论坛举行……“一带一路”逐渐从理念转化

为行动，从愿景转化为现实，连点成线到面，在广袤大陆上落地生根，在浩瀚海洋中乘风破浪。共建“一带一路”倡议正在成为我国参与全球开放合作、改善全球经济治理体系、促进全球共同发展繁荣、推动构建人类命运共同体的中国方案。习近平主席形象地指出，“一带一路”就像一双腾飞的翅膀，正飞向和平、发展、合作、共赢的远方。

“一带一路”倡议根植于历史，更面向未来。古丝绸之路绵亘万里，延续千年，积淀了以和平合作、开放包容、互学互鉴、互利共赢为核心的丝绸之路精神。在新的历史条件下，我们提出“一带一路”倡议，就是要继承和发扬丝绸之路精神，把我国发展同沿线国家和世界其他国家发展结合起来，把中国梦同沿线国家和世界其他国家人民的梦想结合起来，赋予古代丝绸之路全新的时代内涵。共建“一带一路”倡议源于中国，更属于世界。以共建“一带一路”为实践平台推动构建人类命运共同体，是从我国改革开放和长远发展出发提出来的，符合中华民族历来秉持的天下大同理念，符合中国人怀柔远人、和谐万邦的天下观，顺应时代要求和各国加快发展的愿望，占据了国际道义制高点。

“一带一路”倡议顺应了全球化的发展趋势，是中国引领全球化走向的实际行动。“一带一路”秉持“和平合作、开放包容、互学互鉴、互利共赢”的丝路精神，坚持“共商、共建、共享”的基本原则，提出“政策沟通、设施联通、贸易畅通、资金融通、民心相通”的实施路径，打造世界经济“富有活力的增长模式、开放共赢的合作模式、公正合理的治理模式、平衡普惠的发展模式”，推动更加“开放、包容、均衡、普惠”的经济全球化，开创全球化的崭新格局。“一带一路”将中国的优势产能与沿线国家的发展需求互利互补，促进了区域经济一体化，为实现发展空间再平衡和利益分配更公平注入新的活力，推动全球化持续健康发展。经过推进建设，“一带一路”已成为广受世界欢迎的公共产品。“一带一路”沿线国家秉持共商共建共享理念，探索合作思路，创新合作模式，丰富了新形势下多边主义的实践，推动了互利共赢的国际合作，为构建开放、包容、普惠、平衡、共赢的新型经济全球化做出了重要贡献。“一带一路”倡议为应对逆全球化的挑战提供了新的路径和方法，也是实现经济社会发展经验分享和成果共享的平台。“一带一路”倡议契合了“求和平、谋发展、促合作”的时代主题，写入联合国大会、安理会等重要决议，让世界各国实现联动增长，走向共同繁荣。

3.“一带一路”是新时代中国特色大国外交的重要抓手，是搭建新的国际合作平台、推动人类社会走向命运共同体的现实之路

“一带一路”是以中国改革开放的巨大发展成就为基础，继承和发扬和平合作、开放包容，平等互鉴、互利共赢的丝绸之路精神，超越发展水平、发展道路、文化传统和意识形态差异，推动沿线国家发挥各自优势、对接发展战略、优化资

源配置、做大市场规模、提高发展效率，全面深化发展经济合作伙伴关系，共同打造政治互信、经济融合、文化包容的利益共同体、命运共同体和责任共同体的倡议。“一带一路”倡议在建设内容上主要是实现“五通”，即政策沟通、设施联通、贸易畅通、资金融通和民心相通。

(1)政策沟通是中国与“一带一路”相关国家开展各领域务实合作的前提与保障，为“一带一路”建设提供顶层设计与政策支持

在中国与相关国家共同努力下，“一带一路”建设取得丰硕成果，和平合作、开放包容、互学互鉴、互利共赢的“丝路精神”与“共商、共建、共享”理念始终贯彻于国与国之间的政策沟通实践。通过进一步夯实政策沟通的政治基础，不断拓展政策沟通的领域和渠道，中国与沿线各国将携手共进、合作共赢，把“一带一路”建设成和平、繁荣、开放、创新、文明之路。

政策沟通建立在政治互信基础上，政治互信根植于中国与相关各国之间，为“一带一路”建设可持续推进提供源源不断的动力。发挥高层引领作用，以灵活务实的方式，增信释疑，凝聚共识，开辟双赢多赢共赢合作新局面；利用双边、多边渠道和平台，阐释中方立场，倾听对方诉求，寻求最大公约数，探讨共商共建共享新路径；秉持正确义利观，以义为先，义利兼顾，处理好中国利益与沿线国家利益关系，把握好短期利益与长期利益关系，深化利益交融，助力构建人类命运共同体。

(2)设施联通在“一带一路”建设中发挥着先导性的作用

设施联通主要通过交通、通信和能源三方面基础设施的互联互通，为“一带一路”建设提供基础性支撑，主要包括以公路、铁路、空运、水运等建立的交通设施网络，以光缆、卫星等建立的通信设施网络，以石油、天然气、电力等搭建起来的能源互通设施网络，不仅对“一带一路”沿线的相关国家有着重要的经济贡献，而且也为政策沟通、贸易畅通、资金融通、民心相通提供了强有力的基础性支撑。

“一带一路”倡议提出以来，中国与沿线国家互联互通建设快速发展，基础设施合作不断从理念转化为行动、从愿景转化为现实。中国政府与沿线国家遵循共建、共商、共享原则，大力加强基础设施建设，共同推进交通运输、电力、通信等国际骨干通道建设，为促进沿线国家经济发展和民众社会生活水平的提升起到了重要作用。以交通设施网络为例，截至2019年4月，与沿线国家签订的道路运输便利化协定总数达到18个，签订的海运协定达到39个，与沿线62个国家签订了双边政府间航空运输协定，与45个沿线国家实现了直航，与沿线21个国家签订了邮政合作协议。

(3)贸易畅通是“五通”的核心内容之一

中国倡导并力推更具包容性的自由贸易,通过国际合作解决世界性的发展失衡、贫富差距、增长动力不足等问题。习近平主席在首届中国国际进口博览会开幕式上的主旨演讲中指出:各国应该超越差异和分歧,发挥各自优势,推动包容发展,携手应对全人类共同面临的风险和挑战,落实《2030 年可持续发展议程》,减少全球发展不平衡,推动经济全球化朝着更加开放、包容、普惠、平衡、共赢的方向发展,让各国人民共享经济全球化和世界经济增长的成果。

“一带一路”倡议提出以来,中国与沿线国家的进出口贸易增长显著,增速高于中国的整体贸易增速。商务部统计数据显示,“2018 年中国与“一带一路”沿线国家货物贸易进出口额达 1.3 万亿美元,同比增长 16.3%,高于同期中国外贸增速 3.7 个百分点,占外贸总额的 27.4%。其中对沿线国家出口 7047.3 亿美元,同比增长 10.9%;从沿线国家进口 5630.7 亿美元,同比增长 23.9%”。[①] 截至 2019 年,共有 83 个国家和国际组织参与了中国发起的《推进“一带一路”贸易畅通合作倡议》,推动了贸易一体化和便利化。

(4)资金融通是“一带一路”建设有序向好发展的关键

中国金融机构已为“一带一路”建设提供资金超过 4400 亿美元。其中,金融机构自主开展的人民币海外基金业务规模超过 3200 亿元人民币。中国资本市场为相关企业提供股权融资超过 5000 亿元人民币,沿线国家和企业在中国境内发行熊猫债超过 650 亿元人民币。金融产品不断丰富,金融服务涵盖信贷、担保、债券承销、并购重组、风险管理、支付清算等领域。

中国将继续秉持“共商、共建、共享”的理念,构建开放、市场导向的投融资体系,推动“一带一路”建设高质量发展。要顺应“一带一路”建设市场化运作的需求,私人部门投资是主力,政府投资主要发挥杠杆作用,撬动并引导私人部门投资。同时,加强债务和风险管理,实现可持续发展。加大中外企业之间的交流,增加互信;加大金融开放力度,深化中外金融企业之间交流合作;加快资本市场合作,鼓励和支持中外企业到资本市场融资;充分利用保险、信托、基金、债券等金融工具,对中外企业国际合作进行支持;加强国际支付体系合作,为中外企业提供良好支付环境。

(5)民心相通是“一带一路”建设的根基

增进民心相通是“一带一路”建设行稳致远的内在要求,既是“一带一路”建设的措施和起点,为共商共建提供社会基础和民意保障;又是“一带一路”建设的目标和终点,是检验相关合作最终成效的一个标杆。做好民心相通工作,有

① 《我国与“一带一路”沿线国家进出口额达 1.3 万亿美元》,http://www.cfen.com.cn/dzb/dzb/page_3/201901/t20190128_3133754.html。

助于动员民意、汲取民智、汇集民力，推动项目合作稳步发展并取得务实成果，形成经济效益与社会效益的良性互促，实现共同发展和共享繁荣的合作目标。民心相通是具有根本性、富于挑战性、更高层次上的互联互通，重视并抓好民心相通对推进“一带一路”建设、促进沿线国家共同发展具有重要深远意义。

民心相通工作全面铺开，取得一系列可观成果，让越来越多国家的普通民众对“一带一路”合作有了参与感、获得感和认同感，从争取国际民意支持角度为把“一带一路”打造成最受欢迎的国际合作平台和公共产品提供了支撑。依托政党、社会组织、媒体、智库、专家学者、普通民众等多类主体开展人文交流，积极宣介“一带一路”倡议和“丝绸之路”精神，取得良好效果。在交流中，发起建立多国参与的多个交流网络和平台，为机制化交流提供了良好的媒介。这些交流网络和平台吸引了大量沿线及非沿线国家民众参与，有力增进了彼此了解和理念认同。

(1)“一带一路”倡议是百年未有之大变局下全球治理体系变革之需

习近平总书记在推进“一带一路”建设工作五周年座谈会上发表重要讲话强调：“共建‘一带一路’顺应了全球治理体系变革的内在要求，彰显了同舟共济、权责共担的命运共同体意识，为完善全球治理体系变革提供了新思路新方案。”[①]

当前世界发展面临百年未有之大变局。实际上，面对时代发展大潮和趋势，百年前与百年后的发展比较，时代发展的新特征、新特点，让我们清楚地看到：百年未有之大变局是以金砖国家为代表的新兴市场、发展中国家日益走近世界舞台中央，参与塑造国际规则，推进全球治理体系变革，摆脱长期处于规则制定和话语权边缘化的变局；是人类命运更加紧密相连，国际力量对比更加均衡的变局；是新机遇与挑战并存，人类走到十字路口，面临合作还是对抗、开放还是封闭、互利共赢还是零和博弈的选择的变局；是中华民族洗刷近代百年屈辱命运，经历站起来、富起来，走向强起来，迎接民族复兴美好未来的变局；是第四次工业革命革命背景下人类发展面临新的重大社会发展与价值观重构的变局。

全球治理体系的完善与变革既面临新的挑战，也面临新的机遇。多边主义、多边规则、多边机制受到侵袭，以规则为基础的国际关系准则动摇。从涉及人类生存与未来的气候变化到涉及全球战略平衡的军备控制，从涉及人道主义的难民危机到涉及全球经济的贸易问题，从涉及全球大国关系的基本准则和相处之道，到多边组织的改革与完善，全球治理体系面临新的变局。一方面，美国要以“美国优先”重塑二战以来特别是冷战结束以来的国际关系体系，形成新的

① 《习近平谈治国理政》第3卷，外文出版社2020年版，第486页。

以美国为中心的全球治理体系，这个体系旨在巩固日渐衰落的美国霸权，重新确立美国领导世界的地位。退出一系列体系和协议，要求盟国承担更多的责任，减少国际公共产品的供给，是美国国家利己主义的体现。另一方面，美国退出留下的“空白”需要填补，机制需要继续维系，这样多边机制才能继续维持、运转下去，否则会造成“塌陷”效应。全球治理体系将会从“治理赤字”转到“治理失能”，全球治理面临重新回到列国争强，谁的胳膊粗、谁的力气大就谁说了算的时代的风险。百年前与百年后的世界发展之变局，有着根本的不同，但是也要看到危中有机、变中有机，人类社会的发展再次走到了十字路口，进入全球治理体系是单边还是多边、是一维还是多维、是一元还是多元的拉扯时代。

“一带一路”倡议是开放的，是合作的，是互利共赢的，它是走到十字路口的人类社会走向远方的一条通途，它没有地缘政治的把戏，也没有损人利己的图谋，而是真正连接各国、沟通世界的重要发展倡议。习近平主席指出：“我要强调的是，共建‘一带一路’是开放的合作平台，秉持的是共商共建共享的基本原则，没有地缘政治目的，不针对谁也不排除谁，不会关起门来搞小圈子，不是有人说的这样那样的所谓‘陷阱’，而是中国同世界共享机遇、共谋发展的阳光大道。”①

(2)“一带一路”倡议是顺应全球治理体系变革国际责任的要求

“一带一路”倡议一经提出就受到沿线国家和人民的欢迎，因为它是友谊之路，是合作之路，是共赢之路，沿线国家是古丝绸之路的受益者，更是“一带一路”的受益者。“一带一路”倡议为后危机时代处于不确定的世界寻找出路的世界各国提供了一条确定的通路，提供了一条可供选择，互联互通、共商共建、和平繁荣的发展之路，是逆全球化时代的全球化公共产品。

“一带一路”倡议体现了中国的国际担当，是与世界各国发展战略对接的发展倡议和建设方案。“一带一路”走的是对话而不对抗、结伴而不结盟、互学互鉴的国际交往新路，支持多边贸易体制，推动经济全球化朝着更加开放、包容、普惠、平衡、共赢的方向发展。当今世界，无论大国、强国、富国，还是小国、弱国、穷国，都承担着全球发展的责任，都担负着人类命运和发展前途。对人类长远未来，各国都承担着一份责任。大国、强国、富国承担的责任，发达国家承担的道义责任要更大一些。大国关系事关全球战略稳定，大国肩上都承担着特殊责任。

“百年未有之大变局”给现有国际体系和全球治理体系提出了新的发展要求。国际公共产品供给能力不足，主要大国走向单边主义，主要发达国家放弃国际责任与义务，国内陷入民粹主义的纷扰，使世界的发展面临更多的不确定

---

① 《习近平主席在出席亚太经合组织第二十六次领导人非正式会议时的讲话》，人民出版社 2018 年版，第 10 页。

性、不稳定性。参与“一带一路”建设的国家，共同构建起了一个新的全球化网络，在逆全球化的时代，构筑起了防波堤和避风港，搭建起多边主义、多边合作、多边共担发展责任的新平台。“一带一路”倡议源自中国，但是成果属于世界，其所承担的最大责任是人民的发展责任，是让各国人民通过合作携手发展摆脱贫困的责任，更是促进各国治理更新、对接治理能力的责任。

(3)“一带一路”倡议塑造了新全球治理观

“一带一路”是多边主义、多边治理的倡议。当前单边主义的冲击让许多国家都感到压力和担忧，但是国际社会支持多边主义的声音仍然是主流。“一带一路”倡议实施以来，实实在在造福沿线人民，带去了就业、光明、道路、合作，带去了有商有量的机制，带去了平等、尊重、真诚。推动多边主义，维护多边主义是全球治理体系完善和稳定的基石，“一带一路”倡议是中国为推动国际合作、促进共同发展提供的国际公共产品，是携手构建人类命运共同体的重要路径。

“一带一路”是破解全球治理赤字的倡议。治理难题是当今世界各国发展共同面临的时代发展课题，既有各自国内的治理难题，也有全球发展的治理难题。以合作破解治理赤字，以全球化的多边主义，更加紧密的全球关系，促进各国发展，实现各自国家国内治理与全球治理的联通，共同协作改变不平衡的全球化发展趋势，完善多边机制，打通发展的新通道，维系全球战略的稳定、平衡，为世界提供更多发展所需的国际公共产品。而“一带一路”倡议顺应了时代发展和人心所向，是中国立足自身、面向世界、针对世界发展大势，提出的破解全球治理赤字、落实人类命运共同体思想的中国“药方”和中国方案。它坚持公正合理，破解治理赤字，坚持互利共赢，破解发展赤字。

“一带一路”是新全球化时代的发展倡议。既有的全球化发展模式确实存在发展的弊端，从规则的制定到国际产业分工体系，再到大型跨国企业主导的国际市场对国际资源的配置，引发全球化在世界市场和有关国家内部收入分配体系的不平衡、不均衡、不平等问题，是逆全球化、民粹主义兴起和有关国家长期动荡的直接诱因。和平与发展是时代的主题，更是各国普通民众的呼声，各国有责任提出、对接发展倡议，破解全球化发展不平衡、不平等问题，走包容发展的新全球化发展之路。“一带一路”倡议是新全球化时代的重大发展倡议，聚焦发展问题，这个不同国家、不同文明关注的重大问题、民心问题。“一带一路”的建设与发展，将携手各国更加均衡配置全球市场资源，让全球化发展更加均衡，全球化规则更加完善，全球治理机制更加健全，以联合国为核心和基础的全球治理体系将得到加强。

“一带一路”倡议在世界发展百年未有之大变局的历史条件下实现了发展中国家与发达国家之间的联通，实现了海洋国家与大陆国家之间的联通，实现了传统全球化向新全球化转型路径的联通，实现了全球治理体系坚持多边与完善多边之间的联通，实现了全球发展倡议与各国发展战略的联通，实现了古丝绸之路与现代丝绸之路的联通，实现了全球新旧动能转换与发展的联通，实现了中国全面扩大开放与世界开放发展的联通，实现了各国以人民为中心发展与为世界求大同的联通。共建"一带一路"符合国际社会的根本利益，彰显人类社会共同理想和美好追求，是国际合作以及全球治理新模式的积极探索，将为世界和平发展增添新的正能量。

三、教育教学建议

（一）教学目标

本章通过对新时代中国特色社会主义建设的外部环境和国际战略问题的讲授，使学生全面了解当前中国特色社会主义建设外部环境的主要特点、深层原因以及我国国际战略顶层设计与基本原则的内涵和主要内容；把握时代主题及中国同世界历史关系的变化；认识中国坚持走和平发展道路的意义及中国特色大国外交对推动构建新型国际关系的作用；深刻体会构建人类命运共同体思想的提出过程、主要内容及其意义；让学生全面理解和深刻体会中国特色大国外交蕴含的中国方案与中国智慧，增强学生"四个自信"，坚定对中国特色社会主义的信心。

（二）教学基本要求

1.了解新时代中国特色大国外交蕴含的中国方案与中国智慧。

2.认识习近平外交思想的核心要义。

3.理解世界正处于大发展大变革大调整的"百年未有之大变局"时期。

4.掌握人类命运共同体构建思想的提出过程及主要内容，增强学生"四个自信"与走和平发展道路、构建人类命运共同体的信心和决心。

（三）教学方法

本章在教学方法的选择上，采用课堂讲授、小组讨论和案例分析相结合的方法。通过讲授，使学生系统了解中国特色大国外交蕴含的中国方案与中国智慧、习近平外交思想的核心要义；通过小组讨论和案例分析，使学生正确理解世界正处于大发展大变革大调整的"百年未有之大变局"时期，深刻认识"一带一路"建设与人类命运共同体构建之间紧密的逻辑关联，明确提出过程及主要内容;通过师生间合作学习、探究学习,使学生认识到走和平发展道路、构建人类命运共同体的重要作用。

参考文献

[1]《习近平谈治国理政》,外文出版社2014年版。

[2]《习近平谈治国理政》第2卷,外文出版社2017年版。

[3]《习近平谈治国理政》第3卷,外文出版社2020年版。

[4]中共中央党校(国家行政学院):《习近平新时代中国特色社会主义思想基本问题》,人民出版社、中共中央党校出版社2020年版。

[5]中共中央宣传部理论局:《新时代面对面》,学习出版社、人民出版社2018年版。

[6]中共中央宣传部理论局:《中国制度面对面》,学习出版社、人民出版社2020年版。

[7]中共中央宣传部、外交部编:《习近平外交思想学习纲要》,人民出版社、学习出版社2021年版。

[8]《中共中央关于党的百年奋斗重大成就和历史经验的决议》,人民出版社2021年版。

[9]冯维江:《新时代中国特色大国外交——科学内涵、战略布局与实践要求》,《国际展望》2018年第3期。

[10]罗建波:《在世界百年未有大变局中把握战略机遇期》,《科学社会主义》2019年第3期。

[11]徐宗本:《数字化　网络化　智能化:把握新一代信息技术的聚焦点》,《网信军民融合》2019年第3期。

[12]中国现代国际关系研究院课题组:《世界"百年未有之大变局"全面展开》,《现代国际关系》2020年第1期。

[13]贾立政、王慧、王妍卓:《全民抗疫时期主要社会思潮的动向及特征》,《人民论坛》2020年第8期。

[14]杨洁篪:《推动构建人类命运共同体　共同建设更加美好的世界》,《求是》2021年第1期。

[15]赵磊:《新冠肺炎疫情下的百年未有之大变局:特点与影响》,《当代世界》2021年第2期。

[16]栾建章:《深入理解习近平外交思想的五个维度》,《光明日报》2018年8月15日。

第十章　新时代坚持和加强党的全面领导与全面从严治党

中国共产党领导是中国特色社会主义最本质的特征，是中国特色社会主义制度的最大优势。中国特色社会主义进入新时代，党要团结带领人民进行伟大斗争、推进伟大事业、实现伟大梦想，必须毫不动摇坚持和完善党的领导，毫不动摇把党建设得更加坚强有力。

一、学生和教师的认知状况

从全体学生数据统计来看，本章中被学生列为最感兴趣问题占比前三位的分别是“如何理解中国共产党的领导是中国特色社会主义最本质的特征、是中国特色社会主义制度最大的优势？”(25.23%)、“新时代党的执政合法性的主要来源是什么？”(17.99%)、“为什么要坚持党对一切工作的领导？”(17.69%)；最困惑问题占比前三位的分别是“怎样理解全面从严治党永远在路上？”(18.67%)、“为什么说政治建设是党的根本性建设？”(17.99%)、“为什么说勇于自我革命是党最鲜明的品格？”(17.58%)。

从对不同学科学生最感兴趣问题、最感困惑问题的比较来看，最感兴趣的问题，在文科学生的选择中占比前三位的分别是“如何理解中国共产党的领导是中国特色社会主义最本质的特征、是中国特色社会主义制度最大的优势？”(22.55%)、“新时代党的执政合法性的主要来源是什么？”(17.37%)、“怎样坚持和完善党的领导制度体系？”(17.37%)；在理科学生的选择中占比前三位的分别是“如何理解中国共产党的领导是中国特色社会主义最本质的特征、是中国特色社会主义制度最大的优势？”(26.76%)、“为什么要坚持党对一切工作的领导？”(18.77%)、“新时代党的执政合法性的主要来源是什么？”(18.34%)。最困惑的问题，在文科学生的选择中占比前三位的分别是“为什么说勇于自我革命是党最鲜明的品格?”(19.36%)、“怎样理解全面从严治党永远在路上?”(18.66%)、“自我革命和社会革命的关系?”(17.58%);在理科学生的选择中占比前三位的分别是“为什么说政治建设是党的根本性建设?”(18.87%)、“怎样理解全面从严治党永远在路上?”(18.68%)、“新时代为什么要不断推进党的建设新的伟大工程?”(16.83%)。以上情况表明,对本章涉及的问题,文科学生和理科学生最感兴趣问题、最困惑问题存在一定分歧。其中,文科学生和理科学生最感兴趣的前三个问题中有两个问题相同,最困惑的前三个问题中只有一个问题相同。

从对不同层次高校学生最感兴趣问题、最感困惑问题的比较来看,最感兴趣的问题,在重点高校学生的选择中占比前三位的分别是“如何理解中国共产党的领导是中国特色社会主义最本质的特征、是中国特色社会主义制度最大的优势?”(25.71%)、“新时代党的执政合法性的主要来源是什么?”(18.43%)、“怎样坚持和完善党的领导制度体系?”(17.37%);在其他高校学生的选择中占比前三位的分别是“如何理解中国共产党的领导是中国特色社会主义最本质的特征、是中国特色社会主义制度最大的优势?”(24.57%)、“为什么要坚持党对一切工作的领导?”(18.45%)、“新时代党的执政合法性的主要来源是什么?”(17.4%)。最困惑的问题,在重点高校学生的选择中占比前三位的分别是“为什么说勇于自我革命是党最鲜明的品格?”(18.7%)、“怎样理解全面从严治党永远在路上?”(18.39%)、“为什么说政治建设是党的根本性建设?”(17.57%);在其他高校学生的选择中占比前三位的分别为“怎样理解全面从严治党永远在路上?”(19.05%)、“为什么说政治建设是党的根本性建设?”(18.55%)、“新时代为什么要不断推进党的建设新的伟大工程?”(17.12%)。对本章涉及的问题,重点高校学生和其他高校学生最感兴趣占比前三的问题中有两个问题相同,但排序略有差别;最感困惑占比前三的问题中有两个问题相同,但排序有所差别。

本章中,被任课教师列为重点问题占比前三位的分别是“如何理解中国共产党的领导是中国特色社会主义最本质的特征、是中国特色社会主义制度最大的优势?”(46.09%)、“新时代党的执政合法性的主要来源是什么?”(26.09%)、“为什么要坚持党对一切工作的领导?”(25.22%);难点问题占比前三位的分别是“自我革命和社会革命的关系?”(31.3%)、“如何理解中国共产党的领导是中国特色社会主义最本质的特征、是中国特色社会主义制度最大的优势?”(20.87%)、“为什么要坚持党对一切工作的领导?”(19.13%)、“为什么说政治建设是党的根本性建设?”(19.13%)。可见,任课教师所列重点问题与学生最感兴趣问题是完全一致的,即“如何理解中国共产党的领导是中国特色社会主义最本质的特征、是中国特色社会主义制度最大的优势？”“新时代党的执政合法性的主要来源是什么？”“为什么要坚持党对一切工作的领导？”；任课教师所列难点问题与学生最困惑问题存在一定差异，只有一项问题一致，即“为什么说政治建设是党的根本性建设？”

综合以上情况，将“新时代党的执政合法性的主要来源是什么？”“如何理解中国共产党的领导是中国特色社会主义最本质的特征、是中国特色社会主义制度最大的优势？”作为本章的教学重点问题；将“为什么说政治建设是党的根本性建设？”作为本章的教学难点问题。

二、重难点问题解析

（一）新时代党的执政合法性的主要来源是什么？

执政合法性是世界政党政治的客观事实，是政党执政的根基命脉，也是政党研究的核心议题。迄今为止，尽管中共中央文献中并没有出现执政合法性的概念表述及对其来源的阐释，但中国共产党对执政合法性问题的认识是清醒而深刻的。中共中央政治局常委王岐山在“2015 中国共产党与世界对话会”上明确提出：“中国共产党的合法性源自于历史，是人心向背决定的，是人民的选择。”①中国特色社会主义进入新时代，深化对党的执政合法性来源的认识，对于巩固和加强党的长期执政地位，对于进一步把握党的执政规律，对于实现中华民族伟大复兴的中国梦，具有重要的理论价值和现实意义。为此，需要基于理论逻辑、历史逻辑和时代逻辑，系统把握新时代党的执政合法性主要来源这一重要问题。

1.西方学界关于政党执政合法性理论

政党执政合法性是一个由政党、合法性、执政等子概念组合而成的复合概念，其核心概念为合法性。合法性是现代社会科学诸多学科的重要概念。一般意义上的合法性包括合乎法律的与合乎正义的两重含义。政治学意义上的合法性，是指政治系统获得社会成员自愿服从、支持和忠诚的态度及程度，体现的是政治系统的尊严性和正当性。

18 世纪，法国思想家卢梭在《社会契约论》中明确指出：“强力并不构成权利，而人们只是对合法的权力才有服从的义务。”②卢梭的人民主权学说为现代

① 《王岐山会见出席“2015 中国共产党与世界对话会”外方代表》，《人民日报》2015 年 9 月 10 日。
② ［法］卢梭：《社会契约论》，何兆武译，商务印书馆 2003 年版，第 10 页。

民主国家奠定了合法性的基础，这也被西方学者认为是从理论上明确论及现代合法性问题的缘起。继卢梭之后，西方学界主要从经验主义和规范主义维度对合法性问题进行深化研究。从经验主义维度来看，以马克斯·韦伯为代表的学者把合法性界定为民众对统治者统治的社会事实的确认。他们认为，“任何一种真正的统治关系都包含着一种特定的最低限度的服从愿望，任何统治都企图唤起并维持对它的‘合法性’的信仰，这种信仰构成了统治的可靠基础”①。进而言之，“合法性是指政治系统使人们产生和坚持现存政治制度是社会的最适宜制度之信仰的能力”②。从规范主义维度来讲，以哈贝马斯为代表的当代西方马克思主义理论家侧重于从真理性、正义性等价值判断的角度去解释合法性。他们强调：“合法性意味着某种政治秩序被认可的价值。”③规范主义关于合法性的界定，在很大程度上弥补了经验主义将合法性构筑在单纯的经验分析与心理认同上的理论不足，彰显了现代社会合法性的价值旨趣。综合上述两种观点，现代政治学范畴的“合法性”主要是指正当性、合理性、正统性。据此，可将政党执政合法性理解为政党从社会获得广泛的认同和忠诚，即其执政本身具有某种值得民众支持和拥护的客观价值。

政党执政合法性来源，又被称为执政合法性基础，即政党政治统治取得合法性的依据，它回答的是“民众因何种因素自愿服从统治”的问题。民众对政党统治的认同，直接取决于民众的政治心理和价值观念。由于政治心理和价值观念的影响因素是复杂多样的，因此执政党的执政合法性来源必然是多元并存、交相影响的。对此，有的西方学者从经验分析出发，提出了基于习惯和传统的传统型合法性基础、基于领袖人物英雄气质、非凡品质和超凡神圣性的个人魅力型合法性基础、基于规则和法律正当行为要求的法理型合法性基础三种类型。需要指出的是，这三种类型的合法性在社会和历史上都是以混合而非纯粹的形式出现的，尽管某种现实的执政合法性模式可能接近于某一纯粹类型。有的西方学者把合法性的来源归于基于道义和信任的意识形态、基于政治制度和规范的结构、基于信任和赞同的个人品质三方面，并强调它们相互影响、相互作用，共同为政党执政系统提供合法性基础。由上可知，作为政党执政合法性的核心议题，执政合法性来源主要包括继承合法性、经验合法性、意识形态合法性、政绩合法性等多重方面。需要指出的是，在不同的国家，在不同国家的不同历史时期，执政合法性的来源不尽相同。而且，执政合法性来源各要素在执政系统中所处的地位，也随着实践的发展变化而不断演变。当今世界，在人类政

① [德]马克斯·韦伯：《经济与社会》(上)，林荣远译，商务印书馆 1997 年版，第 239 页。

② [美]李普塞特：《政治人——政治的社会基础》，张绍宗译，上海人民出版社 1997 年版，第 55 页。

③ [德]哈贝马斯：《交往与社会进化》，张博树译，重庆出版社 1989 年版，第 184 页。

治文明实践中，继承合法性和经验合法性逐渐弱化，政绩合法性和意识形态合法性依然重要，程序合法性日益凸显。

综合西方学界关于政党执政合法性问题的探讨，政党执政合法性的来源并非单一的，而是包括意识形态、传统、法理、结构和个人品质诸方面的结合体。就此而言，政党执政合法性来源是一种“复合体”，这为马克思主义政党执政合法性问题的研究提供了重要的逻辑借鉴和建构理路。

2.国内学界关于中国共产党执政合法性[①]理论

在政党政治时代，执政合法性是世界政党的共性问题，它直接影响着政党的执政能力，直接关乎政党的执政地位。通过对西方现代政党合法性理论的研究可以发现，执政合法性的核心内涵是民众对执政党的态度问题，它是任何执政党必须面对的根本问题。中国共产党是中国工人阶级和中华民族的先锋队，是中国的领导党和长期执政党，同样面临执政合法性的维护问题，同样需要不断巩固和加强执政合法性。

客观而言，政党执政合法性属于西方政治文明成果，在某些程度上带有西方价值观念色彩。中国共产党的执政合法性与西方政党的执政合法性尽管存有共性之处，但由于政党产生方式、政权获取途径以及政权归属等方面的差异，使得两者存有较大差异。譬如，从政党产生方式来看，西方资本主义国家政党大多数为内生党，而中国共产党属于外生党。对于西方资本主义国家政党来说，国家先于政党存在。政党是在国家产生后，在现有的政治制度架构下，按照预先设定的规章制度及法律规则以竞争选举方式获得执政地位、行使执政权力的。对于中国共产党而言，政党先于国家形成。中国共产党通过团结带领广大群众采取暴力革命的方式夺取政权，创建国家的一系列制度及法规，并由此获得领导地位和执政权力。所以说，政党的产生方式在很大程度上影响着政权的产生方式。又如，从领导权来看，西方资本主义国家政党以通过竞选方式获得执政权为目的，并不存在领导党一说。因此，他们以执政权的获得与否为标准，自然地分为执政党和在野党。中国共产党兼具领导党和执政党的双重身份，其与国家的关系是非常紧密的。坚持党的领导是中国特色社会主义的最本质特征和中国特色社会主义制度的最大优势。因此，在使用政党执政合法性概念内

① 中国共产党执政合法性类型，国内学界根据不同的划分依据将其分为不同的类型。从合法性的阶段性看，中国共产党执政合法性分为执政权来源的合法性与执政权保有的合法性；从理想与事实的关联看，中国共产党执政合法性分为执政权应然合法性与实然合法性，应然合法性就是中国共产党执政按人类的理想期待所呈现的合法性，实然合法性就是中国共产党执政按客观状况呈现的合法性；从认识论看，中国共产党执政合法性又分为理论合法性与实践合法性，理论合法性是一种逻辑自洽的执政合法性，实践合法性是经实践检验呈现的执政合法性状态。参见郭人菡、龚廷泰：《中国共产党执政合法性的判断标准与实践向度》，《宁夏社会科学》2016 年第 5 期。

涵时，我们需要在马克思主义指导下注重尊重中国的历史和现实，绝不能照抄照搬西方执政合法性理论。

关于政党执政合法性问题，马克思主义经典作家鲜有直接论述，他们只是在阐释社会形态演进的阶级兴替规律时有所提及。在中国共产党执政全国后的相当长一段时间内，执政合法性因被视为与竞选执政、轮流执政密切相关的西方话语，在中国政治语境中极少出现。直到20世纪90年代末至21世纪初，随着中国共产党依宪执政理念的提出，国内理论界才开始展开对执政合法性议题的公开探讨。① 在马克思主义法哲学基本原理指导下，国内学界坚持主观和客观相统一、内容和形式相统一、动态和静态相统一，将无产阶级政党执政合法性的判断标准定位于合法律性、合民意性、合价值性、合规律性等方面。其中，合法律性要件关键在于坚持依宪执政和良法之治，构建合法性执政的程序正义机制；合民意性要件关键在于执政对真实民意的获取、甄别和贯彻，以及对短视的民意带来的执政纷扰的排除；合价值性要件指明执政应追求基于"合理分歧"的核心价值共识，并努力达成关于该类价值的"重叠共识"，以整合各种社会关系和平衡各种利益矛盾；合规律性要件则充分展示了执政党把握客观执政规律对于证成和保持执政合法性的内在必要性。②

由上，国内有学者认为，政治合法性不仅来自正式的法律或命令，更主要的是来自根据有关价值体系判定的、由社会成员给予积极的社会支持与认可的政治统治的可能性或正当性。就其本质而言，政治统治的合法性是社会成员对于政治统治的承认，即社会成员对于政治统治正当性的认可。③ 也有学者指出，政党执政合法性是指在特定的政治系统中，民众基于相应的价值信仰而对执政党的权威和统治持有高度的、自愿的支持、忠诚、信任和认同。它既应注重经验层面的"实际是什么"，又应关涉价值层面的"应当是什么"；它既是执政党证明其权威和行使权力正当性或正统性的理论支撑点，也是有效贯彻执政理念所不可或缺的政治前提和基础。④

3.新时代中国共产党执政合法性来源

中国共产党取得全国执政地位，源于团结带领中国人民完成新民主主义革命而建立中华人民共和国的历史功绩。历史和人民的选择，即经验型的事实合

---

① 早期比较有代表性的论述参见郭道晖：《权威、权力还是权利——对党与人大关系的法理思考》，《法学研究》1994年第1期；林尚立：《执政党执政的合法性结构》，《学习时报》2001年1月1日；龚廷泰：《中国共产党执政合法性的法哲学思考》，《中国法学》2005年第3期；等等。

② 参见郭人菡、龚廷泰：《中国共产党执政合法性的判断标准与实践向度》，《宁夏社会科学》2016年第5期。

③ 参见王浦劬主编：《政治学基础》，北京大学出版社1995年版，第163页。

④ 参见赵天娥：《改革开放以来中国共产党执政合法性生成机理的审视》，《学海》2012年第3期。

法性，是中国共产党执政合法性的基础来源。然而，如同政党的执政地位不是一成不变的，政党的执政合法性来源也不是一成不变的。特别是中国共产党经验型合法性模式的时效性特点，决定了其必须不断拓展新的合法性来源以巩固并加强执政地位。因此，从某种意义上说，中国共产党执政的过程也是对自身合法性来源探索与实践的过程，是其对执政合法性来源不断巩固并开发的过程。

探讨新时代中国共产党执政合法性来源问题，需要基于"社会——政党——国家与世界"的宏观视域，在中国共产党执政合法性理论范畴进行逻辑展开。中国共产党执政合法性来源是指"执政党在一定政治、经济和社会条件下，实现稳固有效执政所必须努力形成的基础和条件"[①]。这些基础和条件既包括政党的意识形态、制度规范的软实力，又包括执政党的经济绩效的硬实力等。这是巩固党的执政地位的政治文化条件和政治心理基础。其中，意识形态合法性是巩固中国共产党执政合法性的核心因素，它能够提供政党执政的合理性解释，能够指明整个执政系统的奋斗方向，能够培育执政对象的认同感，从而汇聚社会群体的凝聚力和向心力。绩效合法性能够提供满足人们有效需求的政治产品，能够不断促进社会前进发展，是中国共产党执政最有效的常用手段。马克思强调指出："'思想'一旦离开'利益'，就一定会使自己出丑。"[②]程序合法性即制度合法性，是党执政过程中规避意识形态过时及经济发展绩效不足的重要路径。这是因为，制度具有根本性、全局性、稳定性和长期性等鲜明特征。当然，制度也需要与时俱进地进行调适和完善。

纵观中国共产党执政史不难发现，在不同的执政时期，中国共产党执政合法性来源的组合模式各有侧重，并随着执政环境的发展变化不断拓展和调适。从中华人民共和国成立到改革开放前，中国共产党执政合法性来源以意识形态为主导，辅以历史功绩、领袖魅力、制度认同，意识形态一直是中国共产党最核心的执政合法性来源。改革开放以来，中国共产党的执政合法性来源经历了以意识形态合法性为主到以经济绩效合法性为主的模式演变。中国特色社会主义进入新时代，中国社会主要矛盾由人民日益增长的物质文化需要同落后的社会生产之间的矛盾转化为人民日益增长的美好生活需要和不平衡不充分的发展之间的矛盾。"人民美好生活需要日益广泛，不仅对物质文化生活提出了更高要求，而且在民主、法治、公平、正义、安全、环境等方面的要求日益增长。同时，我国社会生产力水平总体上显著提高，社会生产能力在很多方面进入世界前列，更加突出的问题是发展不平衡不充分，这已经成为满足人民日益增长的

---

① 林尚立：《中国共产党执政方略》，上海社会科学院出版社 2002 年版，第 26 页。

② 《马克思恩格斯文集》第 1 卷，人民出版社 2009 年版，第 286 页。

美好生活需要的主要制约因素。”[①]在此背景下，无论是意识形态合法性还是绩效合法性都因难以适应中国社会主要矛盾的变化，而愈发凸显其历史局限性。在某种程度上说，随着我国主要社会矛盾的变化，中国共产党执政合法性来源将转变为以制度规范合法性为主导，意识形态合法性、绩效合法性、道德合法性、生态合法性等多元共存的运行模式。因此，深化认识中国共产党执政合法性来源，同样需要以合法律性、合民意性、合价值性、合规律性为判断标准，着力在协同提升意识形态合法性、绩效合法性、程序合法性等多重合法性中不断提升党的执政能力，巩固党的长期执政地位。

总之，从中华人民共和国成立到社会主义制度建立，从全面建成小康社会到实现中华民族伟大复兴的中国梦，中国共产党在长期执政的历史进程中生动诠释了一个伟大执政党对人民和国家的历史担当。中国共产党执政合法性来源模式尽管不断地动态演变，但其根本着力点始终落脚到巩固党的执政地位和提高党的执政能力。这就需要党通过对意识形态、经济绩效、制度规范等合法性来源的开发，将其以制度化的方式贯彻落实到为人民服务中，不断凸显国家和政党的根本性质。为此，新时代中国共产党必须“坚持和加强党的全面领导，坚持党要管党、全面从严治党，以加强党的长期执政能力建设、先进性和纯洁性建设为主线，以党的政治建设为统领，以坚定理想信念宗旨为根基，以调动全党积极性、主动性、创造性为着力点，全面推进党的政治建设、思想建设、组织建设、作风建设、纪律建设，把制度建设贯穿其中，深入推进反腐败斗争，不断提高党的建设质量，把党建设成为始终走在时代前列、人民衷心拥护、勇于自我革命、经得起各种风浪考验、朝气蓬勃的马克思主义执政党”[②]。

（二）如何理解中国共产党的领导是中国特色社会主义最本质的特征、是中国特色社会主义制度最大的优势？

党的十八大以来，习近平总书记多次强调并在党的十九大报告中明确指出：“中国特色社会主义最本质的特征是中国共产党领导，中国特色社会主义制度的最大优势是中国共产党领导。”这一论断是中国共产党对马克思主义政党学说和社会主义发展规律的新认识，是习近平新时代中国特色社会主义思想重要的理论创新。全面准确认识这一论断，实质上是科学把握中国共产党与国家的紧密关系问题，即明确中国共产党是最高政治领力量，必须“坚持党对一切工

---

① 习近平：《决胜全面建成小康社会　夺取新时代中国特色社会主义伟大胜利——在中国共产党第十九次全国代表大会上的报告》，人民出版社2017年版，第11页。

② 习近平：《决胜全面建成小康社会　夺取新时代中国特色社会主义伟大胜利——在中国共产党第十九次全国代表大会上的报告》，人民出版社2017年版，第61～62页。

作的领导”的原则和方略。习近平总书记指出:“党政军民学,东西南北中,党是领导一切的,是最高的政治领导力量。”①作为新时代坚持和发展中国特色社会主义的第一条基本方略,“坚持党对一切工作的领导”这一重大政治原则在党的十九大上被列入党章。全面准确理解“中国特色社会主义最本质的特征是中国共产党领导,中国特色社会主义制度的最大优势是中国共产党领导”这一论断,需要对这一问题从理论逻辑、历史逻辑和现实逻辑三个层面展开研究,从而明确中国共产党的领导地位是人民的选择和历史的选择,是科学社会主义的基本原则,是中国特色社会主义制度的最大优势,是实现社会主义现代化和中华民族伟大复兴的根本保证,直接关系着中国特色社会主义的性质、方向和命运。同时,理解坚持党的领导是全面领导这一原则方略,并掌握从健全党的领导制度体系维度加强党的政治领导的路径与举措。

1.党是最高政治领导力量的科学内涵

中国共产党是中国特色社会主义事业的领导核心,处在总揽全局、协调各方的地位。在当今中国,党是领导一切的,没有大于中国共产党的政治力量或其他什么力量,党是最高的政治领导力量。中国共产党的领导地位不是自封的,而是由自身的性质决定的,是历史和人民的选择。坚持党的领导,是中国革命、建设、改革取得成功的根本经验。没有中国共产党,就没有新中国,就没有中国特色社会主义。习近平总书记指出:“中国共产党领导是中国特色社会主义最本质的特征,是中国特色社会主义制度的最大优势,是党和国家的根本所在、命脉所在。是全国各族人民的利益所系、命运所系。”②这一重要论断深刻揭示了党的领导与中国特色社会主义的内在统一性,深化了对坚持和发展中国特色社会主义的规律性认识,是对马克思主义政党理论、科学社会主义理论的重大创新。

首先,坚持无产阶级政党领导是科学社会主义的一条基本原则。人类社会必然走向社会主义和共产主义,这是一条不以人的意志为转移的客观规律,能够领导这一社会变革、完成这一历史使命的,只能是代表先进生产力的无产阶级。但无产阶级仅依靠自身力量无法直接地、自发地完成这一历史使命,必须依靠它的先锋队即共产党的领导才能实现自身的历史使命。共产党了解人类历史发展的方向和进程,是建设社会主义、实现共产主义的领导者、组织者。社会主义事业是共产党的崇高事业,社会主义的建立、巩固和完善都离不开共产党的领导。马克思曾深刻指出:“为保证社会革命获得胜利和实现革命的最高

---

① 《习近平谈治国理政》第3卷,外文出版社2020年版,第1页。

② 习近平:《在庆祝中国共产党成立100周年大会上的讲话》,人民出版社2021年版,第11页。

目标——消灭阶级，无产阶级这样组织成为政党是必要的。”[①]列宁同样认为：“革命无产阶级的独立的、毫不妥协的马克思主义政党，是社会主义胜利的唯一保证，是一条通向胜利的康庄大道。”[②]可见，共产党的领导与社会主义事业具有内在统一性。

其次，中国共产党的领导直接关系着中国特色社会主义的性质、方向和命运。中国共产党是中国特色社会主义伟大事业的开创者、引领者、推动者。中国特色社会主义道路来之不易，是中国共产党带领全国人民历经艰难险阻、付出各种代价，独立自主、上下求索的结果。这条光明大道既坚持了科学社会主义基本原则，又具有鲜明的中国特色。中国特色社会主义是社会主义，不是别的什么主义，究其根本，在于坚持科学社会主义的基本原则、在于坚持中国共产党的领导。习近平总书记指出：“中国最大的国情就是中国共产党的领导。什么是中国特色？这就是中国特色。”[③]我们的全部事业都建立在这个基础之上，都根植于这个最本质特征。如果没有党的领导，就不称其为社会主义了，更谈不上建设中国特色社会主义了。坚持党的领导，是坚持中国特色社会主义不变色、不变质的根本保证。

再次，党的领导是中国特色社会主义制度的最大优势。中国特色社会主义制度是党和人民在长期实践探索中形成的科学的制度体系，在这套制度体系中，起四梁八柱作用的是根本制度、基本制度、重要制度。党的领导制度是我国的根本领导制度，在中国特色社会主义制度体系中起着统领和决定性作用。中国特色社会主义制度之所以行，是因为党的领导在中国特色社会主义制度中是最具统领性决定性创造性的因素。我国国家制度和国家治理体系具有多方面的显著优势，第一位的是坚持党的集中统一领导、确保国家始终沿着社会主义方向前进。这一优势是带有统领性的根本优势，贯穿于其他方面的显著优势，同时其他方面的显著优势都同党的领导制度密切相关，离不开党的领导这一优势的根本保证。党的领导保证了人民当家作主，保证了集中力量办大事，保证了社会长治久安。只有坚持党的领导，才能有效协调党和国家事业各领域的重大关系，确保大政方针的稳定性和持续性，更好发挥我国国家制度和国家治理体系各方面的显著优势，更好推动中国特色社会主义事业不断向前发展。

最后，党的领导是实现社会主义现代化和中华民族伟大复兴的根本保证。全面建成社会主义现代化强国，实现中华民族伟大复兴，是中华民族的根本利

---

① 《马克思恩格斯选集》第 3 卷，人民出版社 2012 年版，第 173～174 页。

② 《列宁全集》第 9 卷，人民出版社 2017 年版，第 257 页。

③ 中共中央文献研究室编：《习近平关于社会主义政治建设论述摘编》，中央文献出版社 2017 年版，第 28 页。

益和最高利益。党领导中国人民进行的一切奋斗，归根结底就是为了实现这一伟大目标。现在，我们比历史上任何时期都更接近于实现这一伟大目标，但前进道路上我们始终面临社会主义与资本主义两条发展道路、两种社会制度的斗争，面临这样那样的风险挑战，面临具有许多新的历史特点的伟大斗争。只有坚持和加强党的领导，发挥党最高政治领导力量的作用，才能有效防范和化解前进道路上的各种风险挑战，凝聚起实现民族复兴的磅礴力量，确保中国特色社会主义事业行稳致远。

2.坚持党的全面领导的要义要求

"党政军民学，东西南北中，党是领导一切的。"党作为最高政治领导力量，党的领导必须是整体的、全面的，体现在经济建设、政治建设、文化建设、社会建设、生态文明建设各个领域，体现在党和国家工作的各个方面、各个环节，体现在国家政权的机构、体制、制度等治国理政方方面面的设计、安排、运行之中，确保党的领导全覆盖，确保党的领导始终坚强有力。坚持党的全面领导是国家和民族兴旺发达的根本所在，是全国各族人民幸福安康的根本所在。

一方面，强调党的全面领导，要义在于发挥党的领导核心作用。"六合同风，九州共贯。"国家治理体系是由众多子系统构成的复杂系统，这个系统的核心是中国共产党，形象地说就是"众星捧月"。人大、政府、政协、监委、法院、检察院、军队，各民主党派和无党派人士，各企事业单位，工会、共青团、妇联等群团组织，都要坚持中国共产党的领导，一个都不能少。习近平总书记明确指出："在国家治理体系的大棋局中，党中央是坐镇中军帐的'帅'，车马炮各展其长，一盘棋大局分明。"[①]在党中央的集中统一领导下，党、政、军、民、学既各司其职、各负其责又相互配合，这样治国理政才有方向、有章法、有力量，否则就会出现各自为政、一盘散沙的局面，不仅我们确定的目标不能实现，而且必定会产生灾难性后果。当然，党的全面领导并不是说党要包揽包办一切，并不是事无巨细都抓在手上，要防止越俎代庖，陷入事务主义。

另一方面，坚持和加强党的全面领导，要求党在同级各种组织中发挥领导核心作用。党组织既要坚定地总揽全局，把方向、谋大局、定政策，又要善于协调各方，调动方方面面的积极性，把党的领导作用贯穿于工作全过程。既要实行民主的科学的决策，制定和执行正确的路线方针政策，又要做好党的组织、宣传等工作，发挥党员的先锋模范作用，保证党的路线方针政策全面落实。要探索党的领导规律，适应形势的发展和情况的变化，不断探索党领导国家政权机

① 中共中央文献研究室编：《习近平关于社会主义政治建设论述摘编》，中央文献出版社 2017 年版，第 31 页。

关、武装力量、企事业单位、基层自治组织、人民团体的体制机制和工作机制，不断完善党对经济建设、政治建设、文化建设、社会建设、生态文明建设的领导方式，以科学的体制、机制和方式保证党的全面领导。

3.坚持和完善党的全面领导的制度路径

坚持党的坚强领导是通过党的领导制度来保证实施的。制度问题带有根本性、全局性、稳定性和长期性。健全的领导制度体系对于保证党的领导活动的正常进行、发挥党的领导机关和领导者的作用、发挥党的各级组织和广大党员的积极性主动性创造性、保证党和国家事业的健康发展，具有十分重要的作用。

党的十九届四中全会从制度建设层面对坚持和加强党的全面领导做出新的战略安排，把党的领导制度明确为我国的根本制度，这是党第一次从坚持和完善中国特色社会主义制度的高度，确定党的领导制度在我国国家制度和国家治理体系中关乎长远、关乎全局的地位和作用，抓住了制度建设和国家治理的关键和根本。党的领导制度是一个系统完备、内涵丰富的体系，主要涵盖了六个方面的内容。

(1)建立不忘初心、牢记使命的制度

确保全党遵守党章，恪守党的性质和宗旨，坚持用共产主义远大理想和中国特色社会主义共同理想凝聚全党、团结人民，用习近平新时代中国特色社会主义思想武装全党、教育人民、指导工作，夯实党执政的思想基础。把"不忘初心、牢记使命"作为加强党的建设的永恒课题和全体党员、干部的终身课题，形成长效机制，坚持不懈锤炼党员、干部忠诚干净担当的政治品格。全面贯彻党的基本理论、基本路线、基本方略，持续推进党的理论创新、实践创新、制度创新，使一切工作顺应时代潮流、符合发展规律、体现人民愿望，确保党始终走在时代前列，得到人民衷心拥护。

(2)完善坚定维护党中央权威和集中统一领导的各项制度

推动全党增强"四个意识"、坚定"四个自信"、做到"两个维护"，自觉在思想上政治上行动上同以习近平同志为核心的党中央保持高度一致，坚决把维护习近平总书记党中央的核心、全党的核心地位落到实处。健全党中央对重大工作的领导体制，强化党中央决策议事协调机构职能作用，完善推动党中央重大决策落实机制，严格执行向党中央请示报告制度，确保令行禁止。健全维护党的集中统一的组织制度，形成党的中央组织、地方组织、基层组织上下贯通、执行有力的严密体系，实现党的组织和党的工作全覆盖。

(3)健全党的全面领导制度

完善党领导人大、政府、政协、监察机关、审判机关、检察机关、武装力量、人民团体、企事业单位、基层群众自治组织、社会组织等制度，健全各级党委（党组）工作制度，确保党在各种组织中发挥领导核心作用。完善党领导各项事业的具体制度，把党的领导落实到统筹推进"五位一体"总体布局、协调推进"四个全面"战略布局。完善党和国家机构职能体系，把党的领导贯彻到党和国家所有机构履行职责全过程，推动各方面协调行动、增强合力。

(4)健全为人民执政、靠人民执政各项制度

坚持立党为公、执政为民，保持党同人民群众的血肉联系，把尊重民意、汇集民智、凝聚民力、改善民生贯穿党治国理政全部工作之中，巩固党执政的阶级基础，厚植党执政的群众基础，通过完善制度保证人民在国家治理中的主体地位，着力防范脱离群众的危险。贯彻党的群众路线，完善党员、干部联系群众制度，创新互联网时代群众工作机制，始终做到为了群众、相信群众、依靠群众、引领群众，深入群众、深入基层。健全联系广泛、服务群众的群团工作体系，推动人民团体增强政治性、先进性、群众性，把各自联系的群众紧紧团结在党的周围。

(5)健全提高党的执政能力和领导水平制度

坚持民主集中制，完善发展党内民主和实行正确集中的相关制度，提高党把方向、谋大局、定政策、促改革的能力。健全决策机制，加强重大决策的调查研究、科学论证、风险评估，强化决策执行、评估、监督。改进党的领导方式和执政方式，增强各级党组织政治力和组织力。完善担当作为的激励机制，促进各级领导干部增强学习本领、政治领导本领、改革创新本领、科学发展本领、依法执政本领、群众工作本领、狠抓落实本领、驾驭风险本领，发扬斗争精神，增强斗争本领。

(6)完善全面从严治党制度

坚持党要管党、全面从严治党，增强忧患意识，不断推进党的自我革命，永葆党的先进性和纯洁性。贯彻新时代党的建设总要求，深化党的建设制度改革，坚持依规治党，建立健全以党的政治建设为统领，全面推进党的各方面建设的体制机制。坚持新时代党的组织路线，健全党管干部、选贤任能制度。规范党内政治生活，严明政治纪律和政治规矩，发展积极健康的党内政治文化，全面净化党内政治生态。完善和落实全面从严治党责任制度。坚决同切实影响党的先进性、弱化党的纯洁性的问题做斗争。大力纠治形式主义、官僚主义，不断增强党的创造力、凝聚力、战斗力，确保党始终作为中国特色社会主义事业的坚强领导核心。

（三）党的政治建设的核心蕴含是什么？

2017年10月18日，习近平总书记在党的十九大报告中概括了新时代党的

建设总要求，明确提出“把党的政治建设摆在首位”，强调要以党的政治建设为统领加强党的全面性建设。2018年6月29日，习近平总书记在中央政治局第六次集体学习时强调，全党必须“深化对党的政治建设的认识，增强推进党的政治建设的自觉性和坚定性”[①]。2019年2月27日，党中央正式公布的《中共中央关于加强党的政治建设的意见》，从加强党的政治建设的总体要求、坚定政治信仰、坚持党的政治领导、提高政治能力、净化政治生态、强化组织实施六个方面，对加强新时代党的政治建设做出整体部署。系统把握党的政治建设的核心蕴涵，需要从党的政治建设重要命题的形成依据、党的政治建设的概念内涵及优化路径等方面加以探讨。

1.党的政治建设重要命题的形成依据

加强对党的政治建设命题的研究，需要从历史、理论、现实三重维度把握其形成逻辑。

(1)从理论维度来看，这一命题的提出是中国共产党永葆马克思主义政党本质属性的内在规定

马克思主义政党理论认为，政治属性是政党第一位的属性，对于肩负全人类解放这一伟大使命的无产阶级政党而言尤其如此。只有始终加强自身的政治建设，政党才能确保政治方向的正确性、政治信仰的坚定性和政治纪律的严明性，从而实现统一全党意志、凝聚全党力量、实现政党纲领。马克思和恩格斯在《共产党宣言》中对无产阶级政党的政治信仰、政治立场、政治目标、政治任务、政治组织、政治纪律、政治原则等均有提及，它们构成无产阶级政党加强政治建设的理论源头。列宁在无产阶级政党建设实践中，对政党的组织严密性、纪律严明性、意志统一性等做出了全面探索，具体体现在无产阶级政党的统领性、领袖的权威性、民主集中制的组织原则和清除派别活动、维护党的团结统一等方面。所以说，党的十九大报告提出的“保证全党服从中央，坚持党中央权威和集中统一领导”等论断，是马克思主义政党学说的时代发展，具有坚实的理论支撑。

(2)从历史维度来看，这一命题的提出是中国共产党政党建设的历史总结

中国共产党的性质和历史使命决定其必须秉承马克思主义政党原理，必须不断强化党的政治建设。纵观党的百年历史，无论是革命时期、建设时期还是改革时期，其重视在政治上加强党的建设的态度是一以贯之的。毛泽东提出，为了锻造“全国范围的、广大群众性的、思想上政治上组织上完全巩固的布尔什

① 习近平：《把党的政治建设作为党的根本性建设 为党不断从胜利走向胜利提供重要保障》，《人民日报》2018年7月1日。

维克化的中国共产党”，就要“同党的政治路线密切地联系着”。[①] 新时期，党的领导人更加重视加强党的政治建设，从邓小平的“到什么时候都得讲政治”[②]到江泽民的“讲学习、讲政治、讲正气”[③]，再到胡锦涛的“讲政治、顾大局、守纪律”[④]，直到习近平党的政治建设的新命题的提出，都彰显了中国共产党对于加强党的政治建设的一以贯之。可见，党的政治建设这一重要党建命题的提出具有深厚的历史依据。

(3)从实践维度来看，这一命题的提出是党基于党内长期存在问题的战略回应

党的十八大以来，全面从严治党的成效是极为显著的。“我们勇于面对党面临的重大风险考验和党内存在的突出问题，以顽强意志品质正风肃纪、反腐惩恶，消除了党和国家内部存在的严重隐患，党内政治生活气象更新，党内政治生态明显好转，党的创造力、凝聚力、战斗力显著增强，党的团结统一更加巩固，党群关系明显改善，党在革命性锻造中更加坚强，焕发出新的强大生机活力，为党和国家事业发展提供了坚强政治保证。”然而，必须清醒地认识到“党面临的执政环境是复杂的，影响党的先进性、弱化党的纯洁性的因素也是复杂的，党内存在的思想不纯、组织不纯、作风不纯等突出问题尚未得到根本解决”。[⑤] 具体表现为“政治意识不强、政治立场不稳、政治能力不足、政治行为不端等”。“一些党组织和党员干部忽视政治、淡化政治、不讲政治的问题还比较突出，有的甚至存在偏离中国特色社会主义方向的严重问题。”[⑥]这对党的组织肌体造成严重伤害。

由上可知，党的政治建设这一命题，既是秉承马克思主义政党政治原理的内在规定，也是党的建设历史和实践的必然结论，还是新时代党的建设伟大工程和中国特色社会主义伟大事业协同发展的内在规律及本质要求。

2.党的政治建设的概念内涵

“党的政治建设”的概念可以界定为：“它是基于政党的政治属性对政党组织的信仰、宗旨、立场、方向、原则、纪律、规矩进行规范性约束的建设总称。”[⑦]之所以对党的政治建设做出上述界定，首先是基于党的组织属性。顾名思义，党

---

① 《毛泽东选集》第2卷，人民出版社1991年版，第652页。

② 《邓小平文选》第3卷，人民出版社1993年版，第166页。

③ 《江泽民文选》第1卷，人民出版社2006年版，第516页。

④ 《胡锦涛文选》第3卷，人民出版社2016年版，第210页。

⑤ 习近平：《决胜全面建成小康社会　夺取新时代中国特色社会主义伟大胜利——在中国共产党第十九次全国代表大会上的报告》，人民出版社2017年版，第8～9、61页。

⑥ 《中共中央关于加强党的政治建设的意见》，《人民日报》2019年2月28日。

⑦ 齐卫平：《坚决打赢新时代党的政治建设的硬仗》，《理论与改革》2019年第3期。

的政治是指与政党组织紧密关联的政治。中国共产党是组织严密的马克思主义政党，党的政治建设无疑与党的组织肌体存有更为紧密的逻辑关系。当然，党的政治建设本身具有规范性的导向功能。党的政治建设的基本价值指向，首先是对政党组织及其成员加以规制性管理。“如果党组织像个大车店、大卖场一样，想来就来，想走就走，那还能有什么核心力量？”[①]

关于党的政治建设的具体内涵，当前国内学界主要有两种代表性观点。一种着眼于党的纲领、政治路线和方针政策，认为“党的政治建设主要是指正确制定党的纲领、路线以及相应的工作方针和政策，并用其统一全党的思想和行为，通过正确处理党内矛盾，确保全党思想上政治上高度一致，使全党步调一致地沿着正确的政治方向前进”[②]。其基本依据主要是《党的建设辞典》和《中国共产党历史大辞典》等。《党的建设辞典》规定：“制定正确的纲领、路线、方针和政策，是党的政治建设的基本内容。”[③]需要指出的是，党的纲领、政治路线、方针政策诚然属于党的政治建设的内容，但如果仅仅将党的政治建设的基本内容范畴局限于此，显然难以充分证明党的十九大报告关于“把党的政治建设摆在首位”的全新论述。另一种聚焦党内政治关系，提出党的政治建设包括坚持党中央权威和集中统一领导，形成优良的党内政治生态，健全民主集中制的各项制度，形成优良的党内政治文化，提高政治觉悟和政治能力等方面内容。[④] 其主要依据党的十九大报告及党中央公布的《中共中央关于加强党的政治建设的意见》关于党的政治建设的任务部署。然而，从基本内涵观之，党的政治建设显然不应限于党内政治关系的处理。需要强调的是，党的政治建设是马克思主义中国化历史进程中形成的重要的党建概念。由于马克思主义经典作家并未直接提出并明确界定党的政治建设的基本内涵，所以对党的政治建设基本内涵，应该基于党中央的论述、党的政治领导、政党政治基本原理三重维度进行界定和解读。据此，可将党的政治建设的基本内涵聚焦于正确制定和执行党的政治路线、正确处理党内政治关系和不断加强党的政治能力建设。

对于新时代党的政治建设基本内涵，可以从根本目标、所处地位、根本理念、首要任务四重维度加以具体把握。第一，以坚持和加强党的全面领导为根本目的。中国特色社会主义最本质的特征和中国特色社会主义制度的最大优势是坚持中国共产党的领导，这是习近平总书记从协同推进伟大工程和伟大事

---

① 中共中央文献研究室编：《十八大以来重要文献选编》（上），中央文献出版社 2014 年版，第 766 页。

② 王炳林、房正：《论新时代党的政治建设》，《毛泽东邓小平理论研究》2018 年第 2 期。

③ 范平、叶笃初主编：《党的建设辞典》，上海人民出版社 1989 年版，第 27 页。

④ 参见任晓伟：《新时代党的政治建设论析》，《中国特色社会主义研究》2018 年第 2 期。

业的战略高度做出的重要论断，体现了中国共产党对社会主义政党执政规律和社会主义建设规律的认识达到了一个新高度。坚持和改善党的全面领导，必须全面加强党的建设，尤其是以党的政治建设为统领，不断加强党的长期执政能力建设。第二，以党的政治建设为党建统领。党的十九大报告擘画新时代党的建设总布局，明确了党的政治建设的统领地位。发挥党的政治建设统领作用，就要将其贯穿于党的各项建设之中，使其切实展现统揽统筹的地位作用。第三，以人民为中心的发展思想为根本理念。坚持以人民为中心的发展思想，是马克思主义唯物史观的实践要求。党的性质和宗旨决定了党的政治建设必须紧扣民心这个最大的政治，牢牢坚持以人民为中心的发展思想。第四，以坚决做到“两个维护”为首要任务。维护党中央权威和集中统一领导，是马克思主义政党政治的基本原则，也是中国共产党政党发展的基本经验。恩格斯在总结巴黎公社失败的教训时，认为缺乏集中和权威是巴黎公社失败的重要原因。新时代，协同推进“四个伟大”，更要把坚定不移维护党中央权威、维护习近平总书记的核心地位作为最根本的政治要求。

3.党的政治建设的优化路径[①]

新时代加强党的政治建设，需要以“把准政治方向、坚持党的政治领导”为原则，以“夯实政治根基、涵养政治生态”为基础，以“防范政治风险、永葆政治本色”为保证，以“提高政治能力”为关键，着重从以下方面不断优化党的政治建设的实践路径。

(1)坚定政治信仰

加强党的政治建设，必须着眼于夯实党的政治建设思想根基，即坚定党的政治信仰。一是坚持用党的科学理论武装头脑。即用马克思主义、中国化的马克思主义特别是习近平新时代中国特色社会主义思想武装全党、教育人民；牢固树立共产主义远大理想和中国特色社会主义共同理想，坚决反对各种歪曲、篡改、否定马克思主义的错误思想，坚挺共产党人的精神脊梁；坚定“四个自信”，坚信中国特色社会主义是全面建成小康社会、全面建成社会主义现代化强国、实现中华民族伟大复兴的必由之路。二是坚定执行党的政治路线。全面贯彻执行党的政治路线，必须把以经济建设为中心同坚持四项基本原则、坚持改革开放两个基本点统一于中国特色社会主义伟大实践；必须全面贯彻实施新时代中国特色社会主义基本方略，统筹推进“五位一体”总体布局和协调推进“四个全面”战略布局，为实现“两个一百年”奋斗目标不懈努力。三是坚决站稳政治立场。坚决站稳党的政治立场，必须与党保持完全一致，服从党的意志，始终

① 参见《中共中央关于加强党的政治建设的意见》，《人民日报》2019 年 2 月 28 日。

做到在党言党、在党忧党、在党为党；必须牢记党的性质和宗旨，始终坚持以人民为中心的发展思想，把人民对美好生活的向往作为奋斗目标；必须坚持对党负责和对人民负责的高度统一，着力解决人民群众最关心、最直接、最现实的利益问题，努力让人民群众有更多获得感、幸福感、安全感。

(2)强化政治领导

加强党的政治建设，必须着力在坚持和加强党的全面领导、完善党的领导体制、改进党的领导方式等方面下功夫。一是坚决做到“两个维护”。要教育引导党员干部始终同以习近平同志为核心的党中央保持高度一致，不断增强拥护核心、跟随核心、捍卫核心的思想自觉、政治自觉、行动自觉；要以党章为根本依据，注重加强“两个维护”制度机制的健全与执行；要同一切偏离“两个维护”的错误言行做坚决斗争，绝不做对党中央阳奉阴违的两面人和两面派。二是完善党的领导体制。不仅要健全党中央集中统一领导重大工作的体制机制，还要完善地方党委、党组、党的工作机关实施党的领导的体制机制，以及建立健全国有企业党委(党组)和农村、事业单位、街道社区等的基层党组织发挥领导作用的制度规定。三是改进党的领导方式。要坚持民主集中制这一根本领导制度，在坚持民主中汇集意见、科学决策、增进共识、凝聚力量，在坚持集中中敢于担责、强化执行；要坚持群众路线这一基本领导方法，通过与时俱进地改进和创新联系群众的途径方法，汇集民智民力，把党的主张变为群众的自觉行动；要坚决反对“四风”，特别是形式主义、官僚主义，通过坚持完善依法执政这一基本领导方式，使党的主张通过法定程序成为国家意志、转化为法律法规，自觉把党的领导活动纳入制度轨道。

(3)提高政治能力

加强党的政治建设，需要根据各类主体的实际情况分别提出不同要求。一是增强党组织政治功能。要不断强化党中央对党和国家事业发展重大工作实行集中统一领导，不断强化地方党委在贯彻党中央和上级党委领导、全面领导本地区经济社会发展及全面负责本地区党的建设等方面的能力，不断强化基层党组织的组织力和政治引领，不断强化党支部教育党员、管理党员、监督党员和组织群众、宣传群众、凝聚群众、服务群众的职责能力。二是彰显国家机关政治属性。中央和地方各级人大机关、行政机关、政协机关、监察机关、审判机关、检察机关本质上都是政治机关，都必须旗帜鲜明讲政治，始终坚持在党的领导下依法实施经济社会管理活动，确保政治和业务融为一体、高度统一。三是发挥群团组织政治作用。各群团组织要认真履行政治职责，在不断强化政治动员、政治引领、政治教育工作中充分发挥联系人民群众的桥梁和纽带作用，切实增强群团组织的政治性、先进性、群众性。四是强化国有企事业单位政治导向。

国有企事业单位必须始终坚持党的领导，坚决贯彻执行党的路线方针政策，充分发挥党组织重要作用，保证本单位工作坚持正确政治方向、取得良好政治效果。五是提高党员干部政治本领。要切实提高党员干部把握方向、把握大势、把握全局的能力和辨别政治是非、保持政治定力、驾驭政治局面、防范政治风险的能力。

（4）净化政治生态

营造风清气正的政治生态，是加强党的政治建设的基础性、经常性工作。一是严肃党内政治生活。营造良好政治生态，必须严格执行《关于新形势下党内政治生活的若干准则》，必须不断增强党内政治生活的政治性、时代性、原则性、战斗性，着力提高党内政治生活质量，努力在全党形成既有集中又有民主、既有纪律又有自由、既有统一意志又有个人心情舒畅生动活泼的政治局面。二是严明党的政治纪律和政治规矩。严明党的政治纪律和政治规矩，必须坚持“两个维护”和“五个必须”，严肃查处“七个有之”问题，坚决做到在重大政治原则问题上、大是大非问题上同党中央完全保持一致。三是发展积极健康的党内政治文化。要充分弘扬共产党人价值观，增强其政治定力、纪律定力、道德定力、拒腐定力；要弘扬正气、树立新风，大力倡导清清爽爽的同志关系、规规矩矩的上下级关系、干干净净的政商关系；要推动中华优秀传统文化创造性转化、创新性发展，培育党员干部政治气节、政治风骨；要发扬弘扬革命文化和社会主义先进文化，教育引导党员干部正确处理各种关系，带头做社会主义核心价值观的坚定信仰者、积极传播者、模范践行者；要坚决抵制庸俗腐朽的政治文化，自觉抵制各种不正之风，坚决防止与反对各种不良主义和文化。四是突出政治标准选人用人。要坚持党管干部原则，贯彻新时期好干部标准，严格执行《党政领导干部选拔任用工作条例》，始终把政治标准放在第一位，真正使牢固树立“四个意识”、自觉坚定“四个自信”、坚决做到“两个维护”、全面贯彻执行党的理论和路线方针政策、忠诚干净担当的干部选得出、用得好。五是永葆清正廉洁的政治本色。必须强化不敢腐的震慑，坚持反腐败无禁区、全覆盖、零容忍；必须扎紧不能腐的笼子，健全党和国家监督体系，加强对权力运行的制约和监督；必须增强不想腐的自觉，教育引导领导干部特别是高级干部带头加强党性修养，知敬畏、存戒惧、守底线，持之以恒锤炼政德，明大德、守公德、严私德，自觉做廉洁自律、廉洁用权、廉洁齐家的模范。

综上，党的政治建设是马克思主义政党建设理论的有机组成部分。它是一个历史概念，具有历时性、包容性、发展性等显著特征。把握党的政治建设的核心蕴含，既要从认识论的维度解答党的政治建设的概念内涵，又要从方法论的维度探讨党的政治建设的优化路径。加强党的政治建设，需要根据其核心蕴涵，将其融入党的其他建设之中，为其他领域党建的顺利开展提供根本保证。

三、教育教学建议

（一）教学目标

通过从理论逻辑、历史逻辑和现实逻辑三个层面展开论述，引导学生认同"坚持党对一切工作的领导"是马克思主义政党的重要原则，是党的历史反复证明的基本结论，是现实问题解决的迫切需要，并在此基础上阐明"坚持党对一切工作的领导"的现实路径，从而准确理解中国共产党的领导是中国特色社会主义最本质的特征、是中国特色社会主义制度最大的优势。通过深化对党的执政合法性来源和党的政治建设的核心蕴涵的认识，助力学生把握全面从严治党对于巩固和加强党的长期执政地位、进一步把握党的执政规律、实现中华民族伟大复兴的中国梦的价值和意义。为达到上述目的，本章教学要在观照和回应新时代党的全面领导和全面从严治党有关现实问题的基础上，通过说理阐释的方式着力阐明中国共产党治国理政和党的领导与党的建设之间的紧密逻辑关系。

（二）教学基本要求

1.了解新时代党的执政合法性的主要来源。

2.把握中国共产党的领导是中国特色社会主义最本质的特征、是中国特色社会主义制度最大的优势的原则论断。

3.认识党的政治建设的核心蕴涵。

（三）教学方法

在讲授新时代中国共产党的执政合法性的主要来源时，采用讨论与讲授相结合的方法。先通过讨论回应学生的现实关切，让学生谈谈对合法性概念内涵的理解和认识，中国共产党是否面临执政合法性相关的问题，让合法性这一政治问题具象化，在此基础上讲授新时代中国共产党执政合法性的主要来源，引导学生强化认识党的执政合法性源自历史和人民的双重选择。

在讲授中国共产党的领导是中国特色社会主义最本质的特征、是中国特色社会主义制度最大的优势时，采用理论分析、历史回溯和现实观照相统一的方法。通过带领学生学习马克思主义政党理论，回望党的历史上发生的重大事件，分析新时代中国面临的现实问题，引导学生深化认识坚持党的领导是中国特色社会主义最本质的特征和中国特色社会主义制度最大优势的重要论断。

在讲授党的政治建设的核心蕴涵时，采用系统分析的方法。从党的政治建设重要命题的形成依据、党的政治建设的概念内涵及优化路径等方面系统讲授这一问题，让学生认识把握以党的政治建设为统领加强党的全面性建设的必要性和重要性。

参考文献

[1]习近平:《决胜全面建成小康社会 夺取新时代中国特色社会主义伟大胜利——在中国共产党第十九次全国代表大会上的报告》，人民出版社 2017 年版。

[2]《中共中央关于党的百年奋斗重大成就和历史经验的决议》，人民出版社出版 2021 年版。

[3]中共中央宣传部编:《习近平总书记系列重要讲话读本》，学习出版社、人民出版社 2016 年版。

[4]习近平:《习近平谈治国理政》，外文出版社 2014 年版。

[5]习近平:《习近平谈治国理政》第 2 卷，外文出版社 2017 年版。

[6]习近平:《习近平谈治国理政》第 3 卷，外文出版社 2020 年版。

[7]《毛泽东选集》第 2 卷，人民出版社 1991 年版。

[8]《邓小平文选》第 3 卷，人民出版社 1993 年版。

后　记

做好重难点问题的解析工作，是全国高校研究生思政课重难点问题调研的重要一环。自2016年以来，三轮全国调研工作得到了教育部社会科学司各位领导的大力支持，得到了教育部全国高校思政课教指会研究生思政课分委员会的指导，得到了中国人民大学、清华大学、北京大学、西安交通大学等50余所高校的鼎力支持，在此再次表示衷心感谢！

根据课题组安排，《〈新时代中国特色社会主义理论与实践〉重点难点问题解析》由山东大学马克思主义学院副院长郑敬斌教授担任主编，山东大学马克思主义学院（威海）常务副院长郝书翠教授、青岛科技大学马克思主义学院院长曹胜教授担任副主编，具体章节分工如下：导论，由山东大学马克思主义学院李磊撰写；第一章，由山东大学马克思主义学院（威海）杨培祥撰写；第二章，由青岛科技大学马克思主义学院孙倩倩撰写；第三章，由青岛科技大学马克思主义学院潘妍妍撰写；第四章，由山东大学马克思主义学院肖成俊撰写；第五章，由青岛科技大学马克思主义学院秦宁波撰写；第六章，由山东大学马克思主义学院（威海）吴清清撰写；第七章，由山东大学马克思主义学院杜恩义撰写；第八章，由山东大学马克思主义学院陈凤撰写；第九章，由中国海洋大学马克思主义学院王付欣撰写；第十章，由山东大学马克思主义学院（威海）房世刚撰写。初稿写成后，由郑敬斌、郝书翠、曹胜、杜恩义分章完成了最终的统稿定稿工作。

本书的出版得到了山东大学研究生院的大力支持，在编写过程中吸收了有关专家的研究成果，在此深表谢意。由于水平有限，本书难免存在不足之处，恳请专家老师们批评指正。

编者

2022年6月